Qualitative Sozialforschung

Herausgegeben von
R. Bohnsack, Berlin, Deutschland
U. Flick, Berlin, Deutschland
Chr. Lüders, München, Deutschland
J. Reichertz, Essen, Deutschland

Die Reihe Qualitative Sozialforschung
Praktiken – Methodologien – Anwendungsfelder

In den letzten Jahren hat vor allem bei jüngeren Sozialforscherinnen und Sozialforschern das Interesse an der Arbeit mit qualitativen Methoden einen erstaunlichen Zuwachs erfahren. Zugleich sind die Methoden und Verfahrensweisen erheblich ausdifferenziert worden, so dass allgemein gehaltene Orientierungstexte kaum mehr in der Lage sind, über die unterschiedlichen Bereiche qualitativer Sozialforschung gleichermaßen fundiert zu informieren. Notwendig sind deshalb Einführungen von kompetenten, d. h. forschungspraktisch erfahrenen und zugleich methodologisch reflektierten Autorinnen und Autoren.

Mit der Reihe soll Sozialforscherinnen und Sozialforschern die Möglichkeit eröffnet werden, sich auf der Grundlage handlicher und überschaubarer Texte gezielt das für ihre eigene Forschungspraxis relevante Erfahrungs- und Hintergrundwissen über Verfahren, Probleme und Anwendungsfelder qualitativer Sozialforschung anzueignen.

Zwar werden auch grundlagentheoretische, methodologische und historische Hintergründe diskutiert und z. T. in eigenständigen Texten behandelt, im Vordergrund steht jedoch die Forschungspraxis mit ihren konkreten Arbeitsschritten im Bereich der Datenerhebung, der Auswertung, Interpretation und der Darstellung der Ergebnisse.

Herausgegeben von
Univ.-Prof. Dr. Ralf Bohnsack,
Freie Universität Berlin, Deutschland

Dr. Christian Lüders,
Deutsches Jugendinstitut,
München, Deutschland

Prof. Dr. phil. Uwe Flick,
Alice-Salomon-Hochschule Berlin,
Deutschland

Prof. Dr. Jo Reichertz,
Universität Duisburg-Essen,
Essen, Deutschland

Jo Reichertz

Die Abduktion in der qualitativen Sozialforschung

Über die Entdeckung des Neuen

2., aktualisierte und erweiterte Auflage

Prof. Dr. Jo Reichertz
Universität Duisburg-Essen
Essen, Deutschland

ISBN 978-3-531-17677-2   ISBN 978-3-531-93163-0 (eBook)
DOI 10.1007/978-3-531-93163-0

Die Deutsche Nationalbibliothek verzeichnet diese Publikation in der Deutschen Nationalbibliografie; detaillierte bibliografische Daten sind im Internet über http://dnb.d-nb.de abrufbar.

Springer VS
© Springer Fachmedien Wiesbaden 2003, 2013
Das Werk einschließlich aller seiner Teile ist urheberrechtlich geschützt. Jede Verwertung, die nicht ausdrücklich vom Urheberrechtsgesetz zugelassen ist, bedarf der vorherigen Zustimmung des Verlags. Das gilt insbesondere für Vervielfältigungen, Bearbeitungen, Übersetzungen, Mikroverfilmungen und die Einspeicherung und Verarbeitung in elektronischen Systemen.

Die Wiedergabe von Gebrauchsnamen, Handelsnamen, Warenbezeichnungen usw. in diesem Werk berechtigt auch ohne besondere Kennzeichnung nicht zu der Annahme, dass solche Namen im Sinne der Warenzeichen- und Markenschutz-Gesetzgebung als frei zu betrachten wären und daher von jedermann benutzt werden dürften.

Gedruckt auf säurefreiem und chlorfrei gebleichtem Papier

Springer VS ist eine Marke von Springer DE. Springer DE ist Teil der Fachverlagsgruppe Springer Science+Business Media.
www.springer-vs.de

Inhalt

Kommunikatives Handeln und abduktives Denken –
Vorwort zur zweiten Auflage 7
1   Zur Anthropologie von Ch. S. Peirce 7
2   Überblick zum aktuellen Stand der Peirce-Forschung –
    eine Skizze 10
3   Aktueller Stand der Abduktionsforschung 12
4   Präzisierungen und Ergänzungen des Abduktionsbegriffs 15
    4.1   Wann ist eine Idee neu? 15
    4.2   Der Unterschied zwischen qualitativer Induktion
        und Abduktion 18
    4.3   Das Diagramm als ein Mittel zur Auslösung
        abduktiver Blitze 23
    4.4   Kommunikation als zentrales Mittel
        zur Auslösung abduktiver Blitze 27

1   Die Abduktion in der Forschung –
**   Ansprüche und Hoffnungen** 35

2   Die Besonderheit der Abduktion –
**   Ch. S. Peirce und darüber hinaus** 45
2.1 Hypothetisches Schlussfolgern 53
    2.1.1 Die Hypothesis als Schluss von
          zwei bekannten Größen auf eine unbekannte 57
    2.1.2 Entdeckt die Hypothesis Neues? 62
    2.1.3 Der Handlungstyp ‚Hypothetisches Schließen' 64

2.2	Abduktives Schlussfolgern	67
2.2.1	Wahrnehmung als Abduktion	73
2.2.2	Abduktion: Logic or Magic	82
2.2.3	Der Handlungstyp *Abduktives Schlussfolgern*	88
2.2.4	Beispiel: Wie kann man die Abseitsregel im Fußball erkennen?	96

3 Über die Quellen der Zuverlässigkeit von Abduktionen: Instinkt, Intuition, Logik oder Erfahrung 99

4 Lassen sich Abduktionen strategisch herbeiführen? 111

5 Die Abduktion als erster Schritt einer Forschungslogik in drei Schritten 125

6 Die Metaphysik der Abduktion – Realismus oder Konstruktivismus 139

Literaturverzeichnis 147

Kommunikatives Handeln und abduktives Denken – Vorwort zur zweiten Auflage

> Der Zweifel ist der Beginn der Wissenschaft. Wer nichts anzweifelt, prüft nichts. Wer nichts prüft, entdeckt nichts. Wer nichts entdeckt, ist und bleibt blind.
> *Teilhard de Chardin*

1 Zur Anthropologie von Ch. S. Peirce

„Vertrau der Macht des Denkens ohne nachzudenken! Gute Entscheidungen verdanken sich der Klugheit der Intuition. Intuitive Einsicht benötigt nur einen Wimpernschlag (Blink!), kein langes Abwägen des Für und Wider." Dieser fraglos optimistische Imperativ ist angesichts der wachsenden Komplexität einer sich weiter globalisierenden Welt, mit der Menschen umgehen müssen, eine gern gehörte und gut verkaufte Botschaft, die alle Jahre wieder in den Medien verbreitet wird. Die aktuelle Fassung dieser frohen, wenn auch gottlosen Botschaft stammt von dem US-amerikanischen Autor Malcolm Gladwell, dessen Lob der ‚Macht des Denkens ohne zu denken' (wohl wegen des großen kommerziellen Erfolgs) ein Jahr nach Erscheinen auch in Deutschland publiziert wurde (Gladwell 2005).

Aber bei Gladwell ist nicht mehr der Bauch oder besser: das gute Bauchgefühl, das uns das Richtige eingibt, sondern der neue Kandidat für den Ursprung richtiger Entscheidungen ist seit etwa Ende der 1980er Jahre das *Gehirn,* das sich des guten Gefühls bedient, um uns Erkenntnisse und somit auch Entscheidungen nahe zu legen (Reichertz & Zaboura 2006).

Richtiges Entscheiden und im Übrigen auch die Improvisation (vgl. Göttlich & Kurt 2012) sind besonders interessante Sonderfälle des Findens *neuer* Lösungen. Interessant deshalb, weil das Finden des Neuen zu einem zentralen Topos westlicher Gesellschaften geworden ist – nicht nur in der Wissenschaft, sondern auch und vor allem in Politik und Wirtschaft. Eine neue, innovative Erkenntnis löst ein Problem auf neue und – so die Hoffnung – bessere Weise. Neue Erkenntnis bringt neues Wissen in die Welt – einerlei, ob man das Neue ‚nur' als Rekombination bereits bekannter Elemente auffasst oder als einen schroffen Bruch mit dem alten „Denken, Sehen, Machen und Leben" (Nowotny 2005: 20).

Das Wissen kann zur besseren Weltbeherrschung beitragen, kann jedoch auch neue und große Risiken mit sich bringen. Aber vor solchen ‚großen' Fragen stellen sich andere, kleinere, wenn auch nicht weniger bedeutende: Wie kommen wir zu neuem Wissen? Gibt es einen geregelten, also von Regeln geleiteten Weg dorthin? Gibt es irgendein (logisches) Schlussverfahren, mit dessen Hilfe wir aus dem, was wir wissen, auf etwas Neues schließen, das in dem Gewussten nicht schon enthalten ist? Aber – so die Frage – ist es tatsächlich so, dass der Mensch über diese magische Fähigkeit verfügt?

Die Antwort von Charles Sanders Peirce auf diese Frage, und um diese geht es hier in diesem Buch, lautet: „nicht in dem Ausmaß, daß die Vermutung schon beim ersten Mal das Richtige trifft, und vielleicht auch noch nicht beim zweiten Mal. Daß der gut vorbereitete menschliche Geist aber erstaunlich schnell hinter jedes Geheimnis der Natur gekommen ist, das ist eine historische Wahrheit" (Peirce 1995: 348 – 1908, zur Anthropologie von Peirce siehe Reichertz 1998, auch Paavola 2005)[1]. Insofern ist auch Peirce optimistisch – allerdings gründet dieser Optimismus in genauer Beobachtung und geordnetem Denken.

Es ist vor allem das Verdienst von Peirce, die Mittel und Wege des Menschen als Gattungswesen bestimmt zu haben, mit deren Hilfe der Mensch das ständige Problem: „Was kann ich tun und was tue ich in welcher Reihenfolge?" löst bzw. bearbeitet. Denn die Natur der Evolution brachte es mit sich, dass sich bei der Gattung Mensch die Instinkte entweder gänzlich auflösten oder aber wesentlich lockerten. Wissen Tiere in der Regel, *was* sie in *welcher* Situation *wie* zu tun haben, so eröffnet sich dem Menschen, in eine bestimmte Situation gestellt, erst einmal ein weites Feld von Handlungsmöglichkeiten. Er hat das Problem, in diesem Möglichkeitsraum seinen Weg wählen zu müssen. Dieser Möglichkeitsraum hemmt deshalb erst einmal sein Handeln; er muss innehalten und körperliche und geistige Ressourcen in sich aktivieren, mit deren Hilfe er sein Handlungsproblem lösen kann. Die Gattung Mensch war von Beginn an die Gattung ohne angeborene Lösungen, ohne angeborene Gewissheiten. Die Menschen mussten weitgehend ohne die Hilfe der Natur und die von ihr erarbeiteten bewährten Lösungen aus-

---

1 Um die Überprüfbarkeit und Bewertung der Peirce-Zitate zu erleichtern, werde ich (wenn möglich) erst die deutschsprachige Quelle nennen, dann (wenn möglich) den Fundort in den *Collected Papers* und schließlich auch noch das Jahr, aus dem das Zitat stammt. Letzteres ist gerade bei der Diskussion des Abduktionsbegriffes bei Peirce unerlässlich.

kommen. *Der Mensch ist deshalb von Natur aus ein Problemlöser* (Gehlen 1988, Berger & Luckmann 1991, auch Vygotsky 1978 und Tomasello 2008). Statt den in der Naturgeschichte erarbeiteten und bewährten Wegen zu folgen, musste der Mensch sich immer wieder seinen Weg suchen, seinen Weg erarbeiten. Natürlich kam und kommt er dabei nicht wirklich gänzlich ohne die Hilfe der Natur aus. Sie hat ihm (zum Glück für den Menschen) eine Reihe von Mitteln mit auf den Weg gegeben, das Problem des permanenten ‚Entscheidungszwangs‘ zu lösen oder besser: zu bearbeiten.

Eine dieser Gaben der Natur ist das menschliche *Gehirn* mit seiner angeborenen Struktur und mit seiner angeborenen Plastizität. Sehr viel ‚Wissen‘ ist dem Gehirn aufgrund der Naturgeschichte des Gehirns bei der Geburt des Menschen bereits eingeschrieben, anderes lernt es aufgrund seiner Formbarkeit in der Ontogenese durch die Erfahrungen, die es mit der jeweiligen Umwelt macht.

Eine weitere Gabe ist die Fähigkeit, handlungsentlastet (quasi im Leerlauf) bestimmte Probleme oder deren Aspekte *mental zu repräsentieren* und entweder mittels formaler Operationen oder mittels Information-Input mental zu bearbeiten und zu lösen. Dieses Nachdenken über Probleme und das auf diese Weise zu einer Lösung gelangen wird häufig ‚entscheiden‘ genannt. Entscheiden selbst kann rational, zweckrational, religiös und emotional begründet werden.

Eine weitere Gabe der Natur ist eine Art *Erkenntnisinstinkt,* also die Fähigkeit, dass der Mensch die Dinge in der Welt, die für sein Handeln relevant sind oder doch relevant sein können, teilweise angemessen erkennen kann. Er hat also (wie Peirce formuliert) ein sogenanntes ‚natürliches Licht‘ *(lumen naturale)* für die Beschaffenheit der Welt, das ihn befähigt, eher richtig als falsch über die Beschaffenheit der Welt zu raten. Viele dieser Gaben sind im Laufe der Sozialgeschichte der Gattung Mensch kulturell überformt und dadurch enorm gesteigert worden.

Aber die größte Gabe der Natur ist die angeborene Fähigkeit, vorhandenes Wissen im Hinblick auf das jeweils anstehende Problem *bewerten* zu können. Der Mensch hat ein ‚natürliches‘ Gefühl für sein Wissen. Das Gefühl ‚sagt‘ ihm, was das Wissen, über das er verfügt, wert ist. Der Mensch hat eine Art *Wissensgefühl.* Auch wenn der Mensch ‚fühlt‘, was ein Wissen wert ist, ist das Wissensgefühl (= ein Gefühl von Richtigkeit oder auch Logizität) nicht ein Gefühl wie Ekel oder Scham. Dennoch ist es genauso basal. Dieses Wissensgefühl sagt ihm, ob er nur etwas ahnt, ob er etwas weiß oder ob er einer Sache gewiss ist oder ob ihm diese Sache völlig dunkel ist. Ohne dieses Wissensgefühl würde sein ganzes Wissen nichts bedeuten.

Das Hauptaugenmerk richtete Peirce bei seinen Arbeiten jedoch auf die (im Laufe der Evolution entstandenen und im Gehirn eingeschriebenen) Formen des erkennenden Denkens, sogenannten *Denkgewohnheiten* – unter ihnen z. B.: ableiten, verallgemeinern, übertragen, vermuten, ahnen, raten, erkennen, erfinden etc.

Diese Denkgewohnheiten helfen dem Menschen (so Peirce) dabei, zur Bewältigung ihres Alltags an das Bewährte anzuknüpfen und es fortzuführen oder aber auch bei Bedarf Neues zu entdecken. Wenn Formen des erkennenden Denkens sich bewähren, werden sie zu Denkgewohnheiten, gerinnen zu Formen – zu Formaten des Denkens, die man auch in die Form von logischen Syllogismen bringen kann. Für Peirce sind die logischen Schlussformen wie die (quantitative wie qualitative) *Induktion,* die *Deduktion* und die *Abduktion* keine unhistorischen Schlussformen, die aus sich heraus Geltung beanspruchen, sondern jede dieser Schlussformen ist eine unterschiedliche und unterschiedlich gute Form des erkennenden Denkens – jede jeweils geeignet für eine bestimmte Erkenntnissituation und für bestimmte Gruppen. Und um diese Formen erkennenden Denkens geht es in diesem Buch, das hier in der zweiten Auflage erscheint.

2 Überblick zum aktuellen Stand der Peirce-Forschung – eine Skizze

Vor gut einem Jahrzehnt ist die erste Ausgabe dieses Buches publiziert worden, die selbst wieder wesentlich auf Vorarbeiten (Reichertz 1991, 1993 und 1999) zurückgeht. Der Hauptteil der Vorarbeiten fand im Rahmen meiner Habilitationsschrift zu der Aufklärungsarbeit polizeilicher Mordermittler statt und war ein Versuch, auch wissenschaftstheoretisch zu ermitteln, wie die Erkenntnis des Neuen praktisch möglich und wie sie theoretisch mit den Überlegungen von Peirce zum abduktiven Denken zu begründen ist (Reichertz 1991). Die erste Auflage des Buches von 2003 war die Zusammenfassung und Aktualisierung meiner früheren Arbeiten über den Peirceschen Abduktionsbegriff.

Weil es in der *Abduktion in der qualitativen Sozialforschung* wesentlich um die Position von Peirce ging und immer noch geht, ist der Text der zweiten Auflage in weiten Teilen identisch mit dem der ersten Auflage und nur an den Stellen aktualisiert worden, wo dies notwendig erschien. Zudem ist zur Erläuterung der Abduktion ein ausführliches Beispiel eingefügt worden. Die Einbettung des Abduktionsbegriffes in die aktuelle Diskussion und dessen aktuellen Erweiterungen versucht die ausführliche Einleitung zu leisten.

Zu dem Zeitpunkt, als ich die ersten Analysen des Abduktionsbegriffes vorlegte (also 1991), war nur ein kleiner Teil der Arbeiten von Peirce publiziert. Von Vorteil war für mich, dass die Fernuniversität Hagen über eine Mikrofiche-Ausgabe der Handschriften von Peirce verfügte. Seitdem hat sich die Datenlage, also die Zugänglichkeit zu gut edierten Texten von Peirce deutlich verbessert. An erster Stelle ist hier die seit 1982 in regelmäßigen Abständen erscheinende Ausgabe der chronologisch geordneten Arbeiten von Peirce (*Writings of Ch. S. Peirce –*

A Chronical Edition) zu nennen. Angesichts der manchmal auch sinnzerstörenden Edition der Arbeiten von Peirce in den *Collected Papers* ist diese Neuordnung und sorgfältige Neuedition der Schriften für die Peirceforschung von unschätzbarer Bedeutung. Bislang sind allerdings nur die ersten acht Bände publiziert worden, welche die Schriften von Peirce bis 1892 wiedergeben[2]. Besondere Bedeutung für die Erfassung und Bewertung der Formen und Leistung der Abduktion kommt auch noch Peirce 2002, also der deutschen Übersetzung der Vorlesungen zu den *Cambridge Conferences* von 1898, zu – sowie der Publikation der Beiträge für den *Monist* (Peirce 2009). Beide Publikationen sind, da es sich um Texte des späten Peirce handelt, auch für die weitere Aufhellung des Abduktionsbegriffes fruchtbar.

Auch über die biographische Entwicklung der Gedanken von Peirce ist heute mehr bekannt, seine (nur sehr begrenzte) Einbettung in die Gemeinschaft der Wissenschaftler und Studierenden (Menard 2001 – zum Leben von Peirce allgemein siehe Brent 1998, Walther 1998) und seine Bedeutung für die Entwicklung des amerikanischen Pragmatismus (Lighvani 2007). Eine gute Einführung in das Werk von Peirce liefern in deutscher Sprache Oehler 1993 und Pape 2004. Ansonsten hat sich die Auseinandersetzung mit dem Werk von Peirce international wie national verstetigt und stark ausdifferenziert. So haben sich disziplinär geordnete Diskurse zu unterschiedlichen Themen von Peirce etabliert – so zum Menschenbild von Peirce, zu dessen Gottesbegriff, dessen Zeichentheorie etc. (z. B. Schlüter 2000, Bertilson 2009, Nubiola 2003, Ort 2007).

Allerdings ist die Hochzeit der Auseinandersetzung mit Peirce, wie man die Jahre von 1976 bis 2003 nennen könnte, zumindest in Deutschland erst einmal vorbei. Das gilt auch für die Forschungsarbeiten zum Abduktionsbegriff. Neuere Arbeiten hierzu sucht man vergeblich (Ausnahme: Ziebertz et al. 2003, Strübing 2004, Eberle 2011, Keller 2011 und Schröer 2011). International markiert die Ausgabe 153 der *Semiotica* von 2005 einen besonders wichtigen Punkt der Peircerezeption und hier im Hinblick auf die Abduktion vor allem Aliseda 2005, Chauviré 2005, Houser 2005, Kruijff 2005, Nubiola 2005, Paavola 2005 und Santanella 2005.

Aufgegriffen wurden die Überlegungen in den zurückliegenden Jahren zur Abduktion neben der wesentlich philosophisch oder semiotisch angeleiteten Erkenntnistheorie (Hoffmann 2005) vor allem in der qualitativen Sozialforschung. Hier gehört die Forderung, sozialwissenschaftliche Forschung müsse ,abduktiv' arbeiten oder aber gute Bedingungen für die Ermöglichung von Abduktionen schaffen, mittlerweile zum Standard und findet sich in jeder Einführung

---

2 Eine gute Übersicht über den aktuellen Stand der Herausgabe der Schriften von Peirce siehe http://en.wikipedia.org/wiki/Charles_Sanders_Peirce_bibliography [letzter Zugriff am 5. 01. 2013].

(z. B. Kelle 1994, 2003 und 2007, Strübing 2004, Reichertz 2004 und 2010, Keller 2013). National wie international sind Artikel zu den Leistungen der Abduktion in Handbüchern zur qualitativen Sozialforschung selbstverständlich. Weitere wichtige Felder, in denen die Abduktion aufgegriffen und genutzt wurde, ist die Kreativitätsforschung (z. B. Mahrenholz 2011), die semiotische oder auch literaturwissenschaftliche Diskussion darüber, was eine Spur ist (z. B. Krämer & Kogge & Grube 2007, Kessler 2010 und 2012), die Rekonstruktion der Sozialphilosophie von Peirce (Schlüter 2000) oder auch die Debatte der Frage, wie Intentionalität semiotisch gedeutet werden kann (Kappner 2004) und ob und wie sich die Kunst des Spurenlesens polizeilich nutzen lässt (Reichertz 2007b, Bidlo 2011).

Neu in der Peircerezeption ist, dass man sich nicht nur für die (umfangreichen) Schriften von Peirce interessiert, sondern auch für dessen Zeichnungen und Bilder (siehe vor allem den Band von Engel & Queisner & Viola 2012). Dieses Interesse erklärt sich daraus, dass für Peirce die Zeichnungen (Diagramme) zentrale Mittel der Erkenntnisgewinnung darstellen (Stjernfelt 2000 und vor allem 2007, auch Shin 2002 und Posner 2009). Erkennendes Denken nutzt nach Peirce immer auch die besondere Leistung von Diagrammen, weshalb Diagramme beim abduktiven Erkennen eine besondere Rolle spielen können.

Hat sich in Bezug auf die Rezeption der Abduktion in jeder Hinsicht der Alltag eingestellt, der weder euphorisch die Leistungen der Abduktion überbetont noch desillusioniert diese leugnet, so steht die Diskussion und Würdigung des *diagrammatischen Denkens,* dessen Thematisierung ganz wesentlich auf Peirce zurückgeht, erst an ihrem Beginn. Ohne zu übertreiben kann man sagen, dass sich der Fokus der Peirceforschung in Deutschland auf die Überlegungen von Peirce zur Diagrammatik und zum diagrammatischen Denken verlagert hat (international: Shin 2002, Stjernfelt 2010, national: z. B. Bucher 2007, Bauer & Ernst 2010, Bogen 2005, Ernst & Globisch 2007, Lidscheid 2012, Schmidt-Burkhardt 2012) – Überlegungen, die indirekt auch für das Abduktionsverständnis relevant sind, weshalb ich weiter unter etwas näher darauf eingehen werde.

---

3   Aktueller Stand der Abduktionsforschung

Als die erste Auflage der *Abduktion in der qualitativen Sozialforschung* im Jahr 2003 erschien, ist sie grundsätzlich wohlwollend aufgenommen worden – vornehmlich in der qualitativen Sozialforschung (z. B. Löer, 2003, Gruneberg 2005, Koller 2005, Schröer & Bildo 2012, Strübing 2004, Froschauer & Lueger 2009).

Vorrangiges und erstes Ziel meines Buches *Die Abduktion in der qualitativen Sozialforschung* war es, die vielfältigen und keineswegs einheitlichen Überlegungen von Charles Sanders Peirce zu den Möglichkeiten des Menschen, die Welt (logisch) zu erkennen, darzustellen und herauszuarbeiten, und auch zu klären, welche Position mit guten Gründen dem späten Peirce zugeschrieben werden kann. Unterstellt wurde, dass die Position des späten Peirce auch als dessen gültige und ‚reife' Position bezeichnet werden kann und nicht als Ausdruck unbeirrbaren Starrsinns oder seniler Weltfremdheit.

Zum Zweiten ging es mir darum, die sehr widersprüchliche Rezeption der Überlegungen von Peirce zur Entdeckung des Neuen mit Hilfe der Abduktion darzustellen, zu sichten und im Hinblick auf die Angemessenheit zu bewerten. Das zentrale Ergebnis meiner Studie war, dass Peirce etwa bis 1898 unter dem Namen ‚Hypothese' zwei recht unterschiedliche Formen des Schlussfolgerns fasste. Als ihm dieser unklare Gebrauch des Begriffes ‚Hypothese' auffiel, arbeitete er in seiner Spätphilosophie den Unterschied zwischen den beiden Verfahren deutlich heraus und nannte die eine Operation *qualitative Induktion* und die andere *Abduktion* (und auch *Retroduktion*). Nur mit Hilfe dieser Abduktion ist der Mensch in der Lage, neue Ideen in die Welt zu bringen und somit Neues zu entdecken. Und da die Herausgeber der *Collected Papers* von Peirce seine Arbeiten nicht sorgfältig genug edierten, fand sich diese Begriffsverwirrung lange Zeit auch in der Rezeption der Arbeiten von Peirce – teils mit der Folge, dass man von der Abduktion mehr erhoffte als sie leisten konnte, teils dass man Peirce unklare Gedankenführung oder Verworrenheit vorwarf. „Confusion about this is responsible for the skepticism about Peirce's theory" (Hookway 1985: 222).

Zum Dritten ging es mir darum, die Position von Peirce in die Diskussion um die Erkenntnisbedingungen der neueren qualitativen Sozialforschung einzubinden und auch kritisch zu bewerten. Das hat dazu geführt, einige Positionen von Peirce, so z. B. die Rolle Gottes bei der Bestimmung der Güte von abduktivem Denken fast ganz auszublenden. Stattdessen habe ich hier sehr viel mehr auf die Phylogenese der Gattung Mensch gesetzt und auf die Leistungen des Gehirns – Gedanken, die sich durchaus auch bei Peirce finden, jedoch nicht dominant. Diese *‚Naturalisierung'* des abduktiven Denkens habe ich in dieser Neuauflage noch weiter betont. Allerdings ging es mir nicht mehr nur darum, die Überlegungen von Peirce weiter zu klären, sondern seine Thesen vor dem Hintergrund neuer Erkenntnisse der Gehirnforschung und der Kommunikationswissenschaft zu reflektieren und entsprechend zu ergänzen (vgl. Reichertz 2006 und 2009). Zusätzlich werde ich (weiter unten – siehe Kap. 4.3 und 4.4 der Einleitung) noch eine aus meiner Sicht notwendige *‚Sozialisierung'* des erkennenden Denkens vornehmen.

Es wurde schon darauf hingewiesen, dass es in den letzten Jahren um die Abduktion ruhig geworden ist. Die turbulenten frühen Tage, also in den 1980er Jahren, in denen viele Sozialwissenschaftler von der Abduktion so viel erhofften, nämlich dass sich neue Erkenntnisse *logisch geordnet* und durch die Logik ‚geadelt' herbeiführen lassen und damit die Forschung vom glücklichen Einfall und der psychischen Situation der Forschenden befreit sind (Habermas 1973, Oevermann 1987 und 1996), sind vorüber. In der Diskussion um die Form und Leistung der Abduktion hat sich ein Alltag eingestellt, in dem man sich, auch wegen der bereits oben angesprochenen, sehr viel genaueren, auch historisch korrekt geordneten Herausgabe der Peirceschen Schriften, einig weiß.

Demnach hat Peirce in den frühen Jahren die Abduktion als *logischen* Schluss entworfen, der es ermöglicht, Neues auf logisch geordnetem Wege zu erlangen. Stellvertretend für diese frühe Phase und dieses Verständnis ist das berühmte *Bohnenbeispiel*. Und jeder, der die Abduktion mit dem Bohnenbeispiel erläutern möchte, bezieht sich auf das frühe Verständnis von Peirce. Später stellte Peirce jedoch fest, dass er die Abduktion in den frühen Jahren mit der qualitativen Induktion verwechselt hat und dass die Abduktion gerade *nicht* dieser logischen Form entspricht. Für den späten Peirce ist die Abduktion eine blitzartigen Einsicht, die sich angesichts eines Problems und aufgrund der Kenntnis der Fakten erst nach einem Prozess einstellt und die nur wenig von logischen Regeln behindert wird.

Dass man mit einer Abduktion nicht auf logisch geordnetem Wege zu einer neuen Erkenntnis gelangen kann (und deshalb auch nicht durch die Logik ,geadelt' wird), darüber ist man sich mittlerweile in der Peirce-Rezeption fast durchgängig einig. Gerade in Deutschland, und hier insbesondere im Umfeld der objektiven Hermeneutik Ulrich Oevermanns hat sich diese Hoffnung allerdings lange erhalten.

Eine der wenigen Ausnahmen, die sich diesem Forschungsstand nicht anschließt, ist die (auch von Ulrich Oevermann betreute) Arbeit von Roland Burkholz über problemlösende Argumentationsketten (Burkholz 2008), die sich ganz zentral mit der Abduktion bei Peirce auseinandersetzt. Dabei hält Burkholz, der die aktuelle Literatur zur Abduktion sehr selektiv zur Kenntnis nimmt, in Verfolgung seiner auch als persönlich ausgewiesenen Interessen an der Fruchtbarkeit der Logik des frühen Abduktionsbegriffes fest: „Im *syllogistischen* Modell des frühen Peirce wird der (riskante) Abduktionsschluss, der nach meiner Meinung in der Forschung und im Alltag eine sehr wichtige Rolle spielt, *logisch* (algorithmisch) beschrieben. Im sogenannten *inferenziellen Modell* des späten Peirce wird dieser Schluss *phänomenologisch* beschrieben. Das frühe logische Modell finde ich interessant, das später nicht. Ich arbeite in dieser Arbeit mit dem Modell, das ich für interessant halte" (Burkholz 2008: 13).

Für Burkholz stellt sich die Hypothesenbildung nicht durch Intuition, ,Einsicht' oder einen ,Flash' ein, sondern sie geht auf die harte Arbeit der Forscher zurück und ergibt sich durch klare und logische Argumentationsketten wie sie schon Sherlock Holmes entwickelt hat: „Das syllogistische Modell des früheren Peirce und das ,chains of reasoning' Modell Sir Arthur Conan Doyles zeichnen nach meiner Meinung ein besseres Bild der Forschungspraxis als das hypothetico-deduktive Modell des späten Peirce" (Burkholz 2008: 56). Bei dieser Bewertung der Schlussketten von Doyle übersieht Burkholz allerdings (wie andere auch), dass sich Überzeugungskraft dieser Schlussfolgerungen der planenden Vorstellungskraft eines Romanautors verdankt und sich gerade nicht in der Wirklichkeit bewährt hat (vgl. ausführlich dazu Reichertz 1991: 115 ff).

4 Präzisierungen und Ergänzungen des Abduktionsbegriffs

In der Diskussion um die erste Ausgabe der *Abduktion in der qualitativen Sozialforschung* sind eine Reihe von Punkten kritisch angesprochen worden. Zwei immer wieder auftauchende Einwände waren, dass (a) nicht immer klar sei, was denn Peirce und auch ich unter ‚neuer Idee' verstehen würden und (b) was der Unterschied zwischen einer *qualitativen Induktion* und einer *Abduktion* wäre. Auf diese zwei (durchaus miteinander verwobenen) Fragen möchte ich im Folgenden mit dem Versuch einer genaueren Bestimmung eingehen.

Aus meiner Sicht ist es im Rahmen einer Neuauflage zudem sinnvoll, die Peirceschen Gedanken nicht nur (weiter) zu klären, sondern diese auch vor dem Hintergrund neuer Erkenntnisse zu bedenken und zu überdenken. Hier sind aus meiner Sicht für das Verständnis der Abduktion zwei Ergänzungen wesentlich, welche die bisherige *Naturalisierung* der Abduktion (Gehirn, Evolution) durch die Herausarbeitung der *sozialen* Gelingensbedingungen (Kommunikation) erweitern – nämlich die Ergänzung der bisherigen Überlegungen zum Peirceschen Abduktionsbegriffes um die Bedeutung der Diagramme und der Kommunikation. Beide haben bzw. können bei der ‚Entzündung' neuer Ideen eine gewichtige, bisher noch zu wenig gesehene Rolle spielen. Deshalb werde ich auf diese *Sozialisierung* der Abduktion abschließend eingehen.

4.1 Wann ist eine Idee neu?

Seit die Menschheit die Hoffnung hegt, dass es ihr möglich ist, neue Erkenntnis zu erlangen, treibt sie die Frage um, was denn nun unter ‚neu' zu verstehen ist. In dieser Debatte gab und gibt es stets zwei grundsätzlich verschiedene Ansätze: Der eine erklärt, dass es nichts Neues unter Gottes Sonne gibt und dass alles scheinbar Neue nur als Variation des bereits Bekannten zu verstehen ist. Der andere Ansatz vertritt die Position, dass es in der Tat Menschen immer wieder gelingt, neue Ideen in die Welt zu bringen.

Zu den Vertretern der ersten Position zählt zweifellos Arthur Koestler, der für seine Sicht der Welt folgende Worte findet: „Der schöpferische Akt schafft nichts aus dem Nichts – er deckt auf, wählt aus, mischt, kombiniert, bildet Synthesen aus bereits vorhandenen Tatsachen, Vorstellungen und Fertigkeiten" (Koestler 1966: 120). Alles ist demnach den Menschen bereits bekannt, es muss nur noch aufgedeckt werden. Eine Position, die sich letztlich nur mit der Vorstellung Platons von den eingeborenen Ideen begründen lässt und oft auch darauf zurückgeht.

Für Peirce sind weder die eingeborenen Ideen akzeptabel noch die (verbreitete) Vorstellung, dass alle relevanten Ideen bereits von Platon formuliert wurden. Für Peirce gibt es einen klaren Erkenntnisfortschritt: Menschen erfahren für ihn immer mehr über die Beschaffenheit der Welt, auch weil sie immer wieder neue Ideen über die Welt in die Welt bringen. Allerdings müssen die Menschen einen Weg vom alten Wissen zum neuen bauen. Ansonsten kann es nicht als Erweiterung des bestehenden Wissens gelten und ist somit so lange nutzlos wie es nicht angeschlossen werden kann (vgl. auch Peirce 1990: 242 f.).

Allerdings sind die Formulierungen von Peirce manchmal unklar, weil er den Begriff im Laufe seiner wissenschaftlichen Publikationen in dreifacher Weise gebraucht: (a) Zum einen vertritt er die Position, dass eine Idee dann neu ist, wenn sie so vorher im gesellschaftlichen Wissensbestand noch nicht vorhanden war – der abduktive Denker fügt dann dem gesellschaftlichem Wissen *(stock of knowledge)* über die Welt eine völlig neue Idee hinzu. Klassisches Beispiel hierfür ist die wissenschaftliche Entdeckung, z. B. die Entdeckung der Schwerkraft durch Newton (1681) oder die Entdeckung von Crick und Watson (1953), dass die menschliche DNS die Struktur einer Wendeltreppe aufweist. Weder das eine noch das andere war bis zum jeweiligen Zeitpunkt der Entdeckung gedacht oder genauer: beschrieben worden (auch nicht von Platon). Deshalb wurde mit beidem eine neue Idee in die Welt gebracht. Bei der Entdeckung handelte es sich um eine kreative Eigenleistung der jeweiligen Wissenschaftler[3]. Der Begriff ‚neu' wird hier im Verhältnis zum vorhandenen *Wissensbestand* gebraucht.

(b) Manchmal benutzt Peirce aber auch das Wort ‚neu', wenn ein Denker seinem individuellen Wissen über die Welt eine neue Idee hinzufügt – also etwas erkennt, was er noch nicht wusste. So ‚erkennt' der Angehörige eines bislang noch unentdeckten Stammes am Amazonas ohne Zweifel abduktiv, wenn er im Jahr 2012 allein aufgrund seiner Beobachtungen der Natur die Idee der Schwerkraft er-

---

3 Hier soll nicht auf den Anspruch von Robert Hook, ein Zeitgenosse und Kollege Newtons, eingegangen werden, dass ihm die Idee der Schwerkraft von Newton gestohlen worden sei. Wem letztlich zugeschrieben wird, der Entdecker einer neuen Idee zu sein, ist ein sozialer Prozess, der nicht immer den benennt, der die Idee hatte, sondern den, der sich besser positionieren konnte.

schließt – einmal unterstellt, das wäre ohne Kenntnis westlicher Physik- und Mathematikkenntnisse möglich. Gleiches gilt auch für die Wiederentdeckung eines vergessenen Wissens oder das erstmalige Auftauchen von (gesellschaftlich bereits vorhandenen) Ideen im Rahmen der individuellen Weltaneignung im Prozess des Erwachsenwerdens. Dieser Gebrauch von ‚neu' ist somit immer relativ zum *Erkennenden*.

Im ersten Fall, also der Erweiterung des gesellschaftlichen Wissensbestandes, liegt bei genauer Betrachtung eine zweifache Abduktion vor, da hier der individuelle als auch der gesellschaftliche *stock of knowledge* erweitert werden. Peirce hat bei seinen Formulierungen oft nur (a) im Sinn. Vor allem bei den vielen Beispielen zur individuellen Wahrnehmung hat er dagegen auch (b) im Sinn. Aus meiner Sicht ist es sinnvoll, die beiden Fälle zu unterscheiden und auseinanderzuhalten, aber für beide den Begriff der Abduktion zu benutzen. In der konkreten (Sozial-) Forschung, wenn es um die (Re-)Konstruktion von sozialen Regeln und Typen geht, wird im Alltag der Forschung wohl vor allem der zweite Fall anzutreffen sein und nur selten der erste Fall.

(c) Schwieriger und komplexer wird die Lage noch durch den Umstand, dass bei Peirce vor allem in seinem Frühwerk noch eine dritte Gebrauchsweise des Begriffes ‚neu' zu finden ist. Neu ist eine Idee demnach nicht nur dann, wenn das Neue eine *Regel* oder ein *Typus* ist, sondern wenn ich über *einen Fall* etwas Neues weiß oder zu wissen glaube – so z. B. dass in einem bestimmten Sack weiße Bohnen sind, dass mein Gegenüber im Zugabteil ein ehemaliger Priester ist oder dass ein Mensch eine Blinddarmentzündung hat. All dies sind Fälle, in denen der Erkennende vorher kein Wissen über einen Sachverhalt hatte, jedoch aufgrund von Beobachtung und Denken etwas darüber zu wissen glaubt, was er vorher nicht wusste. Insofern ist das Wissen für ihn ‚neu' – weshalb auch viele Rezipienten von Peirce für diese Form des Denkens (aus meiner Sicht: zu Unrecht) den Begriff der Abduktion verwenden. Betrachtet man diese Fälle genauer, dann zeigt sich zum Einen, dass hier die Abduktion mit der qualitativen Induktion verwechselt wird, und es zeigt sich zum Zweiten (und das ist das Entscheidende), dass es beim abduktiven Denken nicht allein auf die Form des Schließens und die Neuigkeit ankommt, sondern auf die Einstellung zum Wissen. Abduktives Denken ist in dieser Sicht vor allem eine *Haltung*, nicht eine *bestimmte Form* der Gedankenverknüpfung.

4.2 Der Unterschied zwischen qualitativer Induktion und Abduktion

Um meine Interpretation der Peirceschen Konzeption, dass das abduktive Verbinden von Gedanken vor allem eine *Haltung* denn durch seine Form bestimmt ist, zu erläutern, muss ich vorab den Unterschied zwischen einer qualitativen Induktion und einer Abduktion klären. Dies ist nicht so einfach, weil sie eng zusammenliegen, weshalb auch Peirce sie in seinen frühen Arbeiten miteinander verwechselt hat.

Zur Erinnerung: Die *Deduktion* geht von einer bekannten *Regel* aus (z. B.: Alle Schlangen sind kleiner als Elefanten.) und versucht diesen allgemeinen Zusammenhang in den Daten wiederzufinden (Dies ist eine Schlange.), um dann über den Einzelfall Kenntnisse zu erlangen (Diese Schlange ist kleiner als ein Elefant.).

Die *qualitative Induktion* schließt von der Existenz bestimmter qualitativer Merkmale einer Stichprobe auf das Vorhandensein anderer Merkmale (z. B. Ich höre Hufgeklapper. Pferde klappern bei Laufen mit den Hufen. Schluss: Das Hufgeklapper stammt von Pferden.). Die qualitative Induktion schließt also, und das ist entscheidend, von *zwei* bekannten Größen, nämlich dem Resultat und der bereits bekannten Regel auf den Fall. Der beobachtete Fall *(token)* ist ein Exemplar einer bekannten Ordnung *(type)*.

Die Abduktion ist gefordert, wenn man mit dem Wissen, das man hat, nicht weiter kommt, weil man für etwas Problematisches *keine* entsprechende Erklärung oder Regel findet. Deshalb muss man etwas Neues erfinden, welches das Unverständliche verständlich macht. Mit Hilfe eines geistigen Aktes wird eine *neue* Regel (type) konstruiert, die zugleich klar macht, was der Fall *(token)* ist. Abduktionen kommen nach Peirce wie ein Blitz und sind dennoch menschliche und zeichenhafte Konstruktionen und kein Erkennen der ‚wahren' Wirklichkeit.

Um den Unterschied zwischen diesen beiden Denkformen weiter zu verdeutlichen, möchte ich ein berühmtes Beispiel heranziehen, anhand dessen der Unterschied m. E. sehr gut sichtbar wird. Betrachten Sie also bitte die unten stehende Zeichnung und versuchen Sie zu bestimmen, um was es sich handelt. Schauen Sie genau hin und versuchen Sie auch, Ihre Phantasie einzusetzen!

© Antoine de Saint-Exupéry

Die Sache ist nun nicht so einfach wie sie auf den ersten Blick aussieht. Die meisten Betrachter/innen der Zeichnung werden wohl zum Ergebnis kommen, dass es sich hier um die Darstellung eines ganz normalen Hutes handelt. Manche werden vielleicht auch meinen, dass eine Insel abgebildet ist. Beide Schlüsse sind recht wahrscheinlich und es könnte in der Tat so sein. Beide Schlüsse haben die Form einer qualitativen Induktion. Sie als Betrachter/in haben sich nämlich die Merkmale des Dargestellten angesehen und Typisches (Die Hut- oder Inselform) vom Nicht-Typischen (Ungleichmäßige Wellungen, Farbe) getrennt. Dann haben Sie in Ihrem Wissensbestand nach etwas gesucht, das ähnliche typische Merkmale aufweist wie das Dargestellte. Wahrscheinlich ohne lange überlegen zu müssen, haben Sie am meisten Ähnlichkeiten zu den typischen Merkmalen eines Hutes oder einer Insel gefunden und deshalb haben Sie die Darstellung für die Darstellung eines Hutes bzw. einer Insel gehalten.

Nun wird es unter Ihnen welche geben, die in ihrer Kindheit oder der Kindheit ihrer Kinder den *Kleinen Prinz* von Antoine de Saint-Exupéry gelesen haben. Dort wird von einem kleinen Prinzen erzählt, der den Erwachsenen, die ihm begegneten und die den Eindruck machten, helle zu sein, die o. a. Zeichnung vorlegte. Wenn sie antworteten, sie sähen einen Hut, wusste er, dass der Erwachsene nicht wirklich helle war. Denn die Zeichnung stellt nach Auskunft des kleinen Prinzen eine Riesenschlange dar, die unzerkaut einen ganzen Elefanten verschluckt hat (siehe die Zeichnung am Ende des Kapitels).

Wenn Sie nun als Betrachter/in der Zeichnung sich an die Zeichnung im *Kleinen Prinz* erinnern und sie wiedererkannt haben, und wenn Sie deshalb sagen: „Das ist doch klar: Die Zeichnung zeigt eine Schlange, die einen Elefanten unzerkaut gefressen hat.", dann haben Sie ebenfalls eine qualitative Induktion vollzogen. Denn Sie haben als Betrachter/in sich die Merkmale des Dargestellten angesehen und Typisches vom Nicht-Typischen getrennt. Dann haben Sie in Ihrem Wissensbestand nach etwas gesucht, das ähnliche typische Merkmale aufweist wie das Dargestellte. Und Sie sind auf die Zeichnung im *Kleinen Prinz* gestoßen und ‚wussten' jetzt, dass es sich um die Abbildung einer Schlange handelt.

Nur wenn Sie ohne Kenntnis des Buches von Antoine de Saint-Exupéry auf die Idee gekommen sein sollten, dass es sich um die Abbildung eines von einer Schlange verschluckten Elefanten handelt, dann hat Sie ein abduktiver Blitz getroffen. Dazu hätte Sie allerdings ihr festes Wissen um die Beschaffenheit der Welt aussetzen müssen, so z. B. das Wissen, dass Schlangen immer kleiner sind als Elefanten. Und Sie hätten eine neue Regel aufstellen müssen, nämlich die, dass es auf der Erde riesige Schlangen gibt, die in der Lage sind, Elefanten unzerkaut zu verschlucken. Das wäre eine neue Idee gewesen – somit eine Abduktion.

Ohne Zweifel ist eine solche Idee ‚verrückt' – und das sind Abduktionen oft, nämlich verrückt, weil sie massiv unserer Vorstellung von der Beschaffenheit der

Welt widersprechen. Aber hier gilt das, was bereits der Physiker Niels Bohr in den 1950er Jahren zu seinem Kollegen Wolfgang Pauli über dessen Vorstellungen zur Quantenmechanik sagte: „Wir sind uns alle einig, dass Ihre Theorie verrückt ist. Die Frage, die uns trennt, ist, ob sie verrückt genug ist, um eine Chance auf Richtigkeit zu haben. Mein eigenes Gefühl ist, dass sie nicht verrückt genug ist." Abduktionen sind in diesem Sinne immer verrückt. Aber manchmal ist eine solche Idee auch sehr fruchtbar. Oft ist sie aber nur verrückt und völlig unbrauchbar. Allerdings weiß man immer erst nach der Überprüfung, zu welcher Sorte Ihr Gedankenblitz gehörte.

Den Unterschied zwischen einer qualitativen Induktion und einer Abduktion und der Bestimmung dessen, was ‚neu' bedeutet, kann man auch an der ärztlichen Diagnostik klar machen: Der Arzt, der nach kurzer Befragung und Untersuchung seines Patienten eine ‚Blinddarmentzündung' diagnostiziert, sagt dem Ratsuchenden ohne Zweifel etwas Neues, also etwas, was er bis dahin noch nicht wusste. Gewiss war die Diagnose in diesem Fall auch für den Arzt neu, denn er wusste ja nicht *vor* der Untersuchung, dass er einen Fall von Blinddarmentzündung vor sich hat, sondern erst *nach* der Untersuchung. Allerdings wusste der Arzt sehr genau, was eine Blinddarmentzündung ist und noch wichtiger: an welchen Zeichen man sie erkennt. Der Arzt vermochte also lediglich die Zeichen richtig zu lesen. Die Krankheit und deren Symptome (also den *type*) hat nicht er ermittelt, sondern er hat festgestellt, dass sein Patient ein *token* des *types* ‚Bilddarmentzündung' ist, also wesentliche Merkmale aufweist, die auch ein Mensch aufweist, der an einer Blinddarmentzündung leidet.

Ganz anders verhielt es sich mit der Diagnosestellung des amerikanischen Immunologen Michael Gottlieb. Ende der 1970-er Jahre hatte der Mediziner fünf junge homosexuelle Kalifornier in Behandlung, die offensichtlich schwer krank waren und eine Reihe von Symptomen aufwies, die er in dieser Form nicht kannte – weshalb er vermutete, dass es sich um eine neue Krankheit handelt und dass irgendein neuer Erreger das Immunsystem der Betroffenen angriff und auslöschte. Nach der Veröffentlichung seiner Beobachtungen und Vermutungen, berichteten andere Mediziner von ähnlichen Fällen und im August 1982 hatte die Krankheit dann auch einen Namen: Acquired Immune Deficiency Syndrome, kurz AIDS. Einmal auf die Spur gesetzt ‚fanden' ein Jahr später Luc Montagnier und Françoise Barré-Sinoussi den ersten HIV-Virus. Allerdings muss man zwischen der ‚Entdeckung' der Krankheit und der ‚Entdeckung' des Virus unterscheiden. Die ‚mutigere' Abduktion war wahrscheinlich die Konstruktion einer neuen Krankheit – also die erste Entdeckung, die bei genauer Betrachtung eine Konstruktion war.

Die zwei oben beschriebenen Fälle, also die des deduktiven Ableitens einer Krankheit (Blinddarm) aus bestimmten Symptomen und die abduktive Konstruktion einer bestimmten Symptomatik zu einem neuen Krankheitsbild (HIV) sind zwei sehr weit auseinanderliegende *clear cases* des erkennenden Denkens. In dieser Form sind sie Idealtypen im Sinne Webers und deshalb vor allem für die *Vermessung* als für die *Beschreibung* von Denkformen geeignet. Zwischen diesen beiden klaren und einfach zu beurteilenden Fällen von Denkformen gibt es empirisch im Alltag von Allgemeinmedizinern sehr viel mehr, das auch im Hinblick auf die Form des erkennenden Denkens sehr viel schwieriger einzuschätzen ist.

Da sind z. B. die Fälle, bei denen Patienten ‚Läuse und Flöhe' haben – wie es im Medizinerjargon heißt, also dann, wenn ein Patient zwei Krankheiten hat, deren Symptomatiken sich überlagern oder verdecken, also wenn jemand z. B. ein Magengeschwür und eine Blinddarmentzündung hat. Aber auch diese Fälle sind noch verhältnismäßig leicht zu erkennen. Noch sehr viel schwieriger wird die Lage, wenn der Patient nicht zwei, sondern drei oder mehr Krankheiten aufweist und wenn unter diesen Krankheiten allgemeine Regulationsstörungen sind, wenn psychische Faktoren maßgeblich daran beteiligt sind, wenn der Patient an einer sehr seltenen Krankheit oder einer Tropenkrankheit leidet oder gar allergisch auf die Hautcreme des Arztes reagiert.

In all diesen Fällen ist die Diagnose nicht mehr einfach aus den Symptomen abzuleiten, sondern der Arzt muss das gesamte für ihn sichtbare Symptombild bewerten und dann eine Lesart konstruieren, die aus seiner Sicht am besten zu den Symptomen passt. Und irgendwann überschreitet er dabei eine Linie, die ihm durchaus auch bewusst sein wird. Die Linie überschreitet er dann, wenn er nicht mehr aus den Symptomen ableitet und Schlussketten bildet und dann weiß, was der Fall ist, sondern wenn er aktiv die Symptome ordnet, relevante von unrelevanten trennt und sie zu einer ‚Sinnfigur' zusammenstellt, von der hofft, dass damit der Fall erfasst ist. Im ersten Fall ist der Arzt sicher, im zweiten sehr unsicher und ständig bereit, seine Diagnose zu ändern. Wenn der Arzt diese Linie, die zwischen Ableiten und Konstruieren verläuft, überschreitet, dann folgert er nicht mehr qualitativ induktiv, sondern abduktiv. Die Abduktion ergibt sich durch den *Sprung*, die Induktion durch die wahrscheinliche oder sichere *Ableitung*.

Bestimmte professionalisierte Berufe sind in ihrer Berufspraxis oft genötigt, solches abduktive Denken zu erlauben oder sogar zu fördern und eine Kultur zu schaffen, die ein solches Denken systematisch ermöglicht. Das sind vor allem Ärzte, Detektive, Polizisten, Priester und auch Wissenschaftler. Insbesondere die im Literaturbetrieb geschätzte Poesie über Ärzte und Detektive wird nicht müde, immer wieder die Größe einzelner abduktiver Denker/innen zu beschreiben und zu loben. In den letzten Jahren findet sich Vergleichbares auch im Fernsehen. Urvater und Leitfigur für alle detektivische Klugheit ist für viele dabei *Sherlock Holmes* und für die medizinische Klugheit *Dr. House*. Meist sind solche Analysen der Denkstile eingerückt in die lange Diskussion um das Spurenparadigma

(Ginzburg 1983, Eco 1981, Eco & Sebeok 1985, Reichertz 1991: 95–106 und 113–128, Krämer 2007).

Die Frage, ob Sherlock Holmes oder andere Mediengestalten abduktive Schlußfolgerer sind, beschäftigt seit Jahrzehntem die Diskussion in semiotischen und literaturwissenschaftlichen Universitätsseminaren[4]. Meist schließt man sich dort der These von Eco an, Sherlock Holmes sei die Verkörperung abduktiven Denkens. Dem ist (legt man die Überlegungen von Peirce zugrunde) sicherlich nicht so. Denn Holmes vollzieht stets qualitative Induktionen – schon allein deshalb, weil er ‚zwingende' Schlussketten aufbaut, weil er (wie er selbst von sich behauptet) „nie rät" (ausführlich dazu Reichertz 1991: 95–106). *Dr. House* und auch der neue *Sherlock Holmes* in der aktuellen britischen Fernsehserie scheinen Kandidaten für abduktive Denker zu sein (vgl. Kessler 2012, Hitzler & Pfadenhauer 2011), da sie gerade nicht immer sicher sind, das Richtige ‚geraten' zu haben, sondern bereit, ihre Ansichten oft radikal zu ändern.

Deduktion ist zu vergleichen mit dem Einhaken eines Karabinerhakens in einen anderen. Auf diese Weise kann man gut belastbare Ketten (Beweisketten) konstruieren. Die qualitative Induktion ist dagegen zu vergleichen mit dem Flechten eines Bandes aus vielen Bändern mit unterschiedlicher Länge und aus unterschiedlichem Material. Wie belastbar dieses Band jedoch ist, weiß man nicht wirklich, glaubt aber aufgrund von Erfahrungen davon ausgehen zu können, dass es wahrscheinlich gewissen Belastungen standhält. Die Abduktion ist zu vergleichen mit einem Sprung ins Dunkle. Man weiß nicht wirklich, was einen erwartet: die Leere oder fester Boden.

Die Haltung, die (zumindest in der empirischen Forschung[5]) mit der Deduktion verbunden ist, das ist die (durch die Erfahrung gehärtete) *Ignoranz*. Man ignoriert einfach, dass es auch ganz anders sein könnte. Die Haltung der qualitativen Induktion ist die des festen *Glaubens,* dass die Vergangenheit etwas über die Zukunft sagt und dass Gott nicht würfelt, sondern sich an Regeln hält. Die mit der Abduktion verknüpfte Haltung ist die (durch Verzweiflung oder Optimismus entfachte) *Hoffnung,* dass es auch ganz anders sein könnte als man bisher dachte.

Verdichtet: Mit einer abduktiven Haltung verzichtet ein Forscher, Detektiv oder Mediziner bei der Konstruktion einer neuen Überzeugung nicht auf sein

---

4 Aus meiner Sicht wäre es fruchtbar, in dieser Debatte um die ‚Spur' zwischen einer semiotischen, aber letztlich sozialtheoretischen Perspektive, die nach der allgemeinen Bestimmung von Spur und Zeichen sucht, und einer falldiagnostischen Perspektive, die zu rekonstruieren versucht, wie in einem bestimmten Fall für die Beteiligten etwas zu einer Spur wird, zu unterscheiden. Die erste Perspektive könnte allerdings von der zweiten viel lernen.

5 In formalen Systemen, die vollständig aus tautologischen Umformungen bestehen, ist der Glaube an die Kraft der Deduktion zweifelsfrei berechtigt. Sobald man jedoch sich außerhalb solcher Systeme bewegt, ist nicht mehr zwingend, was logisch zwingend erscheint.

bisheriges Wissen – im Gegenteil: er weitet es systematisch aus, um es dann zur Disposition zu stellen. Er beobachtet, liest, spricht mit sich und anderen, beachtet vor allem das Unauffällige, das Kleine. Er konstruiert mit Hilfe seines gesamten zur Disposition gestellten Wissens immer wieder neue Typen und Regeln und prüft (gedankenexperimentell), ob das Ungewöhnliche dazu passt. Hat er ein gutes Gefühl, dann passt es. Kurz: der Forscher, der Detektiv und der Mediziner schaut, entwirft, prüft – stets bereit, alte Überzeugungen aufzugeben und neue zu erfinden.

© Antoine de Saint-Exupéry 1956: 8

4.3 Das Diagramm als ein Mittel zur Auslösung abduktiver Blitze

Die *Fähigkeit* zum eher richtigem als falschem Raten verdankt (laut spätem Peirce) die Menschheit einem gütigen Gott[6]. Weil Gott letztlich die Menschen liebt, führt er sie nicht grundsätzlich in die Irre. „Ich bin der festen Überzeugung, es verhält sich in der Welt nicht so, dass die Dinge, die durch einen großen Forschergeist ans Licht gebracht wurden, die Tendenz haben, Menschen, die wirklich die Wahrheit lieben, zu erniedrigen" (Peirce 1995: 3). Deshalb verfügt der Mensch über einen ‚Rateinstinkt', der ihm entweder evolutionär zugewachsen (was der mittlere Peirce dachte) oder von Gott gegeben ist (was der späte Peirce annahm – siehe auch Schlüter 2000). Diese Verankerung der Fähigkeit zur Entdeckung des Neuen in einem Außen (der Natur oder Gott) ist deshalb so wichtig, weil ansonsten sich die nicht einfach zu beantwortende Frage stellt, wie ein mit Zeichen denkender Mensch mittels Denken über sein Denken hinauswachsen, also noch nicht Gedachtes (Neues) denken kann.

---

6   Für Peirce ergibt sich die Realität Gottes aus einem abduktiven Schluss. Der Glaube an Gott ist für Peirce zudem ein natürlicher Instinkt, „vergleichbar mit dem Instinkt, der die verschiedenen Insekten dazu anleitet, ihre Eier dort abzulegen, wo die Larven Futter im Überfluss finden werden (…). Es wäre nun gewiss der Gipfel der Torheit, solch einen natürlichen Instinkt in Zweifel zu ziehen" (Peirce 1993: 397, MS 641 – 1909).

Die allgemeine Fähigkeit aller Menschen zum Entdecken des Neuen wird in bestimmten Situationen leichter aktiviert als in anderen. Auch helfen bestimmte Praktiken dabei, eher Neues entdecken zu können. So ist es nach Peirce prinzipiell von Vorteil, sich gut in den *Daten auszukennen,* denn der Blitz der Erkenntnis trifft nur den gut vorbereiteten Geist. Auch Daten können für das Denken einen Halt im Außen schaffen – allerdings enthalten die Daten nicht die Wirklichkeit, sondern nur die zeichenhafte Repräsentation von Wirklichkeit. Denken ohne Zeichen ist nach Peirce nicht möglich, weshalb die Daten kein wirklicher Halt im Außen sein können. „Beobachtungen mögen noch so *fruchtbar* (fruitful) sein, aber man kann von ihnen nicht in dem Sinne sagen, sie seien *trächtig* an frischer Wahrheit, in dem das Schließen das sein kann, nicht aufgrund der Beschaffenheit des von ihm betrachteten Gegenstandes, sondern wegen der Weise, auf die es vom schlussfolgernden Instinkt unterstützt wird" (Peirce 1993: 489 f, MS 682 – 1913).

Zu den ‚Daten' gehören auch die oft übersehenen, aber in der Forschung sehr wichtigen *‚petites perceptions',* denen Alfred Schütz eine zentrale Stellung für die Entscheidung zwischen Handlungsentwürfen einräumt (Schütz 1972). Dies sind die Wahrnehmungen, derer sich der Mensch nicht bewusst ist, teils weil diese Eindrücke zu klein oder weil sie so weit vereinheitlicht sind, dass sie nicht mehr voneinander unterschieden werden können (siehe auch Eberle 2000 und Ortmann 2011 – ausführlicher hierzu auch Kap. 4).

Neben der genauen Beobachtung (und den *petites perceptions*) lässt sich zudem das abduktive Blitzen durch zwei Praktiken hervorlocken (ausführlich dazu siehe Kapitel 4): Man muss sich entweder ernsthaft unter *Handlungsdruck* setzen (wie im Beispiel des gestohlenen Überziehers, als Peirce als Detektiv agiert)[7] oder sich der Versenkung, dem *musement* (Enter your skiff of musement, push off into the lake of thought…) hingeben[8].

---

7   Ein sehr einprägsames Beispiel für den Druck des wissenschaftlichen Alltags und die daraus resultierende abduktive Haltung liefert Schröer 2012.

8   Weil also Abduktionen gerade nicht durch den glücklichen Zufall zustande kommen, treffen die manchmal in der Literatur vorfindbaren Gleichsetzungen von Abduktion und Serendipity nicht. Die besondere Leistung der drei Prinzen aus Serendip bei der Beschreibung des entlaufenen Kamels, die der britische Autor Horace Walpole mit dem Begriff ‚Serendipity' belegt hat (vgl. Merton & Barber 2006), verdankt sich (wie Ortmann 2008 gezeigt hat) gerade nicht dem glücklichen Zufall, sondern der genauen Beobachtung der Welt und dem scharfsinnigen deduktiven Schließen. Insofern korrespondiert ‚Serendipity' sehr viel mehr mit den Fähigkeiten von Voltaires Zadig (1920) und Doyles Sherlock Holmes. ‚Serendipity' im Sinne Walpoles, also das *Finderglück,* das einem zufällt, ohne dass man nach etwas gesucht hat, besteht gerade nicht darin, eine neue Idee in die Welt zu setzen, sondern etwas anderes Wertvolles zu finden als man gesucht hat – was (wie die Wissenschaftsgeschichte zeigt – z. B. bei der Erfindung des Tesafilms, des Klettverschlusses, des Teebeutels etc.) vor allem in der Naturwissenschaft passiert, die nach konkreten Dingen sucht.

Präzisierungen und Ergänzungen des Abduktionsbegriffs 25

Das sind nur scheinbar widersprüchliche Settings. Bei genauer Betrachtung zeigt sich, dass beide Praktiken Versuche sind, das bewusste Denken in einem Außen zu verankern, denn beide Praktiken bewirken, dass der *bewusst arbeitende*, mit logischen Regeln vertraute *Verstand* ausmanövriert und stattdessen eine andere, nämlich nicht-sprachliche ‚Ordnung' herangezogen wird. Die bislang herrschende sprachliche Ordnung, die sprachliche Zuordnung, von welchem ‚*type*' eine Wahrnehmung ein ‚*token*' ist, wird aufgelöst und ein neuer ‚*type*' gesucht. Die Gültigkeit der Regel, welche das Beobachtete zum Fall einer Regel macht, wird ausgesetzt, und man hält nach einer neuen Regel Ausschau.

Dieser Prozess des Ausschauhaltens folgt nicht mehr den Bahnen der Grammatik einer Sprache, denn der Dialog des Denkenden mit sich selbst über das Wahrgenommene wird nicht allein mit Worten geführt, sondern auch mit *ikonischen* Zeichen (Diagrammen) und vorprädikativen Erfahrungen[9]. „I do not think I ever reflect in words: I employ visual diagrams, firstly, because this way of thinking is my natural language of self-communion, and secondly, because I am convinced that it is the best system for the purpose" (Peirce, MS 619, 1909). Im Prozess des vorsprachlichen Ausschauhaltens nach dem Neuen verbleibt der Denkende allerdings (wie bereits oben gesagt) im Reich der Zeichen – einfach deshalb, weil es für Peirce kein Denken jenseits von Zeichen geben kann. Denn: „Jeder Begriff und jeder Gedanke jenseits der unmittelbaren Wahrnehmung ist ein Zeichen" (Peirce 1993: 240, MS 318 – 1907). Vor den Gedanken waren immer schon die gesellschaftlichen Zeichen: Denn selbst dann, „wenn Gedanken durch ein Zeichen bestimmt oder offengelegt werden, [existiert] das Zeichen zuerst (...) (zumindest virtuell) und jene Gedanken infolge seiner" (Peirce 1993: 247, MS 318 – 1907). Vor den sprachlichen Zeichen (und diese fundierend) liegen nach Peirce nämlich die Diagramme. Ohne Sprache zu denken (also auch außerhalb der Sprache denken) heißt für ihn diagrammatisch denken. Und deshalb können *Diagramme* und *diagrammatisches Schließen* (was beileibe nicht dasselbe ist) bei Abduktionen eine Rolle spielen können.

Diagramme sind erst einmal deutlich vom *diagrammatischen Schließen* zu unterscheiden (vgl. hierzu allgemein Shin 2002, Stjernfelt 2010, Posner 2009, Krämer 2009, Bauer & Ernst 2010, Bogen 2005, Lidscheid 2012, Schmidt-Burkhardt 2012). Ein Diagramm ist für Peirce „eine besonders brauchbare Art von Ikon, weil es gewöhnlich eine Menge von Details wegläßt und es dadurch dem Geist gestattet, leichter die wichtigen Eigenschaften zu denken" (Peirce 1986: 205 – MS 595, 1895).

---

9 „There are countless Objects of consciousness that words cannot express; such as the feelings a symphony inspires or that which is in the soul of a furiously angry man in [the] presence of his enemy". (Peirce, MS 499, 1906). Dazu können auch die oben angesprochenen *petites perceptions* gehören.

Unter ‚Diagrammen' versteht Peirce vor allem (Strich-)Zeichnungen, Formeln, auch Bilder und Graphiken, also visuelle Darstellungen, „die Beziehungen respektive Verhältnisse aufzeigen (…). Dabei sind die Relationen und Proportionen, die Strukturen und Funktionen, die Diagramme vor Augen führen, prinzipiell veränderbar – auf dem Papier, am Computer oder kurzerhand im Kopf. Mittels Diagrammen können verschiedene Konfigurationen eines Sachverhalts oder einer Ereignisfolge durchgespielt und miteinander verglichen werden, um zu praktischen oder theoretischen Schlussfolgerungen zu gelangen" (Bauer & Ernst 2010: 9).

Diagramme stehen zwischen Abbildung (ikonischem Zeichen) und Sprache und weisen in beide Richtungen: sie verweisen zum einen visuell auf ‚Qualitäten' des diagrammatisch Dargestellten und liegen somit vor der sprachlichen Repräsentation, zum anderen sind sie relevanzgeleitete Abstraktionen des Dargestellten und damit an die Sozialität angeschlossen. In dieser Form eignen sie sich gut für das anschauliche Denken und sind somit effektive Werkzeuge des erkennenden Denkens (vgl. Reichertz 2007). Nach Peirce liegt der Logik der Sprache die Logik des Visuellen zugrunde (vgl. Pape 2012: 73 f), ist die Sprache zweitrangig, während das Diagramm allmächtig ist (vgl. Houser 2010: 13), weshalb das Visuelle eine direktere Überzeugungskraft hat. Somit kann man Peirce auch als einen der Väter der Re-Etablierung der These vom Vorrang des Visuellen vor dem Sprachlichen betrachten.

Da Diagramme wegen ihrer Visualität die Kraft haben, dem Betrachter eine Lesart der Dinge nahe zu legen, werden Diagramme oder besser: wird diagrammatisches Schließen meist mit der Deduktion (also dem notwendigen Schließen) in Verbindung gebracht. „Alles notwendige Schließen ist ausnahmslos diagrammatisches Schließen" (Peirce 1973: 213, 1903). Das diagrammatische Schließen (Reasoning) ist also immer deduktiv, da der Interpret schlussfolgert, dass die Eigenschaften der Diagramme den Eigenschaften der referierten Dinge entsprechen. Diagrammatisches Denken leitet aus den Diagrammen ein Wissen über die Welt ab. Damit hat diese Art des Denkens die Form einer Deduktion. Diagrammatisches Denken rät nicht (not guessing), sondern schließt notwendig. Ob dieser Schluss auch gültig ist, ist eine andere Frage.

Erst in den letzten Jahren wird auch diskutiert, inwieweit Diagramme ein Mittel sind, die Bindungen an die Sprache aufzulösen und einen Halt im Außerhalb der Sprache zu finden, und somit auch geeignet sind, über das eigene Denken hinaus zu gelangen und Abduktionen auszulösen bzw. hervorzurufen (vgl. Hoffman 2000, Ernst & Globisch 2007: 221). Diese Möglichkeit hat auch Peirce schon gesehen, wie (nicht nur) sein Hinweis auf die Arbeit des Geometers zeigt: „Der Geometer zeichnet ein Diagramm (…); und mithilfe von Beobachtungen an diesem Diagramm ist er in der Lage, zu synthetisieren und Relationen von Elementen aufzuzeigen, die vorher keine zwingende Verbindungen zu haben schienen" (Peirce

1995: 139 – MS 909 – 1888). Diagramme ermöglichen auch nach Peirce ein schnelles Konfigurieren von vorgestellten Sachverhalten und Ereignisabfolgen und was noch wichtiger ist: Man kann diese Konfigurationen mit wenigen Federstrichen schöpferisch umgestalten – unabhängig davon, wie die Eigenschaften des im Diagramm Dargestellten ‚tatsächlich‘ sind. So kann man im Diagramm und mit dem Diagramm ‚neue‘ Relationen schaffen oder sichtbar machen und die Intuition ‚füttern‘: „Intuition ist das Betrachten des Abstrakten in konkreter Form, in dem Relationen auf realistische Weise hypostasiert werden. Das ist die eine und alleinige Methode wertvollen Denkens" (Peirce 1995: 139 – MS 909 – 1888).

Kurz: Mit Strichen lässt sich leichter und freier experimentieren als mit der Wirklichkeit. Und da der Strich noch vor dem Gedanken kommt, kann der Strich den Gedanken eine neue Richtung geben (vgl. auch Bauer & Ernst 2010: 49). Deshalb hilft das Diagramm bei der Entdeckung des Neuen. Diagramme können die herkömmliche (sprachliche) Ordnung der Dinge zerstören und den Dingen eine neue Ordnung unterlegen. Diagramme zu gestalten, bedeutet demnach auch, mit der Welt nach Belieben zu spielen, neue Regeln zu schaffen und ins Spiel zu bringen. Oft ergibt sich so Unsinn, manchmal auch Neues, das sich für die Lösung von Handlungsproblemen als nützlich erweist. Insofern sind Diagramme ein Mittel abduktiven Denkens bzw. können es sein (vgl. auch Hoffman 2000, Ernst & Globisch 2007 und Bauer & Ernst 2010: 48 ff). Diagramme können, da man mit Leichtigkeit die Linien in ihnen verändern und damit frei experimentieren kann, alte Denkgewohnheiten aufbrechen und sie können so günstige Bedingungen für abduktive Blitze schaffen – müssen es aber nicht.

4.4 Kommunikation als zentrales Mittel zur Auslösung abduktiver Blitze

Der Peircesche Denker, der allgemein auf Erkenntnis aus ist, unabhängig davon, ob er unter Handlungsdruck steht, sich entspannt oder mit Diagrammen experimentiert, ist kein Flaneur, der mit seinem Blick die Oberflächen der Straßen und der Menschen, die um ihn sind, streift und die Oberflächen das sein lässt, was sie sind, nämlich Oberflächen, sondern er ist ein stummer, einsamer und genauer Beobachter, der aus seiner Deckung heraus den *Körper des Anderen* oder auch die *Oberflächen der Dinge* als Display wahrnimmt, das einerseits geformt und gestaltet ist durch das Leben und seine Unwägbarkeiten, andererseits durch sozial verteilte, kulturelle Praktiken der Arbeit an sich selbst und den Dingen gestaltet ist und zum dritten durch das bewusste designen derjenigen, welche die Körper und Dinge als Ausdrucksflächen verstehen und benutzen. In die ‚Körper‘ der Menschen und Dinge hat sich all dies, teils tief, teils oberflächlich, teils untrennbar miteinander verbunden, teils immer noch unterscheidbar, eingeschrieben und es ist sichtbar und zeichenhaft. Wegen dieser sozialen und individuellen Semiotisierung der menschlichen Körper und Dinge sind die Körper der anderen und die Dinge in der Welt *im normalen Alltag* für einen genauen Beobachter, der kundig ist, die Zeichen zu verstehen, bis zu einem gewissen Grad lesbar. Der Beobachter vermag es, mental zu erschließen, was das Ensemble der Zeichen bedeutet. Denn nicht nur verweist jedes einzelne Zeichen allein auf etwas, sondern erst das Ensemble der Zeichen enthüllt das Besondere und die Persönlichkeit des Zeichenträgers, sein Leben und seine Selbstfeststellung. Auf das Gemeinsame, auf die Besonderheit der Zeichenfigur, auf deren Bedeutung schließt der Beobachter (wenn alles so bekannt erscheint) in einem mentalen Akt, der sich durch die klassischen logischen Syllogismen der *Deduktion* und der *qualitativen Induktion* beschreiben lässt. So in etwa lässt sich das erkennende Denken im Anschluss an Peirce beschreiben – wenn ihn die anderen und die Welt nicht überraschen, wenn also alles so erscheint, wie es bisher erschienen ist, wenn der andere und die Welt bekannt sind.

Ganz anders verhält es sich, wenn der andere oder die Welt – also der Fall, auf den man trifft, den um Erkenntnis bemühten Menschen überrascht, wenn er Rätsel aufgibt, wenn die bisherigen Überzeugungen nicht geeignet sind, das Weiterhandeln zu ermöglichen, wenn also Handlungsblockierung auftritt. Dann muss der erkennende Mensch nach einer neuen Deutung der Zeichen suchen: er muss eine neue Regel *finden* oder genauer: eine neue Regel oder einen neuen Typus *erfinden*. Es reicht demnach nicht, nur eine (dem Denker und/oder der Gemeinschaft) schon bekannte Regel zur Erklärung heranzuziehen, also aus einer Anzahl der bekannten Regeln die passende herauszufinden. Abduktiv hervorgerufen sind nach Peirce nur die Regeln, die *er*funden werden – nicht die, welche nur *ge*funden werden (kritisch hierzu: Kessler 2012: 110[10]).

Abduktives Erkennen oder besser die Entdeckung des Neuen wird von Peirce in der Regel als eine einsame und vor allem monologische Angelegenheit beschrieben. Fast immer ist es ein großer Geist oder ein großer Mann mit einem großen Geist, der in einer für ihn schwierigen Handlungssituation (meist in Abgeschiedenheit) aufgrund gesteigerter mentaler Aktivität einen Geistesblitz hat. Eine typische Formulierung für diese Auffassung findet sich bei Arthur Koestler:

---

10 In der neueren literaturwissenschaftlich-semiotischen Diskussion wird die Bedeutung des Begriffes der Abduktion gelegentlich noch aus der Interpretation des Begriffs durch Umberto Eco rekonstruiert – was oft zu Fehldeutungen führt (Eco 1985, allgemein dazu: Eco & Sebeok 1985), da Eco (und die an ihn anschließende Tradition der Peircedeutung) Abduktion und qualitative Induktion nicht klar genug voneinander trennen.

Präzisierungen und Ergänzungen des Abduktionsbegriffs 29

„Die Blockierung steigert die Intensität des frustrierten Triebes. Sind alle Bemühungen erschöpft, das Problem mit Hilfe traditioneller Methoden zu lösen, so jagen die Gedanken in der blockierten Matrix im Kreis herum wie Ratten in einem Käfig. Danach scheint die Matrix des organisierten, zweckgerichteten Verhaltens zu zerfallen: planlose, ungezielte Versuche treten auf – (...) – begleitet von Wutanfällen und Verzweiflung oder der Geistesabwesenheit schöpferischer Besessenheit. In Wirklichkeit ist diese scheinbare Geistesabwesenheit natürlich intensivste Konzentration. Denn in diesem Stadium, der sogenannten Inkubationszeit, ist das gesamte Individuum bis in seine tiefen, unreflektierten und unbewussten Schichten von diesem einen Problem derart durchdrungen, dass es auf irgendeinem Niveau der geistigen Existenz ständig präsent ist, auch wenn sich die Aufmerksamkeit auf andere Dinge richtet" (Koestler 1966: 119 f.).

Wie hier bei Arthur Koestler gut sichtbar wird, ist die ,Verzweiflung vor der Entdeckung' eine *innere* Verzweiflung des einsamen Subjekts. Der Geist oder besser: das Gehirn arbeitet auf Hochtouren und sucht nach einer Lösung bis diese sich schlagartig einstellt. Auch Peirce teilt diese Sicht – was nicht nur angesichts der besonderen Lebenssituation von Peirce, nämlich dem fehlenden kommunikativen Austausch mit Studierenden oder Kollegen/innen, wenig verwundert: Peirce hat sich nämlich immer vor allem für das subjektive Erkennen eines Denkenden interessiert. Es ging ihm immer um die *allgemeine Logik mentaler Prozesse* – nicht um die konkrete soziale Arbeit des in Situationen eingebetteten Erkennens und schon gar nicht um Beschreibung der tatsächlichen Praxis der kommunikativen Konstruktion von Wirklichkeit durch einzelne Wissenschaftler/innen (Keller & Knoblauch & Reichertz 2012). Indem Peirce die Grundlagen des abduktiven Denkens und auch deren grundlegende Praktiken an Naturprozesse (Evolution, Gehirn, mentale Prozesse) bindet, *naturalisiert* Peirce die Abduktion.

Dieser mentale Akt wird nicht von den Eigenschaften des Außen aufgezwungen, er entspringt also nicht von selbst den Daten (emergiert), sondern dieser mentale Akt ist bei Peirce immer ein mentaler *Sprung ins Ungewisse,* obwohl einige ,Sprünge' sicherer (da von den Daten oder von Gefühlen, also körperlichen Vorgängen, nahe gelegt) und andere unsicherer (da nicht von den Daten oder Gefühlen nahe gelegt) sind. Schlüsse auf die Wirklichkeit von Wahrgenommenen sind also immer *Konstruktionen.* Manche Konstruktionen werden dabei von den Wahrnehmungen und deren Deutung (auch durch den Körper) nahe gelegt – andere weniger. Insbesondere abduktive ,Erkenntnisse' sind *nicht* durch die Daten oder genauer: durch die Qualitäten der Dinge aufgezwungen, sondern mehr oder weniger mutige Konstruktionen des denkenden Menschen. „Doch die höchste Form der Synthese liegt dann vor, wenn der menschliche Geist weder durch die inneren Reize der Gefühle oder Repräsentationen selbst noch durch die transzendentale Kraft der Diesheit gezwungen wird, sondern durch das Interesse an der Intelligibilität, d. h. durch das Interesse des synthetisierenden „Ich denke" als solchen; und dies geschieht dadurch, dass eine Vorstellung eingeführt wird, die in den Daten nicht enthalten war und die Verbindungen herstellt, die jene sonst nicht gehabt hätten" (Peirce 1995: 138 f MS 909 – 1888). *Der abduktive Denker findet also nichts in den Daten, sondern fügt ihnen etwas hinzu.* „Doch darin liegt das Geniale des menschlichen Geistes, daß er all diese Hinweise der Sinne aufnimmt, ihnen unermesslich viel hinzufügt, sie präzisiert und durch die Intuitionen von Raum und Zeit verstehbar macht" (Peirce 1995: 139 – MS 909 – 1888). Abduktives Denken ist in diesem Sinne immer eine Konstruktion – wenn auch keine beliebige, sondern eine, welche die ‚Reibung' an den Daten benötigt. Oder in einer anderen Metaphorik – nämlich der Spurenmetaphorik: Der abduktive Denker liest keine Spuren, sondern erschafft sie sich erst.

Nie ist bei Peirce dieser Akt des Schlussfolgerns, und das ist aus meiner Sicht eine erhebliche Verkürzung des erkennenden Denkens, Ergebnis der Kommunikation mit anderen. Sowohl die anderen bleiben in der Begegnung stumm als auch der Beobachter. Sie kommunizieren nicht miteinander, sie begegnen sich noch nicht einmal wirklich, sondern bleiben getrennt, verschränken nicht für einen kurzen Augenblick ihren Blick miteinander, erkennen sich nicht, erkennen nicht gemeinsam den Gegenstand der gemeinsamen Aufmerksamkeit, sondern bleiben sich fremd. Der erkennende Beobachter bei Peirce ist alleine und einsam und hat keinen Ort im Leben, sondern verfügt nur über viel Wissen über die Welt.

Wendet man sich jedoch dem erkennenden Denken in der konkreten Forschungspraxis (und hier insbesondere dem der qualitativen Sozialforschung) zu, dann ist augenfällig, dass die Beschreibung von Peirce so nicht zutrifft und der Ergänzung bedarf. Denn auch erkennendes Denken ist notwendig in Handlungspraxen und somit auch in Situationen eingebettet und somit auch in kommunikatives Handeln. So zeigen z. B. auch die *science studies* (z. B. Beck et al. 2012) sehr nachdrücklich, dass im Alltag der Wissenschaft nicht nur mentale Prozesse, sondern auch und vor allem die Kommunikation mit Kollegen/innen ganz wesentlich für die Entdeckung des Neuen verantwortlich ist (z.B: Bauchspies & Croissant & Restivo 2005, Bloor & Barnes 1996, Knorr-Cetina & Mulkay 1983, Knorr-Cetina 1999 und 2001). Diese Fundierung von Entdeckungen und Theoriebildung in der wissenschaftlichen Kommunikation findet sich natürlich auch in jeder Form der Sozialwissenschaften. Aber vor allem in der qualitativen Sozialforschung und deren Methoden hat die Kommunikation einen expliziten und systematischen Ort erhalten, da die Interpretation der Daten immer entweder kommunikativ erarbeitet oder aber kommunikativ validiert wird (vgl. Reichertz 2013).

Die Verkürzung der Abduktion auf monologisch ablaufende mentale Prozesse des erkennenden Subjekts findet sich auch in der ersten Ausgabe des hier neu vorliegenden Buches. In dem Buch wird Abduktion vor allem als Bewusstseinsleistung betrachtet. Es ist ausschließlich der monologisierende Akteur, der erkennt. Alles Soziale und Kommunikative bleibt bei Peirce und blieb auch bei mir ausgespart, obwohl beides in der konkreten Forschung immer wesentliche Bestandteile und wesentliche Voraussetzungen für erkennendes Denken sind. Denn Akteure, die in für sie problematischen Situationen sind, kommunizieren in der Regel über diese. Nicht der einzelne Mensch befreit sich allein mit ‚Denken‘ aus einer bedrohlichen Situation, sondern er befreit sich auch mit Hilfe von *Kommunikation* aus der Situation.

Denken ist nämlich immer in konkrete alltagsweltliche Arbeits- und Kommunikationsprozesse eingebunden – auch in der Wissenschaft. Dort sind diese Prozesse in der Regel durch bestimmte Forschungsmethoden vorfiguriert und auch formatiert. In den Sozialwissenschaften, deren zentrale Prämisse es ist, dass wissenschaftliches Forschen immer auch Kommunikation mit den Beforschten, aber auch mit anderen Forschern/innen ist, beinhalten die Methoden nicht nur einen *Zwang zur Kommunikation,* sondern (so wie z. B. in der Sequenzanalyse) den Zwang zu einem bestimmten, die Prämissen des eigenen Interpretierens offenlegenden Kommunikationsstils (vgl. auch Soeffner 1989). Kurz: Forschen beinhaltet immer und unhintergehbar in jeder Phase kommunikatives Handeln. Forschen ist (nicht nur, aber ganz wesentlich) die kommunikative Konstruktion wissenschaftlichen Wissens und somit ein wesentlicher Teil der kommunikativen Konstruktion von Wirklichkeit, weil erstere für letztere das ‚Rohmaterial‘ zur Verfügung stellt und mit Legitimation ausstattet.

Miteinander zu kommunizieren hilft nun nicht nur (wie schon Kleist wusste) bei der ‚allmählichen Verfertigung der Gedanken‘, sondern über kommunikatives Handeln, also über den Dialog oder den Disput mit konkreten oder auch vorgestellten Anderen führt ein direkter Weg zu neuen Gedanken oder genauer: nicht ein Weg führt dorthin, sondern mindestens drei Wege.

Zum *einen* kann man nicht nur mit Strichen experimentieren, sondern auch mit Wörtern und den mit den Wörtern kommunikativ ins Spiel gebrachten Metaphern. Metaphern sind (und das verbindet sie mit Diagrammen) Werkzeuge des Denkens (Lakoff & Johnson 1980, Kruse & Biesel & Schmieder 2011) – sowohl des notwendigen wie des kreativen Denkens. Metaphern sind (wie Diagramme) geradezu ideale Werkzeuge, alte Sinnfiguren zu zerstören und neue zu konstruieren.

Metaphern resultieren aus Denkakten, also aus der gedanklichen Erstellung von Ordnung zum Zwecke des sinnvollen Weiterhandelns. Und deshalb sind Metaphern Medien des Denkens und Medien des Handelns – wenn auch im Medium der Sprache[11]. Metaphern sind also Medien des Denkens, die auch dann besonders fruchtbar sind, wenn angesichts neuer Entwicklungen und Phänomene gedanklich eine neue Ordnung hergestellt werden soll und muss, damit ‚sinnvoll' weitergehandelt werden kann – weshalb Metaphern zugleich auch Medien des Handelns sind. Deshalb sind Metaphern nicht nur Medien zur Erarbeitung einer kognitiven Ordnung, sondern auch und vor allem Medien zur gesellschaftlichen und damit kommunikativen Konstruktion von Wirklichkeit und deshalb ist auch verständlich, wenn es immer wieder zu Auseinandersetzungen über die ‚treffende' Metapher kommt.

Zum *zweiten* ist kommunikatives Handeln nicht wirklich planbar und schon gar *nicht kontrollierbar*. Der Normalfall gemeinschaftlicher Kommunikation ist, dass mehrere Personen, die sich (gut) kennen und eine gemeinsame Geschichte miteinander haben, anwesend bzw. mit Kommunikationsmedien verbunden sind und gleichzeitig oder nacheinander miteinander kommunizieren. Alle können dem aktuell Kommunizierenden ihre Aufmerksamkeit geben und ihm auch antworten oder sich abwenden und ein eigenes Thema mit Teilen der Gruppe initiieren oder sich einfach innerlich zurückziehen.

Keiner weiß, ob und wann und wie der Andere oder die Anderen auf sein kommunikatives Handeln und Tun reagieren werden. Man hat nur Kontrolle über seinen ‚ersten Zug', mit dem man das Geschehen anstößt. Man kann einen Impuls geben. Was dann geschieht, ist wegen des strukturellen Nichtfestgelegtseins des Menschen prinzipiell ungewiss. Gewiss gibt es Anhaltspunkte und Indizien, aber keine Sicherheit, am eigenen Plan festhalten zu können, oder überhaupt die Zeit zu haben, einen Handlungsplan zu entwickeln. Deshalb stößt sich hier Kommunikation immer wieder selbst an, geht mal in die eine, mal in die andere Richtung; und alle tun gut daran, sich darauf einzustellen. Meist ereignet sich diese Art von Kommunikationen, ohne dass die Beteiligten einen Plan hätten, was sie mit und in dieser Kommunikation erreichen und/oder durchsetzen wollen. Diese Art von Kommunikation ist strukturell in ihrem Verlauf und in ihrem Ergebnis unvorhersehbar, weshalb man dann manchmal an einem Punkt landet, den niemand ansteuerte. Auch so kommen neue Ideen in die Welt.

Zum *dritten* ist der konkrete Dialog oder Disput in der sozialwissenschaftlichen Forschung darauf angelegt, Deutungsroutinen aufzubrechen. Eine besonders fruchtbare Methode hierfür ist die (vor allem bei hermeneutisch operierenden Ansätzen etablierte) Sequenzanalyse. Sie wird deshalb besonders gerne angewendet, weil sie ein ausgesprochen *unpraktisches* Verfahren ist. Die strikte

---

11 Vergleiche dazu auch die durchaus als wissenssoziologisch zu verstehende Bestimmung: „Metaphor is primary a matter of thought and action and only derivately a matter of language." (Lakoff & Johnson 1980: 153).

Durchführung einer Sequenzanalyse (also der extensiven hermeneutischen Auslegung von Daten in ihrer Sequentialität) kostet nicht nur immens viel Zeit, sondern sie zerstört im Prozess der systematischen und gesteigerten Sinnauslegung alle Selbstverständlichkeiten der eigenen Perspektivik und der eigenen Sprache. Strikte Sequenzanalysen führen dazu, dass alle geltenden oder uns gültig erscheinenden Vorurteile, Urteile, Meinungen und Ansichten in der Regel schnell zusammenbrechen. Die Sequenzanalyse dient also gerade nicht dazu, sich an den Gegenstand so eng anzuschmiegen, dass kein Blatt mehr dazwischen passt, sondern Sequenzanalyse ist ein Verfahren zur Zerstörung der gesamten sozialen Vorurteile der Interpreten – auch wenn dies nicht immer gelingt. Ist die Perspektivik mittels Sequenzanalyse einmal zerstört, entwerfen die Forscher kommunikativ Schritt für Schritt Aussagen zu dem untersuchten Gegenstandsbereich, die nicht notwendigerweise, aber manchmal auch neu sind. Im Prozess des Diskutierens und Debattierens wird die Wirklichkeit also kommunikativ Schritt für Schritt zusammen mit den anderen Akteuren konstruiert, „und es scheint sich um das ‚Äußere' eines mentalen Prozesses zu handeln, in dem der Ausstieg aus der Routine kommunikativ vorbereitet und durchgespielt wird" (Wilz 2009: 12). Auch so kommt Neues in die Welt. In welchem Kopf der neue Gedanke sich letzlich entzündet, ist zwar nicht unwesentlich, aber nicht der entscheidende Punkt.

Auch wenn man (was hier kurz versucht wurde) das Soziale und vor allem das kommunikative Handeln mit in den Prozess des erkennenden Denkens einzubauen versucht, gilt: Der abduktive Blitz trifft nur den vorbereiteten Geist, jedoch reicht es nicht, nur die Daten zu kennen, sondern man muss auch in jeder Phase der Forschung kommunizieren. Kommunikatives Handeln ist somit (auf mehrfache Weise) ein wesentliches Mittel, die eigenen Gedanken zu ‚beflügeln' und ihnen Mut für den Sprung ins Ungewisse zu geben.

Aber auch das so gefundene Neue ist nicht das letzte Wort: es ist so wie alle aktuell geltenden Worte nur eines in einer endlosen Reihe, nur bis auf Widerruf in der Welt – ganz unabhängig davon, wie sicher es erscheint. Denn die wichtigste Voraussetzung für das Entdecken des Neuen ist der ‚alte' Zweifel, dass es auch ganz anders sein könnte: „Doch auch der Wissenschaftler muss ‚sein Herz hüten', aber der Zweck, zu dem er dies tut, ist dem religiösen Eiferers diametral entgegengesetzt. Anstatt dass er Wache hält über das, was er in seiner unschuldigen Jugend gelernt hat, um es zu bewahren, muss der Wissenschaftler sich vor veralteten Wegen des Denkens hüten und sich bereithalten, all sein Wissen aus früheren Jahren über Bord zu werfen, sobald Raum für die Entwicklung von Vorstellungen verlangt wird, die neuen Entdeckungen entspringen" (Peirce 1995: 546 – MS 851 – 1911).

Die Abduktion in der Forschung – Ansprüche und Hoffnungen 1

> Können wir mit Hilfe irgendeines Schlußverfahrens aus dem, was wir wissen, auf etwas Neues schließen, das in dem Gewußten nicht schon enthalten ist? Ein solches Schlußverfahren wäre offenbar Zauberei. Mir scheint, das müssen wir ablehnen.
> *Rudolf Carnap*

> Wenn wir etwas Neues denken oder sagen wollen, dann müssen wir all unsere fertigen Vorstellungen aufbrechen und die Teile mischen.
> *Gregory Bateson*

In einer Besprechung der ersten sieben Bände der Buchreihe ,*Qualitative Sozialforschung*', in der auch dieser Band erscheint, kommt die durchaus wohlwollende Kritikerin Regina Gildemeister zu dem Befund, dass innerhalb der qualitativen Sozialforschung offensichtlich vieles durcheinander geht. Methoden und Methodologien würden je nach Bedarf für sich reklamiert – ebenso Konzepte und Begrifflichkeiten. „Generell ist der unterschiedliche Gebrauch von Konzepten in den Büchern beachtlich – was jeweils mit ,Grounded Theory' gemeint ist und welche Auslegung die methodologischen Grundbegriffe der Induktion, Deduktion und Abduktion erhalten, ist erstaunlich vielfältig. Ob daran freilich ein explizit diesen Grundbegriffe gewidmeter Band etwas ändern könnte, darf bezweifelt werden" (Gildemeister 2001: 219). Gewiss kann man für diese Zweifel manch guten Grund anführen, doch nichts spricht gegen den Versuch, es trotz des geäußerten Zweifels erneut zu versuchen.

Allerdings sollen nicht alle von der Kritikerin angesprochene Begriffe hier behandelt werden, sondern im Wesentlichen nur einer: nämlich der Begriff der

Abduktion[1]. Gerechtfertigt ist dieses Vorhaben vor allem wegen der prominenten Stellung des Abduktionsbegriffs innerhalb der qualitativen Sozialwissenschaft. Denn ohne Zweifel hat er eine beachtliche und erfolgreiche Karriere hinter sich: vor 30 Jahren noch fast unbekannt und nur von wenigen Logikern mit großer Skepsis beäugt, ist er heute (nicht nur in der Sozialforschung) allerorten ein beliebtes Label, das die Innovativität und logische Stringenz eines Verfahrens anzeigen soll.

Denn heute ist der Begriff *,Abduktion'* schon lange kein Geheimtipp mehr: Pädagogen, Sprach- und auch Literaturwissenschaftler, Psychologen, Psychoanalytiker, Semiotiker, Theaterwissenschaftler, Theologen, Kriminologen und Kriminalisten, Juristen, Dolmetscher, Architekten, Künstliche-Intelligenz-Forscher und natürlich auch die Soziologen reklamieren in ihren Forschungsberichten gern und oft, ihre neuen Erkenntnisse würden sich *,Abduktionen'* verdanken[2]. Dieser Aufschwung war so enorm, dass mancherorts sogar von einem *,abductive turn'* gesprochen wird (vgl. Bonfantini 1988 und Wirth 2000b).

Zu Recht betrachtet Udo Kelle dieses Entwicklung kritisch: „Mittlerweile hat sich Begriff von einem ,Geheimtipp innerhalb der Sozialforschung' zu einem Bestandteil des Lehrbuchwissens qualitativer Methoden entwickelt (…). Oftmals wird dabei das Konzept der Abduktion als ein Verfahren der interpretativen Forschung reklamiert, wobei übersehen wird, dass Abduktion zuerst einmal gar keine Methode der Forschung beschreibt, sondern nur eine Form des Schlussfolgerns (…). Die Feststellung, Erkenntnisse aus einer hermeneutisch orientierten empirischen Studie seien mit Hilfe abduktiver Schlussfolgerungen gewonnen worden, ist deshalb letztlich ähnlich informativ oder auch nichts sagend wie die Feststellung, man habe statistische Erkenntnisse ,auf induktivem Wege' (d.h. durch eine Zusammenfassung von an Einzelfällen gewonnenen Beobachtungen) gewonnen" (Kelle 2002: 1).

Galt lange Zeit innerhalb der qualitativen Sozialforschung, wohl auch wegen entsprechender Formulierungen aus dem Umkreis der frühen Grounded Theory, dass die *Induktion* die grundlegende logische Operation des Findens neuer Theorien ist, so gilt zur Zeit allein die Abduktion als einzige Hoffnungsträgerin. Auch die *analytische Induktion*[3] von Florian Znanieki, die ja gerade nicht als syllogisti-

---

1   Bei dem Versuch der Bestimmung des Abduktionsbegriffs werde ich auf Überlegungen zurückgreifen, die bereits in Reichertz 1991a, 1993 und 1999 publiziert wurden. Allerdings wurde für diesen Band der neueste Forschungsstand aufgearbeitet und berücksichtigt, was zu teils erheblichen Veränderungen, Ergänzungen und Neubewertungen führte.

2   Einen guten Einblick in die Vielfältigkeit der Rezeption des Abduktionsbegriffes erhält man bei der Lektüre der Sammelbände von Pape 1994a und Wirth 2000a.

3   *,Analytische Induktion'* ist nicht (wie man vermuten könnte) ein syllogistischer Schluss, sondern eher eine Forschungsstrategie, eine Technik vieler Vertreter der Chicago School, die

scher Schluss, sondern eher als eine Forschungsstrategie, eine Technik vieler Vertreter der Chicago School angesehen wurde, wie man die unerwartete Erfahrung zur Gewinnung neuer Theorien nutzen kann, auch sie, auf der einige Zeit die Hoffnung ruhte, die innovative Operation sozialwissenschaftlicher Forschung zu sein (Kelle 1994: 245 ff), konnte sich gegen die Abduktion letztlich nicht behaupten. Mittlerweile findet sich in fast allen neueren Lehrbüchern zur qualitativen Sozialforschung ein eher längeres Kapitel über die Form und den strategischen Stellenwert der Abduktion. Vertreter der Chicago School, der Methodologie der objektiven und wissenssoziologischen Hermeneutik, der fallrekonstruktiven Familienforschung, der Grounded Theory, der dokumentarischen Interpretation, der Narrationsanalyse, der Biographieforschung (um nur die wichtigsten zu nennen) halten in ungewohnter Übereinstimmung die Abduktion für die grundlegende Operation des eigenen Forschungsprogramms (vgl. auch Bohnsack 1999: 204)[4].

Dieser durchschlagende Erfolg eines doch recht sperrigen Begriffs der Logik lässt sich m. E. durch eine Reihe sich gegenseitig auch verstärkender Faktoren erklären: zum ersten ist der Begriff der Abduktion in der Forschungsliteratur diffus bis widersprüchlich bestimmt (und damit für vieles und viele verwendbar)[5], und zum zweiten spielt die *„Renaissance des Pragmatismus"* sowohl diesseits als auch jenseits des Atlantiks bei diesem Prozess eine nicht kleine Rolle (vgl. dazu Sandbothe 2000).

---

    darauf abzielt, aus unerwarteter Erfahrung mit Hilfe der Verschränkung von Induktion und Deduktion neue Theorien zu gewinnen (vgl. auch Kelle 1994).

4   Innerhalb der qualitativen Sozialforschung wird jedoch nicht ohne Polemik diskutiert, ob jeweilige Konkurrenzverfahren zu Recht die Abduktion als grundlegende Operation ihres Ansatzes reklamieren können. Insbesondere die objektive Hermeneutik ist ins Feuer der Kritik geraten: ihr wird von mehreren Seiten vorgehalten, dass mit der Behauptung, die objektiv-hermeneutischen Interpreten würden über die Regeln der Bedeutungskonstitution sicher verfügen, wesentliche Bestimmungen abduktiven Vorgehens verletzt werden (Bohnsack 1999, Flick 2000, Kelle 1994 und ausdrücklich in 2002 und Reichertz 1986 und 1993). Dazu weiter unten mehr.

5   Auf eine solche unklare Verwendung einer seiner Ausdrücke hätte Peirce wahrscheinlich nicht nur mit Verärgerung reagiert, sondern er hätte zudem einen neuen, sprachlich noch unhandlicheren Begriff geschaffen, um sich von den anderen Gebrauchsweisen abzugrenzen. So hat er sich z. B., als der Begriff ‚Pragmatismus' in aller Munde war und aus seiner Sicht Vieles zu Unrecht damit bezeichnet wurde, den neuen Begriff ‚Pragmatizismus' geprägt, in der Hoffnung, dass an einem solch hässlichen Entlein niemand Gefallen fände, und der Begriff somit vom Missbrauch geschützt sei. Wie die Geschichte zeigt, war Peirce erfolglos und erfolgreich zugleich: erfolgreich war sein Versuch, mit der Verwendung des Begriffes ‚Pragmatizismus' alleine zu bleiben, erfolglos war jedoch sein Versuch, die Konsequenzen dieses Begriffes genau und eindeutig zu bestimmen.

Motiviert ist der grandiose Aufstieg der Abduktion zum dritten durch das Bestreben der qualitativen Sozialforscher, ihren Untersuchungen ein stabiles, verlässliches, weil von der Logik gehärtetes, Fundament zu geben. Denn bei vielen Nutzern verbindet sich mit der Abduktion eine große wissenschaftstheoretische Hoffnung: nämlich die auf eine *regelgeleitete, reproduzierbare* und auch *gültige* Produktion neuen wissenschaftlichen Wissens. Im Kern soll bei vielen die ,*Abduktion*' die *Validität* der Forschung garantieren. Deshalb überrascht es nicht, dass insbesondere in der *qualitativen* Sozialforschung die Abduktion so großen Anklang gefunden hat[6].

Und wen wundert es, dass auch die qualitative Evaluationsforschung, deren beispielloser Erfolg in den letzten Jahren in keinem Verhältnis zu deren ausgesprochen lässigem Umgang mit Methoden steht, die Logik der Abduktion für sich in Anspruch nimmt, um Autorität zu inszenieren. So behauptet Levin-Rozalis in seiner Einführung in die qualitative Evaluationsforschung erst einmal: „The research logic of abduction can easily be applied to the process of program/project evaluation and to the analysis of the data that are gathered in such a process. (…) Since this is so, we can now argue that the process of evaluation is, for the most part, immersed in a ,process of discovery'" (Levin-Rozalis 2000: 424). Blauäugig argumentiert er dann weiter – und das ist wirklich überraschend: „After we have observed facts that are new to us we do not try all possible explanations. We adopt only those that are the most probably and seem right to us" (ebd.). Sind auch solchen groben Missverständnisse die Ausnahme, so zeigen sie doch, dass die Abduktion in der qualitativen Sozialforschung ein hohes Auratisierungspotential hat – und das wird gerne genutzt.

Beispielhaft und typisch eine andere, häufig anzutreffende und sehr viel ernsthaftere Form der Aneignung sei hier eine Arbeit zur ,*Semiotik der Deutungsarbeit*' genannt (Kettner 1998, ähnlich auch: Kettner 2000). Der Autor möchte in seiner Streitschrift den von vielen gescholtenen Sigmund Freud gegen seinen Kritiker Grünbaum verteidigen – und zwar mit Hilfe der Peirceschen Abduktion. Letztere sei nämlich durchaus in der Lage, die psychoanalytische (hermeneutische) Deutung von Texten und anderen Kulturobjektivationen als rationale und rekonstruierbare wissenschaftliche Tätigkeit durchsichtig zu machen. Deshalb sei die Psychoanalyse auch Wissenschaft und nicht freie Assoziation. Liest man das Ar-

---

6   Auf einen weiteren Grund für die rasante Karriere der Peirceschen Abduktion, nämlich der Neuformulierung logischer Begriffe in sozialwissenschaftlich verwertbare Termini, macht Schulz aufmerksam: „Von Abduktion zu sprechen ist nicht nur verführerisch, weil lat. abductio eben auch Verführung bedeutet. Es ist, gerade in Hinblick auf die Vermittlung von Regel und Fall, in der Sache suggestiv, weil Peirce es war, der die Terminologie für den Syllogismus – Obersatz, Untersatz, Folgerung – änderte in ,Regel', ,Fall' und ,Ergebnis'. Der Schluss auf den Fall ist dann eben abduktiv" (Schulz 2002: 5).

gument im Originalton von Kettner, dann offenbart sich noch mehr: ein kaum verstecktes Gefühl der Minderwertigkeit qualitativer Methoden gepaart mit dem trotzigen Anspruch, mittels Logik genauso gut zu sein wie die anderen: „Das Gewinnen (‚Erschließen‘, ‚Erdeuten‘, ‚Erraten‘, ‚interpretieren‘) von Bedeutungen und Sinnzusammenhängen wurde oft als ein rein intuitiver, logisch uninteressanter oder (um es noch schlimmer zu machen:) rational ungezügelter Vorgang lächerlich gemacht. Dem steht ersichtlich entgegen, dass ein Gutteil des hermeneutischen Geschäfts im Einklang mit der GPA [= Generalisierte Peircesche Abduktion – J. R.] steht. Legt man zu analytischen Zwecken einen begrifflichen GPA-Rahmen an einen hermeneutischen Prozess an, so kann man das Interpretieren als die Zuschreibung von Bedeutung zu einem Text oder Textanalogon als eine *rationale Aktivität* [kursiv im Original] durchsichtig machen (...)“ (Kettner 1998: 626).

Bei der Formulierung wird etwas sichtbar, was vielen Verwendern des Abduktionsbegriffes gemeinsam ist, nämlich dass sie sowohl den *logischen* als auch den *innovativen* Charakter der Abduktion betonen[7]. Reklamiert wird zwar, dass sie sich von der Deduktion und der Induktion grundsätzlich unterscheide, aber dennoch auf jeden Fall ein Verfahren der logischen Schlussfolgerung sei (ausführlicher hierzu Reichertz 1993). Gerade in diesem ‚Schlussmodus-Sein‘ liegt m. E. für viele der nicht mehr so heimliche Charme der Abduktion: ist sie doch einerseits ein *logischer Schluss,* also vernünftig und wissenschaftlich, andererseits reicht sie in die Sphäre tieferer Einsicht und ermöglicht so *neue* Erkenntnis, ist also kreativ. Die Abduktion soll der Sozialforschung oder besser: den Sozialforschern helfen, Neues auf logisch und methodisch geordnetem Wege zu finden.

Diese Hoffnung richtet sich gegen die etablierten, desillusionierenden und auch heute noch gerne vorgetragenen Einwände von Reichenbach und Popper (Reichenbach 1983; Popper 1973), die mit ihrer Aufteilung der wissenschaftlichen Forschung in eine *Logik der Entdeckung* und eine *Logik der Rechtfertigung* die wissenschaftliche Entdeckung in den Bereich der Psychologie ‚vertrieben‘ und nur die Rechtfertigung intuitiv erfundener Hypothesen dem Bereich ernstzunehmender Wissenschaft zugeordnet haben. Entdeckung hat diesem Diktum nach nichts mit Logik zu tun: „Die Hälfte dieser Tätigkeit, das Aufstellen der Theorien, scheint uns einer logischen Analyse weder fähig noch bedürftig zu sein: einer Frage, wie es vor sich geht, daß jemandem etwas Neues einfällt – sei es nun ein musikali-

---

7 Die Frage nach der logischen Form der Abduktion kann auch reformuliert werden in die Frage, ob Emergenz mittels logischer, insbesondere deduktiver Operationen herbeigeführt werden kann. Emergent ist ein Ereignis jedoch nur dann, wenn es aus den Systemeigenschaften, denen es entstammt, nicht abgeleitet und nicht vorhergesagt werden kann. Legt man die Bestimmung zugrunde, schließen sich Logik und Emergenz aus.

sches Thema, ein dramatischer Konflikt oder eine wissenschaftliche Theorie –, hat wohl die empirische Psychologie Interesse, nicht aber die Erkenntnislogik. (…) Wir glauben, daß diese Vorgänge nur empirisch-psychologisch untersucht werden können und mit Logik wenig zu tun haben" (Popper 1973: 6). Aber Popper geht noch weiter: das Finden von Hypothesen ist für ihn nichts anderes als zufälliges Raten: „*Wir wissen nicht, sondern wir Raten.* Und unser Raten ist geleitet von den unwissenschaftlichen, metaphysischen (aber biologisch erklärbaren) Glauben, daß es Gesetzmäßigkeiten gibt, die wir entschleiern, entdecken können" (Popper 1973: 223).

Poppers kritischer Rationalismus, entworfen in Auseinandersetzung mit dem Induktionismus des Wiener Kreises, sieht zudem nicht mehr in dem Auffinden von Wahrheiten die Aufgabe der Wissenschaft, sondern sehr viel mehr im spontanen, in der individuellen Psyche des Forschers verankerten Entwerfen von denkbaren Zusammenhängen und deren späterer sehr strenger, sehr kritischer Überprüfung. Für Popper steht der Einsatz der (wenn auch nicht logisch deduktiv verfahrenden) Vernunft vor der Überprüfung. Mag auch der spontane geistige Akt des Entwurfes eines möglichen Zusammenhangs selbst nicht kritisierbar sein, setzt die Kritik an den beobachtbaren Folgen an. Nicht der Theorieentwurf unterliegt einer *logischen* Überprüfung, sondern dessen Konsequenzen einer *empirischen*.

Diese Trennung (von Popper und Generationen von quantifizierenden Sozialforschern noch als endgültige Lösung des alten Induktionsproblems angesehen) wollen viele ,*Abduktionisten*' wieder rückgängig machen: die unglückliche Disjunktion von Entdeckungs- und Rechtfertigungszusammenhang soll mittels der Abduktion wieder aufgehoben werden. Gelänge eine regelgeleitete Gewinnung neuer Erkenntnis, dann wäre enorm viel gewonnen: nämlich die Befreiung von der „Zufälligkeit des guten Einfalls" (Habermas 1973, S. 147) und: (so die Hoffnung) „synthetische Schlüsse a posteriori" (Oevermann 1987). Auch bei Joas klingt diese Hoffnung noch an: „Im Unterschied zu vielen späteren Vertretern der Wissenschaftstheorie, etwa Popper, gehört aber für Peirce die Erzeugung neuer Hypothesen nicht in den logischen Randbereich einer Denkpsychologie oder ins Gebiet bloßer Zufallsvariation, sondern selbst zu Logik hinzu, ja mitten in sie hinein" (Joas 1996: 198).

Wegen dieser Hoffnung galt und gilt die Abduktion bei vielen Sozialforschern als willfähriges Zauberwort, als Beschwörungsformel – immer einsetzbar, wenn nach der Validität des wissenschaftlichen Deutungsprozesses gefragt wird. Diese Hoffnung resultiert m. E. jedoch allein aus einem weit verbreiteten, schon recht alten und sehr tief sitzenden Irrtum bezüglich der Bedeutung der ,*Abduktion*'. Betrachtet man den Begriff genauer, lösen sich die damit verbundenen Hoffnungen (leider) völlig auf. Befreit man den Abduktionsbegriff jedoch von seiner (validi-

Die Abduktion in der Forschung – Ansprüche und Hoffnungen

tätssichernden) Überfrachtung, dann ist er für jede Art wissenschaftlichen Forschens von zentraler Bedeutung.

Dazu muss man aber den Begriff der Abduktion und seine Konsequenzen (für die Sozialforschung) erst einmal (ab)klären. Dies soll der vorliegende Band leisten. Im einzeln werden deshalb vor allem die folgenden *fünf* Fragekomplexe behandelt werden, die die angestrebte Klärung herbeiführen können, nämlich:

- Was ‚*ist*‘ eine Abduktion, was zeichnet sie aus, was hebt sie von anderen gedanklichen Operationen ab und was leistet sie?
- Aus welcher Quelle wird Kreativität gespeist? Weshalb können wir Neues denken, welche Fähigkeit liegt der Kreativität zugrunde? Was müssen oder können wir tun, damit Neues gedacht werden kann? Weshalb können Menschen abduktiv folgern, welche Rolle spielen Logik und Erfahrung dabei und wie vertrauenswürdig sind die auf diesem Fundament formulierten Erkenntnisse?
- Lassen sich Abduktionen strategisch herbeiführen, und wenn ja, wie?
- Wann und an welcher Stelle des Forschungsprozesses sollen Abduktionen eingesetzt werden? Sind sie der Regelfall oder doch die seltene Ausnahme?
- Steht hinter den Abduktionen eine realistische oder konstruktivistische Metaphysik?

Die Antworten auf all diese Fragen sind bei dem Kronzeugen dieser Untersuchung, bei Charles Sanders Peirce, ambivalent bis widersprüchlich. Dies nicht nur deshalb, weil Peirce den Begriff der Abduktion im Laufe seines Lebens mehrfach überarbeitete, ihn also unterschiedlich gebrauchte – gerade weil er immer wieder versuchte, seine Idee von der Abduktion für sich selbst zu klären. Diese Ambivalenzen und Widersprüchlichkeiten haben sich in den letzten Jahren, in denen sowohl eine Reihe von Arbeiten von Peirce neu zugänglich wurden, als auch die Forschungsliteratur zu Peirce sich explosionsartig ausgeweitet hat, nicht aufgelöst, sondern sie haben sich eher beachtlich vergrößert. Eine Beseitigung dieser Ambivalenzen und Widersprüchlichkeiten will ich hier erst gar nicht versuchen, sondern möchte dies der weiteren Fachdiskussion überlassen. Deshalb geht es der vorliegenden Studie ausdrücklich nicht eine neue *Reformulierung* des Konzepts der Abduktion von Charles Sanders Peirce. Eine solche hat bereits Ansgar Richter vorgelegt (Richter 1995). Es geht mir auch nicht darum, die eine, wahre und *allein gültige Interpretation* des Gebrauches des Begriffes der Abduktion bei Charles Sanders Peirce zu bestimmen.

Was hier allerdings angestrebt wird, ist eine Umgrenzung des Begriffes der Abduktion *aus Sicht* eines qualitativen Sozialforschers und *für* qualitative Sozialforscher. Diese Umgrenzung erfolgt zwar in Auseinandersetzung mit den Überlegungen von Charles Sanders Peirce (und der Fachdiskussion), folgt ihnen jedoch nicht in jeder Konsequenz. Dennoch steht diese Studie zweifellos in der Forschungstradition des Pragmatismus, wenn auch kleinere Umarbeiten aus wissenssoziologischer Sicht vorgenommen werden.

Das Geschäft der Wissenschaft ist aus Sicht der Pragmatik das Finden von Überzeugungen. Diese, und das ist der wesentliche Ausgangspunkt der pragmatischen Theorie, fallen nicht vom Himmel. Überzeugungen sind in diesem Verständnis Ergebnisse von Handlungsprozessen. Um zu einer Erkenntnis zu gelangen, ist ein Handeln eigener Art notwendig – eine besondere Art der der Weltzuwendung und der Selbstzuwendung. Der Anlass für ein solches Handeln ist stets der Gleiche: immer gilt es, *Handlungsprobleme zu lösen* – entweder eigene oder Handlungsprobleme anderer. Ziel der Erkenntnisgewinnung ist stets die Erarbeitung einer Überzeugung, denn nur eine Überzeugung ermöglicht handeln. Fehlt die Überzeugung, oder hat sie in ihrer Reichweite gelitten, weiß man nicht mehr, wie man weiterhandeln soll, hat Zweifel an der Angemessenheit von Entscheidungen. Hat man ernste Zweifel, stellen sich notwendigerweise Handlungshemmungen ein.

Den Prozess zur Beseitigung von Zweifeln kann man durchaus in Einklang mit Peirce ,*Erkenntnishandel*' nennen. Das Ziel von Erkenntnishandlungen ist die Erlangung von erneuter Gewissheit, also von Überzeugungen. Wissenschaft ist das arbeitsteilig organisierte Sozialsystem, das sich darauf spezialisiert hat, mit den unterschiedlichsten Verfahren Zweifel zu beseitigen. Dabei produziert Wissenschaft manchmal selbst Zweifel, oder aber – was die Regel ist – sie greift Zweifel aus der Lebenspraxis auf. Das eigentliche Ziel von Wissenschaft besteht aus pragmatischer Sicht nicht darin, die Welt in ihrer Komplexität abzubilden, sondern die Forschung dient alleine dem Ziel, eine Überzeugung und damit ein Verhalten zu finden und zu etablieren, welches das Überleben des einzelnen Menschen und der Gattung *fördert* (also nicht sicher stellt).

Doch zurück zu der oben angesprochenen Umgrenzung: sie versucht nicht, Vieles, was auf den ersten Blick ähnlich erscheint, unter *einen* Begriff zu packen (was im Falle der Abduktion oft geschieht), sondern sie tut das Gegenteil: sie nimmt eine deutliche Abgrenzung vor, schärft und klärt somit m. E. den Begriff der Abduktion wesentlich, weil sie eine Unterscheidung vornimmt, die einen Unterschied macht. Diese Unterscheidung ist für die Sozialforschung bedeutungsvoll und forschungspraktisch wie methodologisch von Nutzen: sie zieht nämlich bestimmte methodische Konsequenzen nach sich, sowohl in der Phase der Datenerhebung als auch in der Phase der Dateninterpretation – und sie hat natürlich auch Konsequenzen für den Gültigkeitsanspruch der so angelegten Sozialforschung.

Bei dieser Unterscheidung handelt es sich – und das sei hier nur kurz angedeutet – im Groben etwa um Folgendes: bei sozialwissenschaftlichen Verstehensprozessen müssen, und das ist der zentrale Punkt, zwei *völlig verschiedene* Operationen voneinander geschieden werden: erstens die Formen sozialwissenschaftlichen Verstehens und Erklärens, die auf *bereits bekanntes* Regelwissen zurückgreifen und die vorliegenden Daten als Ausdruck genau jener Regel ansehen, und zweitens die Formen des Verstehens, die aufgrund der Datenlage sich genötigt sehen, eine *neue* Regel zu erfinden[8].

Es kann in dieser Studie jedoch nicht darum gehen, dabei ins forschungspraktische Detail zu gehen, sondern es wird allein angestrebt, die Bedeutung des Begriffs der Abduktion und der *,abduktiven Haltung'* für die sozialwissenschaftliche qualitative Forschung herauszuarbeiten. Das Beharren auf der Klärung des Begriffs und der Notwendigkeit einer *,abduktiven Haltung'* soll beileibe kein „unverbindlicher Appell" (Stübing 2002a: 327) bleiben, eine bestimmte Forschungshaltung einzunehmen, sondern eine solche Klärung hat durchaus verbindliche Konsequenzen – wenn z. B. entscheiden werden muss, welche Daten wie erhoben, fixiert und interpretiert werden sollen. Zu den konkreten Umsetzungen einer abduktiven Forschungsstrategie liegen bereits eine Fülle sehr guter und sehr brauchbarer, teilweise sehr detaillierter Vorschläge vor, auf die ich hier nur allgemein verweisen möchte (Kelle 2002 und 1994, Kelle & Kluge 1999, Bohnsack 1999, Flick 1995, Lueger 2000, Schröer 1994, Steinke 1999, Stübing 2002a, Reichertz 1991a). Der (leider immer noch nicht übersetzte) Klassiker für die Umsetzung eines solchen Programms ist für mich immer noch Strauss et al. 1964 (siehe aber auch: Strauss 1994, Strauss & Corbin 1996). Auch wenn Strauss sich nicht explizit bzw. nur an sehr wenigen Stellen seines Werkes auf Peirce und die Abduktion bezieht, entspricht die Forschungslogik der späten Grounded Theory Methodologie ohne Zweifel der Forschungslogik der Abduktion, während die frühe Fassung der Grounded Theory maßgeblich induktiv ausgerichtet war (ausführlich hierzu Reichertz 2010, siehe auch Strübing 2004, Kelle 2005 und Tolhurst 2012).

---

8 Kelle unterscheidet in ähnlicher Weise, wenn er formuliert: „Bezogen auf den Forschungsprozess muss nun eine wichtige Fallunterscheidung getroffen werden: es kann sich bei der allgemeinen Regel, auf die der Forscher zu Erklärung des Phänomens zurückgreift, um eine bereits bekannte Regel handeln, oder um eine Regel, die der Forscher erst durch den oder während des Vorgangs der Schlussfolgerung entdeckt bzw. entwickelt: im letzteren Fall wird der Forscher durch das unvermittelte Auftauchen eines unerwarteten Phänomens dazu angeregt, eine neue Regel zu konstruieren, die ihm hilft, das Phänomen zu erklären" (Kelle 2002: 3).

Die Besonderheit der Abduktion – Ch. S. Peirce und darüber hinaus $\quad$ **2**

> Der Geist fühlt sich gedrängt, nach einem Grunde vieler Wirkungen zu forschen, und wenn er denselben entdeckt, nach dem Grunde des Grundes, und dann wieder nach dessen Grund, unaufhörlich ins Tiefe tauchend, in sich die Gewißheit tragend, daß er zu einer absoluten und befriedigenden Einsicht gelangen muss und wirft – einem Eins, das alles ist.
> *Ralph Waldo Emerson*

Qualitative Fallanalysen haben das Ziel (und in diesem Ziel unterscheiden sie sich nur unwesentlich voneinander), aufgrund der Ausdeutung sinnstrukturierter Daten, (welche Teile, Reste, Verkürzungen oder Abstraktionen sinnstrukturierter Interaktionen sind) zu rekonstruieren, wie Handlungssubjekte -hineingestellt und sozialisiert in historisch und sozial entwickelte Routinen und Deutungen des jeweiligen Handlungsfeldes – diese einerseits *vor*finden und sich deutend aneignen (müssen), andererseits diese immer wieder neu ausdeuten und damit auch ‚*eigenwillig*' erfinden (müssen).

Qualitativ arbeitende Forscher gehen dabei davon aus, dass jede Form der Interaktion eine bedeutungstragende Einheit ist, deren Bedeutung sich dadurch mehr oder weniger deutlich erfassen lässt, dass man sie in das Feld der gesellschaftlich akzeptierten Gründe, also in den gesamten Bedeutungszusammenhang einer Gesellschaft, auf den sie verweist, einordnet. Diesen Vorgang des Einordnens nennt man ganz allgemein Hermeneutik – je nach methodischem Prozedere und Zielvorgabe kann man ihn auch Narrations-, Diskurs- oder auch Inhaltsanalyse u. v. a. m. nennen.

Hermeneutische Handlungserklärungen zielen in der Regel auf die (Re-)Konstruktion der für die handelnden Subjekte relevanten Ordnung, und nicht auf die Offenlegung gesellschaftlicher Makrostrukturen. Allerdings kann die subjektiv geschaffene Ordnung nicht mehr aus klassischen und bewährten Großtheorien *abgeleitet* werden, da diese zum einen in der Regel nicht ,*lokal*' genug, zum anderen diese oft durch den gesellschaftlichen Wandel bereits überholt sind. Weil dies so ist, müssen ,*passende*' Ansichten über die Beschaffenheit sozialer Ordnung stets aufs Neue von der Sozialwissenschaft generiert werden. Deshalb ist es ausgesprochen sinnvoll, sich die zu verstehende Lebenspraxis möglichst genau anzusehen und aufgrund dieser Daten die neuen Ordnungen zu (re)konstruieren.

Wenn man nun in der qualitativen (aber auch in der quantitativen) Forschung ernsthaft damit beginnt, erhobene Daten auszuwerten, also diese entlang bestimmter Merkmale und Merkmalsordnungen zu typisieren, dann stellt sich sehr schnell die Frage, wie man ein wenig Ordnung in sein Datenchaos bringen kann. Das ist nur zu einem geringen Teil eine arbeitsorganisatorische Frage (Sortieren der Daten), sondern sehr viel mehr die Frage, wie die unüberschaubare Mannigfaltigkeit der Daten mit (vorhandenen oder noch zu findenden) Theorien in Verbindung gebracht werden können.

Bei diesem Unternehmen, nämlich Daten mit (alten oder neuen) Theorien in Zusammenhang zu bringen, sind idealtypisch *drei* logische Schlussverfahren zu unterscheiden: die Deduktion, die Induktion und die Abduktion.

Deduktion und Induktion sind zwei logische Operationen, die jedem, der (vor dem PISA-Test) mehr als 10 Schuljahre hinter sich hat, bekannt sind. Das gilt jedoch nicht für die *Abduktion:* was abduktives Folgern letztlich bedeutet, ist (trotz des rasanten Aufstiegs der Abduktion in den letzten Jahrzehnten) oft immer noch unklar – auch unter (Sozial-)Wissenschaftlern. Dabei hat der Begriff ,*Abduktion*' – glaubt man ihrem wichtigsten Förderer, nämlich Charles Sanders[1] Peirce – eine knapp 400jährige Geschichte. Erstmals eingeführt 1597 von Julius Pacius, um das Aristotelische ,*Apagog*'' zu übersetzen[2], blieb er fast drei Jahrhunderte gänz-

---

1 Den Mittelnamen ,*Sanders*' gab Peirce sich selbst – glaubt man dem Mitherausgeber der ersten Bände der Collected Papers, Paul Weiss –, um William James zu ehren. „William James, Peirce's lifelong friend and benefactor, in whose honor he seems later to have adopted the middlename ,Santiago' (St. James in Spanish) ... " (Weiss 1965: 6 und Young 1952: 273).

2 Peirce erläutert die Herkunft des Begriffs so: „Der Terminus ,Abduktion' ist in der Logik extrem ungebräuchlich. Er wurde von Julius Pacius, einem bedeutenden Italiener im Jahre 1597 verwendet, als dieser Professor für Logik in Sedan war, und zwar um das Wort ,Apagogé' im 25. Kapitel des zweiten Buchs der ersten Analytik zu übersetzen. Der Terminus war, soweit dem Verfasser bekannt, niemals zuvor als ein logischer Begriff verwendet worden und ist seitdem auch niemals wieder so gebraucht worden, außer in Bezug auf diese Stelle, die so unverbunden wie nur irgend denkbar mit allem übrigen ist" (Peirce 1983: 90 f. – MS 478 – 1903). Zur Verwendung des Wortes Abduktion und der Abgrenzung zur Apagoge siehe auch Peirce 1992b: 140 f sowie Richter 1995: 51 und Kempski 1992: 310 ff.

Die Besonderheit der Abduktion

lich unbeachtet. Erst Peirce (1839–1914)[3] griff ihn auf, und bezeichnete mit ihm das einzige wirklich kenntniserweiternde Schlussverfahren (so der *Anspruch*), das sich von den geläufigen logischen Schlüssen – nämlich der Deduktion und der Induktion – kategorial unterscheidet.

Im Folgenden werde ich versuchen, die Bedeutung des Begriffs ‚*Abduktion*‘ nicht begriffsgeschichtlich, sondern im Sinne des Pragmatismus zu erläutern. Allerdings ist dies nicht so leicht, denn auch heute noch birgt das Unterfangen, sich mit der Philosophie von Charles Sanders Peirce auseinanderzusetzen, ein nicht kleines Risiko. Zum einen wegen der unbefriedigenden Datenlage: sehr viele der Arbeiten von Peirce liegen nur in handschriftlicher Form vor, vieles ist noch unveröffentlicht, das meiste noch nicht ins Deutsche übersetzt und eine Gesamtausgabe noch in weiter Sicht[4].

Sehr viel ärger, insbesondere für die Rekonstruktion der Verwendung des Abduktionsbegriffes, ist, dass die Herausgeber der Collected Papers (CP), Charles Hartshorne und Paul Weiss[5], später auch Arthur Burks, trotz all ihrer Verdienste

---

3   Da es unter den bundesdeutschen Sozialforschern noch immer Unstimmigkeiten darüber gibt, wie der Name ‚*Peirce*‘ auszusprechen ist, verweise ich auf den Nestor der Peirce-Forschung, der betont, dass Peirce nicht ‚Pierce‘, sondern ‚*Purse*‘ ausgesprochen wird (vgl. Young 1952: 271 und Fisch 1981: 18; dt. in: Sebeok & Umiker-Sebeok 1982: 16). Offensichtlich gab es diese Aussprechschwierigkeiten bereits zu Lebzeiten von Peirce. So soll er sich in seinem Leben nur zwei Dinge sehnlichst gewünscht haben: dass (a) sein Name richtig ausgesprochen, und (b) er Professor an der Harvard Universität wird (vgl. Parker 1998: XV). Diese Aussprechvariante ergibt sich wahrscheinlich aus der Familiengeschichte von Peirce: der Familiengründer, der 1637 von England nach Boston übersiedelte, hieß nämlich John Pers (vgl. Hookway 1985: 4).

4   Als Peirce 1914 starb, kaufte die Harvard Universität von seiner Witwe dessen Manuskripte. Im Lagerraum der Universität ging eine größere Anzahl der Manuskripte verloren, andere wurden gestohlen. Übrig blieben etwa 90 000 Blätter (vornehmlich aus den Jahren 1900 bis 1914), die mittlerweile auf Mikrofilm (1966) und Microfiche (1977) vorliegen (vgl. hierzu Oehler 1993: 40 und vor allem Pape 1990: 71). Hinzu kommen etwa 400 Rezensionen für die Zeitschrift ‚*The Nation*‘ und etwa 5000 Seiten zu Fragen der Geophysik und Astronomie für die ‚*Coast and Geodetic Survey*‘ (siehe hierzu Pape 1988: 32): alles in allem gut 100 000 Seiten, von denen etwa nur ein Fünftel in den ‚*Collected Papers*‘ aufgenommen wurde. Seit 1982 erscheint in regelmäßigen Abständen die längst notwendige, auf 20 Bände angelegte Ausgabe der chronologisch geordneten Arbeiten von Peirce (*Writings of Ch. S. Peirce* – A Chronical Edition, Bloomington – 1982 ff). Bislang sind allerdings nur die ersten acht Bände publiziert worden, welche die Schriften von Peirce bis 1892 wiedergeben. Eine gute Übersicht über den aktuellen Stand der Herausgabe der Schriften von Peirce findet sich unter http://en.wikipedia.org/wiki/Charles_Sanders_Peirce_bibliography [letzter Zugriff am 5.12.2012].

5   „When Hartshorne began organizing the papers in the late 1920s, he ‚knew almost nothing about Peirce. It was just a job‘ (…). Later Weiss confessed that ‚we were ignorant and inexperienced‘. But in their defense he also noted: ‚We were young men, who knew nothing about editing, nothing about publishing but, also, we were given no help [from the Harvard Philosophy Department]. We were not encouraged in our work‘“ (Dauben 1995: 149).

zu vielen weitreichenden und lang anhaltenden Missverständnissen beitrugen. Denn die in den CP aufgenommenen Texte gaben oft zu Irrtümern Anlass, da die Herausgeber manche Texte gekürzt oder aus frühen und späten Arbeiten einen neuen Text *geschaffen'* haben – und dies alles ohne Hinweis. Bei anderen Arbeiten griffen die Herausgeber direkt in den Text ein und veränderten Formulierungen. Besonders gravierend war jedoch, dass die Herausgeber in editorischen Bemerkungen die *'Hypothesis'* mit der *'Abduktion'* und der *'Retroduktion'* gleichsetzen[6] und dadurch eine Verwirrung anrichteten, die teilweise noch bis heute anhält. Helmut Pape urteilt keineswegs übertrieben, wenn er schreibt: „Diese Ausgabe ist (…) editorisch mangelhaft, ohne kritischen Apparat, enthält zerstückelte, geänderte und geglättete Texte" (Pape 1989: 35).

Aber die Arbeit der Herausgeber war auch nicht leicht. Als Hartshorne und Weiss die ihnen überlassenen Kartons mit den handschriftlichen Manuskripten sichteten, mussten sie feststellen: „[Peirce'] manuscripts represent all states of incompleteness. Frequently there is no date or title and many leaves are out of place or altogether missing. Some of them were rewritten as many as a dozen times: it is often evident that Peirce himself was not able to select a final form" (Peirce CP 1: IV).

Aber die Beschäftigung mit Peirce ist nicht nur wegen der Datenlage riskant, sondern auch und vor allem deshalb, weil er mehrfach in den Jahren des schriftlichen Philosophierens (also von 1855 bis 1914) seine Terminologie, aber auch seine Grundüberzeugungen (teils recht deutlich) wechselte.

Wer sich also mit der Arbeit von Peirce auseinander setzen will, sollte einerseits bei Generalisierungen eine gewisse Vorsicht walten lassen, zum anderen wird

---

6   So findet sich in der Fußnote 21 zur Erläuterung des Begriffes *'Retroduction'* folgender Eintrag der Herausgebers Arthur Burks: „(Ed.) Peirce also uses ,Abduction' and,Hypothesis' for what he here calls ,Retroduction' (Peirce CP Vol. VII: 61). Wie nachhaltig die fehlende Unterscheidung zwischen Hypothese und Abduktion sich auf die spätere wissenschaftliche Diskussion um den Abduktionsbegriff ausgewirkt hat, kann man auch sehr deutlich bei dem renommierten Philosophen Beckmann 1982 sehen. Ganz in der Tradition, dass die *'Hypothese'* mit der *'Abduktion'* identisch ist, legt auch Beckmann in seinen Ausführungen zur *'Methode'* der Abduktion dar, dass unter der Abduktion ein selbstständiger dritter Schlussmodus zu verstehen ist, „mit Hilfe dessen ein Fall aus einer allgemeinen Regel und einem Resultat, welche als Prämissen fungieren, als wahrscheinlich behauptet wird" (Beckmann 1982: 102). In einer Fußnote verweist er den Leser dann auf (aus seiner Sicht) wichtige Bestimmungen der Abduktion, nämlich auf drei Texte, die in den Jahren 1867, 1877 und 1883 geschrieben wurden – also alles Texte, die lange bevor Peirce den Begriff der Abduktion benutzte, fertig gestellt waren. Bei Beckmann kommen gleich zwei gravierende Missverständnisse zusammen: einerseits die Bestimmung, Abduktion schließe von Regel *und* Fall, andererseits, die Abduktion würde eine *Wahrscheinlichkeit* behaupten. Deshalb kann es auch nicht verwundern, dass andere Rezipienten später Peirce für einen Denker hielten, der Widersprüchliches und Unklares zur Logik geschrieben habe und deshalb vernachlässigt werden könne.

er klugerweise nicht die Philosophie von Peirce untersuchen, sondern nur einen bestimmten Teil. Eingedenk dieser Vorbehalte werde ich mich auf einen kleinen, wenn auch zentralen Teil der Spätphilosophie (also ab 1890) beschränken.

Meine Auseinandersetzung mit Peirce beansprucht also nicht (das war bereits gesagt worden), die Entstehung und auch die Wandlungsprozesse des Abduktionsbegriffes genau nachzuzeichnen. Das ist Ansgar Richter in seiner ausgesprochen unaufgeregten und sorgfältigen Untersuchung der Schriften von Peirce sehr gut gelungen (vgl. Richter 1995). Mir geht es hier ‚*nur*' um die Herausarbeitung des Besonderen, des Spezifischen der Abduktion. Bei diesem Versuch werde ich bei der Darstellung der Peirceschen Position nicht immer ins letzte Detail gehen, ebenso werde ich einige (auch wichtige) Verbindungen zu anderen Konzepten Peirce' (z.B. Semiose, Lehre von den Qualitäten) frühzeitig kappen – meist mit schlechtem Gewissen. Auch bei der Rezeption der Peirceschen Ideen werde ich nicht die gesamte Literatur berücksichtigen, sondern mich auf die Aneignung durch die deutsche qualitative Sozialforschung beschränken (zur Geschichte der Rezeption des Abduktionsbegriffes siehe Reichertz 1991a: 71–113).

Ziel meiner Auseinandersetzung mit den Arbeiten von Peirce und der entsprechenden Sekundärliteratur ist, zu (ideal-)typischen Handlungstypen des Auf- und Entdeckens zu gelangen. Um dorthin zu gelangen, werde ich das Programm nutzen, das Peirce selbst für die Rekonstruktion von Begriffsbedeutungen gefordert hat. Denn Ideen und Begriffe sind für Peirce nur mithilfe der pragmatischen Maxime zu klären: „Überlege, welche Wirkungen, die *denkbarerweise* praktische Auswirkungen haben könnten, wir den Gegenständen unseres *Begriffes* in der Vorstellung zuschreiben. Dann ist unser Begriff jener Wirkungen das Ganze unseres Begriffes des Gegenstandes" (Peirce 1976: 454 – CP 5.438 – 1905)[7]. Mit dieser Formulierung besteht Peirce darauf, dass es sinnlos ist, Begriffe abstrakt zu definieren, da sie keine in ihnen ruhende Bedeutung haben, sondern dass sie stets *Handlungen* und *Handlungsmöglichkeiten* bezeichnen. Da hier nicht der Platz ist, die Fruchtbarkeit dieser Bedeutungstheorie auszuweisen, werde ich im Weiteren lediglich – ganz defensiv – beanspruchen, dass eine solche Theorie der Bedeutung für die Gesamtfragestellung meiner Studie nützlich sein wird.

---

7   Zur Form der Zitierung folgendes: in der Regel werden Peirce-Zitate mit drei Hinweisen versehen: als erstes wird der Erscheinungsort genannt, wenn möglich der einer deutschen Übersetzung. In dem zweiten Hinweis wird – wie in der Peirceliteratur üblich – der Fundort des Zitats in den Collected Papers genannt, wobei die erste Ziffer den Band bezeichnet und die folgenden das betreffende Kapitel. Zitierte Stellen aus den auf Mikrofilm vorliegenden Manuskripten sind mit ‚MS' gekennzeichnet. An dritter Stelle erfolgt die Angabe des Jahres, in dem das Zitierte geschrieben wurde. Dies ist angesichts der sehr dynamischen Entwicklung der Peirceschen Gedanken unverzichtbar.

Was fordert nun die pragmatische Maxime im Einzelnen? Sie fordert zu überlegen, welche denkbaren Handlungsweisen vorstellbar sind, oder besser: ausgelöst werden durch das, was der Begriff ‚herbeibringt'. Die Summe aller vorstellbaren Handlungsweisen oder genauer: die begriffliche Fassung[8] dieser Handlungsweisen macht die Bedeutung eines Begriffes aus. „Der volle intellektuelle Bedeutungsinhalt irgendeines Symbols besteht in der Gesamtheit aller allgemeinen Formen rationalen Verhaltens, die aus der Annahme des Symbols konditional in Bezug auf alle möglichen verschiedenartigen Umstände und Bestrebungen folgen"(ebd.). Etwas einfacher formuliert Peirce an anderer Stelle: „Um die Bedeutung eines Gedankens zu entwickeln, haben wir daher einfach nur zu bestimmen, welche Verhaltensweisen er erzeugt, denn was ein Gegenstand bedeutet, besteht einfach in den Verhaltensweisen, die er involviert" (Peirce 1976: 193 – CP 5.400 – 1878).

Bedeutungsunterschiede beruhen demnach auf unterschiedlichen praktischen Auswirkungen. Unterschiedliche Handlungstypen konstituieren unterschiedliche Bedeutungen[9]. Will man also die Bedeutung eines Begriffes – auch eines wissenschaftlichen – rekonstruieren, muss man gemäß dem Programm der pragmatischen Maxime möglichst viele (vielleicht auch alle) von ihm ausgelöste Verhaltensweisen auflisten.

Charles Sanders Peirce hat den Ausdruck ‚Abduktion' nicht in die Geisteswissenschaften eingeführt, er hat lediglich einen längst vergessenen Begriff aufgegriffen und in neue Spiele mit Sprache eingeführt – das war bereits weiter oben gesagt worden. In einen Lexikonartikel aus dem Jahr 1868/69 schrieb er zwar schon et-

---

8   Dass die Bedeutung eines Begriffes nicht durch die Gesamtheit des von ihm herbeigeführten *Handelns* konstituiert wird, sondern durch die *Begriffe* der ausgelösten *Handlungen,* führt scheinbar in eine Schwierigkeit, macht aber zugleich eine zentrale Prämisse des Peirceschen Konzepts klar: es ergibt sich nämlich das Problem, dass bei der vorgeschlagenen Lösung am Ende der Bedeutungsexplikation eines Begriffes erneut Begriffe stehen, welche einer Explikation harren. Dies würde einen endlosen Regress in Gang setzen, somit die Bedeutungsexplikation eines Begriffes boden- und grundlos werden lassen. Die Vorstellung fruchtlosen Regresses entsteht aber nur vor dem Hintergrund einer Theorie, welche hofft, bei der Begriffsexplikation den Raum der Sprache verlassen und zu dem Bezeichneten selbst, zum reinen Handeln kommen zu können. Die pragmatische Maxime betont dagegen, dass es in Begriffsexplikationen kein ‚jenseits der Sprache' geben kann – bei der Analyse operieren wir mit Begriffen, nicht mit Handlungen. Begiffsexplikation in diesem Sinne heißt lediglich, die vor allem in abstrakten Begriffen kondensierten Handlungsmöglichkeiten wieder sichtbar zu machen.

9   Noch eine ‚schöne' Stelle, welche die Peircesche Theorie der Bedeutung deutlich macht: „Der Pragmatismus ist das Prinzip, daß jedes theoretische Urteil, das sich in einem Satz in der Indikativform ausdrücken läßt, eine verworrene Form eines Gedankens ist, dessen einzige Bedeutung, soll er überhaupt eine haben, in seiner Tendenz liegt, einer entsprechenden praktischen Maxime Geltung zu verschaffen, die als ein konditionaler Satz auszudrücken ist, dessen Nachsatz in der Imperativform steht" (Peirce 1976: 339 – CP 5.18 – 1903). Zur weiteren Ausdeutung der pragmatischen Maxime siehe auch Pape 1988: 278 ff.

Die Besonderheit der Abduktion 51

was zum Begriff ‚*Abduktion*', stellte diesen jedoch zu diesem Zeitpunkt keineswegs in Beziehung zu seinen Arbeiten und Begriffen (vgl. Richter 1995: 53 und Kempski 1992: 320 ff). Den Begriff ‚*Abduktion*' verwendete Peirce in eigener Sache zum ersten Mal etwa 1893, systematisch setzte er ihn jedoch erst ab 1901 ein. Ab 1906 benutzte Peirce dann zunehmend den Begriff der Retroduktion (vgl. Richter 1995: 159, siehe auch Wartenberg 1971: 155 und Riemer 1988a: 291).

Aus heutiger Sicht ist unstrittig, dass Peirce etwa bis 1898 unter dem Namen ‚*Hypothesis*'[10] zwei recht unterschiedliche Formen des Schlussfolgerns fasste[11], ohne dies jedoch zu bemerken. Als ihm dieser unklare Gebrauch des Namens ‚*Hypothesis*' auffiel, arbeitete er in seiner Spätphilosophie den Unterschied zwischen den beiden Verfahren deutlich heraus und nannte die eine Operation ‚*qualitative Induktion*'[12], die andere ‚*Abduktion*'. Das meiste, was Peirce vor 1898 zum Thema ‚*Hypothesis*' geschrieben hatte, charakterisierte jedoch nicht die Abduktion, sondern die qualitative Induktion. Erst später räumt Peirce ein: „By hypothetic inference, I mean (…) an induction of qualities" (Peirce CP 6.145 – 1892) – siehe hierzu auch Misak 1991: 92.

Die neuen Namen markierten – dies ist allerdings nicht mehr so unstrittig – eine Änderung in der theoretischen Konzeption von Peirce und damit eine Änderung des entworfenen Handlungstyps logischen Schlussfolgerns. Demnach hat es Peirce mit seinen Schriften ab 1901 unternommen, „die Abduktion psychologisch und forschungslogisch zu interpretieren, während die Bedeutung logisch-mathematischer Interpretationsansätze insgesamt abnimmt" (Richter 1995: 172). Über die Gründe, die zu der Überarbeitung des Konzepts der Hypothesis führten, kann man nur spekulieren[13]. Durchaus plausibel erscheint mir allerdings, dass dabei die ‚*Kehre*' von Peirce, nämlich die von einem überzeugten Deterministen und

---

10 Im Weiteren werde ich nicht – wie in der Peirceliteratur üblich – von ‚*Hypothese*' sprechen, sondern wie Strübing 2002b: 54 von ‚*hypothesis*'. Dies deshalb, weil weiter unten der Begriff ‚*Hypothese*' in einer anderen Bedeutung wieder verwendet wird.

11 Richter kommt in seiner Untersuchung zu einem ähnlichen Befund: „Insgesamt hat sich die Unterscheidung zwischen einem frühen und einem späten Abduktionskonzept in der Literatur durchsetzen können. Tatsächlich sprechen die auffälligen Abweichungen etwa der Konzepte zwischen 1901 und 1903 gegenüber der Behandlung der Hypothese von 1865/66 für diese Unterscheidung" (Richter 1995: 171).

12 Sehr viel später – und das vermehrt die Unübersichtlichkeit enorm – nannte er die qualitative Induktion auch (qualitative) Adduktion (vgl. Peirce NEM III, 1: 159–210). Allerdings findet sich über die Adduktion in der Forschungsliteratur nur sehr wenig.

13 Dass der – nicht freiwillige – Rückzug von Peirce aus dem akademischen Leben und seine Umsiedlung nach Milford im Jahre 1891 tatsächlich auch den Wendepunkt seiner Philosophie bedingten (vgl. Burks 1946), scheint mir zu vordergründig zu sein. Plausibler ist schon die These, die Überarbeitung des Abduktionsbegriffes sei die Spätfolge einer bereits 1883 vorgenommenen Neubestimmung der Induktion gewesen (vgl. Riemer 1988a und 1988b). Verträglich mit diesem Argument sind die Untersuchungen von Apel, der ab 1885 bei Peirce eine

zu einem überzeugten Evolutionisten, eine nicht zu unterschätzende Rolle spielte (vgl. hierzu auch Kloesel 1994).

Im Falle des Wandels von ‚Hypothesis' zu ‚Abduktion' veränderte Peirce nicht nur die Verwendungsweise, sondern auch die Namen. Und er wies ausdrücklich darauf hin! So schrieb er 1902 rückblickend, dass sich seine Theorie der gültigen Schlüsse seit 1883 enorm verbessert habe. *Vor* 1883 habe er sich in einigem geirrt. Grund für den Irrtum: „Doch ich war zu sehr damit beschäftigt, die syllogistische Form und die Lehre von der logischen Extension und Komprehension zu untersuchen, die ich als weit grundlegender ansah als sie wirklich sind. Solange ich dieser Überzeugung war, vermengten sich in meiner Vorstellung von der Abduktion notwendig zwei verschiedene Arten des Schließens" (Peirce 1986: 399 f – MS 425 – 1902).

Weil er zu sehr die syllogistische Form von Schlussverfahren beachtete und weil er sich zu sehr auf allein logische Analysen konzentrierte, gelang die Grenzziehung zwischen zwei Schlüssen – nämlich der Abduktion und der Induktion – nicht, so die Peircesche Rekonstruktion. In einem Briefentwurf an Paul Carus ging Peirce mit seinen Ansichten von 1883, welche er in den ‚Studies in logic' vertreten hatte, noch schärfer ins Gericht. „In fast allem, was ich vor dem Beginn dieses Jahrhunderts in Druck gab, vermengte ich mehr oder weniger Hypothese und Induktion" (Peirce 1986: 81 – CP 8.227 – 1910). „But what I there call hypothesis is so far from being that, that it is rather Quantitative than Qualitative Induction" (Peirce CP 8.234 – 1910)[14].

Aus all dem lässt sich leicht begründen, dass Peirce den Ausdruck ‚Abduktion' anders verwandte als den Vorläuferbegriff ‚Hypothese', somit also anhand der Arbeiten von Peirce zwei Handlungstypen rekonstruiert werden können: der des *hypothetischen* und der des *abduktiven* Schlussfolgere. Ob der Wandel sich sprunghaft vollzog oder sich Schritt für Schritt langsam gestaltete und wann dies geschah, sind Fragen, die hier *nicht* zur Klärung anstehen, da sie für meine Fragestellung nicht bedeutsam sind.

Allerdings muss eine – nicht nur denkbare, sondern m. E. auch zutreffende – Möglichkeit berücksichtigt werden: So könnte es sein, dass der Handlungstyp des abduktiven Schlussfolgerns bereits in dem früheren Typ des hypothetischen Schlussfolgerns ‚enthalten' war, lediglich vermischt bzw. nicht genügend abgegrenzt gegen eine Spielart der Induktion, nämlich die der qualitativen Induktion.

---

genauere begriffliche Unterscheidung der Typen des logischen Schließens und ab 1898 eine Reorganisation der Gesamtphilosophie diagnostiziert (vgl. Apel 1975).

14 Weitere Hinweise auf die geringe Trennschärfe zwischen Induktion und Abduktion finden sich bei (a) Peirce CP 2.102 – 1902; (b) Peirce 1986: 70 – MS L107 – 1904; (c) Peirce MS 475: 22 – 1903.

Dass dem so ist, dafür spricht allein schon die Tatsache, dass Peirce seine selbst-kritische Replik mit den Worten: „In fast allem, was ich … in Druck gab" rahmte – also nicht *in allem* fand seiner Meinung nach die Vermischung statt.

Daraus ergibt sich die Frage, wie aus den Frühschriften der Typ des hypotheti-schen Schlussfolgerns rekonstruiert werden kann, wenn doch Formulierungen aus der Zeit vor 1883 sowohl Beschreibungen des hypothetischen als auch des abduk-tiven Schlussfolgerns sein können. Das Problem lässt sich lösen, indem man nicht nur der Datierung von Peirce folgt (also das Jahr 1883 als Scheitelpunkt betrach-tet), sondern auch seine inhaltliche Bestimmung des hypothetischen Schlussfol-gerns miteinbezieht. An dieser Art des logischen Schließens kritisierte er nämlich die Zuspitzung auf die syllogistische Form und seine vor allem formallogische Beschreibung. Deshalb dürfte es sinnvoll sein, für die Rekonstruktion des Hand-lungstypus *,hypothetisches Schlussfolgern'* Texte zu untersuchen, welche (a) vor 1883 geschrieben wurden *und* (b) zugleich formallogisch argumentieren[15]. Für die Nachzeichnung des Handlungstypus *,abduktives Schlussfolgern'* werde ich dagegen vor allem solche Texte heranziehen, welche nach 1898 geschrieben wurden und in denen Peirce entweder den Begriff *,Abduktion'* oder *,Retroduktion'* benutzte.

2.1 Hypothetisches Schlussfolgern

Auch auf die Gefahr hin, der Differenziertheit der Peirceschen Frühphilosophie nicht gerecht zu werden (was ich im übrigen mit diesem Kapitel auch nicht an-strebe), werde ich im folgenden versuchen, einen *,Idealtyp'* (vgl. Weber 1973) des *hypothetischen* Schlussfolgere zu rekonstruieren. Gefährlich ist dieses Unterneh-men deshalb, weil Peirce bereits in früheren Charakterisierungen der Hypothe-sis Argumente benutzte, die später bei der Beschreibung der Abduktion erneut auftauchten. Aber in diesem Kapitel soll nicht die Kontinuität der Peirceschen Philosophie dargestellt werden, sondern ihre Veränderung. Deshalb werde ich versuchen, *Unterschiede* herauszuarbeiten, um auf diese Weise zu trennscharfen Begriffen bzw. Handlungstypen zu gelangen.

Eine der ersten *veröffentlichten* Arbeiten von Peirce erschien im April 1867 un-ter dem Titel „On the Natural Classification of Arguments" (Peirce CP 2.461 ff.). In dieser Arbeit setzt sich der 28-jährige mit der These Kants auseinander, alle Formen des Urteilens ließen sich auf eine Form – nämlich auf die der Deduk-tion im Modus Barbara – zurückführen. Peirce räumt zwar ein, dass alle bekann-ten Syllogismen sich durch Umformungen in die Form *,Barbara'* verwandeln lie-

---

15 Vor allem der Aufsatz „Deduktion, Induktion und Hypothese" (Peirce 1976: 229–252) erfüllt diese Bedingungen, und er wird deshalb für meine Rekonstruktion zentral sein.

ßen, besteht jedoch darauf, dass es neben der Deduktion zwei weitere *selbständige* Formen des Schlussfolgere gebe, nämlich die Induktion und die Hypothesis (vgl. Peirce CP 2.792 ff. – 1866)[16] – die beiden zuletzt genannten seien durch eigene Charakteristika gekennzeichnet. Diese bekäme man jedoch nur zu Gesicht, wenn man nicht mehr (wie Kant) das Schlussfolgern als einen *Prozess des Urteilens* ansehe, sondern als eine Proposition.

Peirce sieht die Frage nach der Möglichkeit des erkenntniserweiternden Urteilens a priori als Spezialfall einer weit umfassenderen Frage an, der Frage nämlich, „wie synthetische Urteile im allgemeinen, oder noch allgemeiner, wie synthetisches Denken überhaupt möglich ist. Wenn die Antwort auf das allgemeine Problem gewonnen ist, wird das besondere Problem verhältnismäßig einfach sein. Das ist das Schloß vor dem Eingang zur Philosophie" (Peirce 1976: 97 – CP 5.348 – 1868). Dieses Schloss will Peirce mit seinen Untersuchungen öffnen, und das verbindet ihn ohne Zweifel mit der frühen Phänomenologie Husserls, aber auch mit dem Denken Freges.

Zu diesem Zweck geht Peirce den Weg der Philosophiegeschichte weit zurück, bis zu jener Stelle, die nach seiner Meinung eine entscheidende Kreuzung im abendländischen Denken markiert: der Philosophie Descartes' (auch das verbindet Peirce mit Husserl). Gegen Descartes gewandt postuliert Peirce vier grundsätzliche Unvermögen der menschlichen Gattung: „1. Wir haben kein Vermögen der Introspektion, sondern alle Erkenntnis der inneren Welt ist durch hypothetisches Schlußfolgern aus unserer Erkenntnis äußerer Fakten abgeleitet. 2. Wir haben kein Vermögen der Intuition, sondern jede Erkenntnis ist von vorhergehenden Erkenntnissen logisch bestimmt. 3. Wir haben kein Vermögen, ohne Zeichen zu denken. 4. Wir haben keinen Begriff von einem absolut Unerkennbaren" (Peirce 1976: 42 – CP 5.265 – 1868). Entscheidend für meine Argumentation ist, dass Peirce die Möglichkeit der Intuition ganz ausschließt (zumindest in dieser Schrift). *Jede* Erkenntnis ruht für ihn vorangegangenen Erkenntnissen auf, Erkenntnis ist stets ,*diskursive Erkenntnis*'.

Wenn Peirce gegen die Intuition argumentiert, greift er immer die These an, es gebe *zwei* Arten des Erkennens – eine diskursive, welche auf vorhergehende Erkenntnisse verweist, und eine nicht-diskursive, eine vorprädikative Unmittelbarkeit, ein nicht-sinnliches Schauen auf ansonsten vollkommen Unzugängliches, er-

---

16 Hier folge ich den Ausführungen von Apel 1975: 79 ff und Wartenberg 1971: 64 ff. Kempski akzentuiert anders: er führt die Vorstellungen von Peirce mehr auf die Lektüre von Duns Scotus zurück (vgl. Kempski 1952: 16 ff). Murphy datiert die Dreiteilung der Formen des Schlussfolgerns auf 1865: „Precisely when Peirce discovered that deduction, induction and hypothesis could be correlated with the three figures of the syllogism, we do not know, but all available evidence points toward 1865" (Murphy 1961: 60).

möglich durch einen gnädigen Gott[17]. Für Peirce gibt es dagegen nur *eine* Art der geistigen Tätigkeit, welche in einem kontinuierlichen Prozess zur Erkenntnis führt. „Wir müssen also mit einem *Prozeß* der Erkenntnis beginnen (…). Das ist nichts anders als der Prozeß gültigen Schließens (…)" (ebd.: 43).

Aber in seinen weiteren Arbeiten interessierte sich Peirce gerade *nicht* für den faktischen kontinuierlichen Erkenntnisprozess, sondern er suchte immer wieder nach logischen Formeln, Syllogismen, mit denen sich erkennendes Denken beschreiben lässt. Zwar stellte er auch die Frage, ob sich das erkennende Denken tatsächlich in der Form eines syllogistisch strukturierten Prozesses vollziehe, doch für Peirce gab es in dieser Phase seiner Arbeit eine klare Antwort: „Es findet also etwas im Organismus statt, das dem syllogistischen Prozeß äquivalent ist" (ebd.: 44).

Erworben hat der menschliche Organismus diese Fähigkeit in einem langen Prozess „natürlicher Zuchtwahl" (ebd.: 92 – CP 5.341 – 1868). Das Fundament seiner Frühphilosophie ruht mithin auf folgenden Prämissen auf:

- Es gibt nur *eine* Art erkennenden Denkens.
- Erkenntnis ohne vorhergehende Erkenntnis ist unmöglich.
- Der Erkenntnisprozess im Organismus kann als syllogistischer Prozess aufgefasst werden.
- Das Erkenntnisvermögen ist Ergebnis der Evolution der menschlichen Gattung.

Diese Prämissen hatten für die Philosophie von Peirce weitreichende Folgen. Eine, für meine Argumentation wichtige, soll hier kurz ausgeführt werden. Indem Peirce mit seinen Prämissen die Fähigkeit zum erkennenden Denken nicht mehr als Aufgabe und Leistung eines einzelnen, in Handlungen verstrickten Erkenntnissubjektes ansieht, sondern als Ergebnis der menschlichen Evolution und damit allen Gattungsmitgliedern zueigen, ,*bereinigt*' er einerseits den Erkenntnisprozess von historischen und individuellen Einschränkungen, bindet ihn andererseits in die Aufgabe ein, das Überleben der Gattung Mensch sichern zu helfen. Diese ,*Abstrahierung*' des erkennenden Denkens macht es sinnvoll, nicht mehr einzelne, konkrete Erkenntnisprozesse zu untersuchen, sondern die allen Prozessen zugrunde liegenden Muster. Dass diese Muster sich vollständig mit Syllogismen, also *logischen* Formen, beschreiben lassen, war die Annahme des frühen

---

17 Zum Begriff der Intuition bei Peirce siehe Peirce 1976: 37 und Peirce 1986: 160 ff.

Peirce – eine Annahme, die keineswegs nahe liegend war, höchstens für einen Mathematiker oder Bewunderer der Logik[18].

Ist man genau, dann muss man allerdings einräumen, dass Peirce keineswegs davon überzeugt war, dass Erkenntnisprozesse sich *vollständig* auf Syllogismen abbilden lassen. Stattdessen glaubte er schon sehr früh, „daß kein Schluß eines Individuums gänzlich logisch sein kann" (ebd.: 101 – CP 5.345 – 1868). Ein nichtlogischer Rest verbleibe, wenn nicht immer, so doch oft. Dieser Rest gründe – so Peirce – im Sozialen[19]. Allerdings behandelte Peirce das ‚*Nicht-Logische*' des Erkenntnisvorganges (zu dieser Zeit noch) als zu vernachlässigenden Rest, und er wandte sein ganzes Augenmerk den logischen Argumentformen zu. Diese klassifiziert er mit der Begrifflichkeit Kants auf folgende Weise:

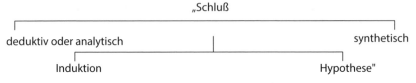

(Peirce 1976: 232 – CP 2.623 – 1878).

Induktion *und* Hyothesis werden also beide als synthetische, erkenntniserweiternde Schlüsse aufgefasst. Die drei Syllogismen skizziert Peirce in seinem Bohnenbeispiel, das vor allem dadurch berühmt wurde, dass es meist von denen in den Zeugenstand zitiert wird, welche die Abduktion als eine *logische* Operation auffassen wollen:

Deduktion
Regel.   – Alle Bohnen in diesem Sack sind weiß.
Fall.   – Diese Bohnen sind aus diesem Sack.
Resultat. – Diese Bohnen sind weiß.

Induktion
Fall.   – Diese Bohnen sind aus diesem Sack.
Resultat. – Diese Bohnen sind weiß.
Regel.   – Alle Bohnen aus diesem Sack sind weiß.

---

18 Die Ansicht war zu dieser Zeit gar nicht so unüblich. Frege teilte sie, ebenso der frühe Wittgenstein und die sich auf ihn berufende Schule.

19 Diesen Gedanken baute Peirce in seinen Arbeiten nach 1893 weiter aus, was zu einer Überarbeitung seiner Vorstellungen über die Grundlagen des Schlussfolgerns führte. Die Rolle des Nicht-Logischen der Peirceschen Philosophie haben insbesondere Wartenberg 1971 und Bernstein 1975 weiter herausgearbeitet

Hypothese
Regel.   – Alle Bohnen aus diesem Sack sind weiß.
Resultat. – Diese Bohnen sind weiß.
Fall.   – Diese Bohnen sind aus diesem Sack." (ebd.)

Die Deduktion wird also verstanden als die „Anwendung allgemeiner Regeln auf besondere Fälle" (ebd.: 230), die Induktion als „der Schluß von *Fall* und *Resultat* auf die *Regel*" (ebd.: 231) und die Hypothesis als „der Schluß von *Regel* und *Resultat* auf einen *Fall*" (ebd.). „Hypothesis proceeds from Rule and Result to Case" (Peirce CP 2.712 – 1883). Das Schlussfolgern wird also stets als *Dreischritt* begriffen, geschlossen wird von zwei bekannten Größen auf eine unbekannte.

2.1.1 Die Hypothesis als Schluss von zwei bekannten Größen auf eine unbekannte

In den zuletzt zitierten Bestimmungen von Peirce entdeckt man bei genauem Hinsehen zwei unklare Formulierungen: denn zum einen ist unklar, ob Peirce tatsächlich unterstellt, dass bei Induktion und Hyothesis (die Deduktion interessiert an dieser Stelle nicht) von *zwei bekannten* auf eine unbekannte geschlossen wird, zum anderen muss noch geklärt werden, was in diesem Zusammenhang das Wort ,unbekannt' bedeutet. Der ersten Frage möchte jetzt nachgehen, der zweiten weiter unten. Auf der Suche nach einer Antwort auf die erste Frage hilft ein Beispiel, die Argumentation von Peirce zu verdeutlichen:

> „Ich gehe auf den Jahrmarkt und ziehe aus der ,Gewinntrommel' zwölf Päckchen. Ich öffne sie und finde, daß jedes einen roten Ball enthält. Damit haben wir eine allgemeine Tatsache. Sie hängt nun von den Bedingungen der Erfahrung ab. Was ist die Bedingung der Erfahrung? Einzig und allein, daß die Bälle die Inhalte von Päckchen darstellen, die aus jener Gewinntrommel gezogen wurden, d. h. das einzige, was die Erfahrung bestimmte, ist das Entnehmen aus der Trommel. Ich schließe also nach Kants Prinzip, daß dasjenige, was aus der Gewinntrommel gezogen wird, einen roten Ball enthalten wird. Das ist Induktion" (Peirce 1976: 39 – 1868).

Bekannt (aufgrund eigener Erfahrung) ist dem Nutzer der Gewinntrommel zweierlei: (a) diese Päckchen sind aus dieser Gewinntrommel (= Fall), und (b) diese Päckchen enthalten rote Bälle (= Resultat). Der Schluss von Fall und Resultat auf die Regel ,*verlängert*' allein die Erfahrung, das Bekannte, er vergrößert den Geltungsbereich des bisherigen Wissens. Unterstellt wird dabei die auch zukünftige

Gleichförmigkeit der Erfahrung bzw. der Welt[20]. Die Induktion fügt der Erfahrung nicht Neues hinzu, sondern ‚entgrenzt' lediglich bereits Gewusstes. Zwei Größen, nämlich Fall und Resultat, sind *bekannt,* die dritte ergibt sich aus einer Variation des Bekannten[21].

Ähnlich, wenn auch etwas weniger eindeutig, sieht es bei der Hypothesis aus. Eindeutig scheint die Beschreibung nur, wenn man die syllogistische Form der Hypothesis betrachtet – dort heißt es nämlich sehr klar: von Regel *und* Resultat wird auf den Fall geschlossen. Die bekannte Regel steht am Anfang, das Resultat ist gleichfalls bekannt, was im dritten Schritt erfolgt, ist die Subsumtion des Resultats unter eine Regel. Komplizierter wird die Lage, wenn man die Formulierung genauer untersucht, die Peirce wenige Sätze später zur näheren Kennzeichnung der Hypothesis verwandte. Dort heißt es nämlich: „Um eine Hypothese handelt es sich, wenn wir einen seltsamen Umstand finden, der durch die Unterstellung erklärt werden würde, daß er ein Fall einer bestimmten allgemeinen Regel ist, und wenn wir daraufhin jene Unterstellung akzeptieren" (Peirce 1976: 232 – CP 2.624 – 1878). Der scheinbar nur kleine Widerhaken steckt im letzten Halbsatz: „und wenn wir daraufhin jene Unterstellung akzeptieren"!

---

20 Etwas hinterhältig ist das Beispiel von Peirce schon. Denn hat man mit der induktiv ermittelten Prognose recht, gehört man zu den Verlierern, da man eine weitere Niete gezogen hat. Echte Lotteriespieler sind deshalb im Grunde von der Gültigkeit induktiven Schlussfolgerns gerade nicht überzeugt – sie rechnen mit der Ausnahme und sind bereit, einiges darauf zu setzen. Der Spieler ist der lebende Beweis dafür, dass unser handlungsleitendes Wissen nicht allein induktiven Schlüssen zu verdanken ist. Glücksspiele, ihr ‚Alter' und ihre Verbreitung in fast allen Kulturen zeugen von dem Wissen um die unwahrscheinliche Ausnahme, von dem Wissen, dass es nicht immer so sein wird, wie es war. Glücksspiele sind Ausdruck des Zweifels an der Gültigkeit von Regeln. Bertrand Russell kehrt das Verhältnis von Gewinnern und Verlierern um (und zeigt dabei die ‚andere' Seite induktiver Schlüsse), wenn er von dem Huhn berichtet, das sich bei seinem Handeln auf die Induktion verlässt. „Der Mann, der das Huhn tagtäglich gefüttert hat, dreht ihm zu guter Letzt das Genick um und beweist damit, daß es für das Huhn nützlicher gewesen wäre, wenn es sich etwas subtilere Meinungen über die Gleichförmigkeit der Natur gebildet hätte (…). So lassen uns unsere Instinkte mit Bestimmtheit glauben, daß die Sonne morgen früh aufgehen wird; aber es könnte ja sein, daß wir in keiner besseren Lage sind als das Huhn, dem wider alles Erwarten das Genick umgedreht wird" (Russell 1969: 56f). Das Russellsche Huhn, das von der Wahrnehmung (Dieser Mann hat in den letzten Jahren das Futter gebracht.) auf eine Regel schließt (Dieser Mann wird immer Futter bringen.), besitzt kurz vor seinem jähen Ende die für sein Leben höchste Gewissheit, dass die fütternde Hand ihm wohl gesonnen ist, denn Tag für Tag und ohne Ausnahme wurde diese Regel bestätigt.

21 Nur in einer recht weiten Bedeutung des Wortes liefert diese Art von Schluss neues Wissen, nämlich dass altes Wissens auch für einen Fall gilt, von dem man noch nicht wusste, dass er von dem bekannten Wissen erklärt wird. Neues weiß man also nur über den *Geltungsbereich* bereits vorhandenen Wissens: eine Regel gilt nicht nur für x bis z (wie bisher angenommen), sondern auch für b bis f. Aber die Vergrößerung des Geltungsbereiches, und das ist der entscheidende Punkt, schafft kein neues Wissen herbei.

Der Begriff ,*Unterstellung*' bezieht sich nämlich auf zweierlei – zum einen auf: ,*Ist ein Fall einer Regel*', zum anderen auf: ,*Es gibt eine bestimmte allgemeine Regel*'. In der ersten Lesart sind Regel und Resultat und damit letztlich auch der Fall bekannt – bei der Hypothesis handelt es sich also eindeutig um eine Subsumtion. In der zweiten Lesart geht es um die Akzeptanz der Gültigkeit einer Regel. Ist die Regel bereits bekannt, welche den ,*seltsamen Umstand*' verständlich macht, dann wird der Glaube an die Gültigkeit der Regel gefestigt, und wir haben einen Fall der o. a. ersten Lesart. Ist allerdings noch keine Regel bekannt, die das ,*Seltsame*' in eine Ordnung eingliedert, *erfindet* man eine neue, noch unbekannte Regel und *unterstellt* deren Gültigkeit. Wenn diese Unterstellung das Seltsame auflöst und wenn aufgrund dieser ,*Leistung*' der neuen Regel deren mögliche Gültigkeit/Brauchbarkeit vermutet werden kann, dann liegt ein ganz anderer Fall vor: dann sind Regel und Fall *unbekannt,* man weiß allein um das Resultat[22].

Diese zweite Lesart verliert aber an Plausibilität, wenn man den Text von Peirce weiter liest. Denn es geht weiter mit einem einschließenden und nicht ausschließenden ,*oder*' und die (scheinbare) Paraphrase lautet so: „Oder, wenn wir finden, daß in gewissen Hinsichten zwei Objekte einander sehr ähnlich sind, und schließen, daß sie einander in anderen Hinsichten ebenso ähnlich sind" (ebd.). Auf den ersten Blick ist diese Formulierung keine Paraphrase der zuvor untersuchten, geht doch die frühere von der Regel und dem Resultat aus, während die neue von der Gleichheit *einiger* Merkmale (also von einem sample) auf die Gleichheit *aller* Merkmale schließt. Um diese Unstimmigkeiten aufzulösen, aber auch zugleich zu verstärken, möchte ich ein weiteres Beispiel von Peirce untersuchen.

> „Ich landete einst in einem Hafen in einer türkischen Provinz und als ich zu dem Haus hinaufging, das ich besuchen wollte, traf ich einen Mann auf einem Pferd, der von vier Reitern, die einen Baldachin über seinen Kopf hielten, umgeben war. Da der Gouverneur der Provinz die einzige Person war, von der ich mir denken konnte, daß sie so hoch geehrt wurde, schloß ich, daß es der Gouverneur war. Das war eine Hypothese" (ebd.: 233)[23].

---

22 Folgt man meiner zweiten Lesart, dann zeigt sich, dass Peirce bereits in den frühen Schriften zwei unterschiedliche logische Schlüsse ungewusst kennzeichnete, sie jedoch (noch lange Zeit) mit einem Begriff benannte. Die volle Bedeutung des von ihm selbst Geschriebenen kam Peirce erst durch die weitere Ausdeutung seines eigenen Werkes in den Griff des Bewusstseins. Auch hier scheint es so zu sein, dass Widersprüche oder latente Bedeutungen früherer Arbeiten sich im Spätwerk ,*ausblühen*', also sichtbar werden und dann bearbeitet werden müssen. Diese These ist auch nützlich, wenn man verstehen will, weshalb es in der Peirce-Rezeption noch keine Einigung darüber gibt, wann genau sich der Wandel der Peirceschen Anschauung im Bezug auf Abduktion und Induktion vollzog.

23 Eine sehr unterschiedliche Ausdeutung dieses Beispiels findet sich in Eco 1976.

Die Struktur des hypothetischen Schlussfolgerns ist bei diesem Beispiel besonders leicht zu erkennen, aber auch, dass meine oben entwickelte *zweite Lesart'* zumindest durch dieses Beispiel nicht gestützt wird: der Amerikaner, gerade in der Türkei gelandet, sieht etwas für ihn Seltsames, etwas, was er *so* nicht kennt – überraschend war es gewiss nicht, denn jeder Besucher eines fremden Landes weiß, dass es dort nicht so ist wie zuhause. Er beobachtet ein Ereignis und er registriert folgende äußeren Merkmale: ein Mann reitet auf einem Pferd – im Gegensatz zu vielen anderen Menschen im Hafen, die zu Fuß unterwegs sind. Der Reiter hebt sich also von der Umgebung der übrigen *Fußgänger'* ab. Die Abhebung wird weiter verstärkt durch ein anderes Merkmal – nämlich die vier ihn umgebenden Reiter, welche in der sonnigen Türkei einen Baldachin über den Kopf des Reiters in der Mitte halten. Der Reiter ist also von den übrigen Menschen deutlich abgegrenzt und abgehoben. In gewissem Sinne ist er auch gut aufgehoben, bewegt er sich doch deutlich komfortabler durch die Welt.

Dieses Maß an Komfort und möglicherweise auch dieses Maß an Ehrerbietung bemerkt der Beobachter aus Amerika. Daraufhin sucht er in seinem Gedächtnis nach Erlebnissen, bei denen Personen in Amerika *ähnlicher* Komfort und *ähnliche* Ehrerbietung zuteil wurde. Er stößt darauf, dass das öffentliche Auftreten amerikanischer Gouverneure ähnliche Merkmale, vielleicht strukturell gleiche, aufweist. Von der Gleichheit dieser wenigen Merkmale wird auf die Gleichheit der übrigen Merkmale geschlossen, woraus sich im weiteren ergibt, dass beide Ereignisse unterschiedliche Fälle derselben Klasse (= Regel) sind. Daraus, dass dem baldachinbeschützten Reiter einige Merkmale mit einem amerikanischen Gouverneur gemeinsam sind, wird gefolgert, dass ihm auch das Merkmal *,Hat die Position eines Gouverneurs'* zukommt. Man schließt von einer Auswahl von Merkmalen, welche man sieht, auf andere, welche man nicht sieht. Dieser Schluss von der Stichprobe auf die Gesamtheit ist induktiv, auch wenn er nicht von den quantitativen Eigenschaften einer Stichprobe folgert, sondern von deren Qualitäten. Insofern ist diese Art der Hypothesis eine Induktion von Merkmalen – auch wenn Peirce ihr diesen Charakter (noch) abspricht.

Man kann das Beispiel auch mit anderen, aus Syllogismen bekannten terms beschreiben: Ein Mann sieht ein Ereignis, und er rechnet nicht hoch, wie es *weitergehen* wird, sondern er betrachtet das Ereignis als Gewordenes, als *Resultat*. Er betrachtet die einzelnen Merkmale des Ereignisses genau und versucht, alle Merkmale durch *eine* Erklärung sinnvoll aufeinander zu beziehen. Hierzu greift er auf *,Dinge'* zurück, die nicht im Ereignis selbst enthalten sind. Er greift nämlich auf die Kenntnis von Regeln (Gesetzen) zurück, um die Anordnung von Merkmalen zu erklären. Dieser Rückgriff auf *bekannte* Regeln entpuppt sich allerdings bei näherem Hinsehen als ein Schließen von der Gleichheit *einiger* Merkmale auf die Gleichheit *aller* Merkmale einer Klasse, und damit wird klar, dass die beiden von Peirce benutzten Bestimmungen der Hypothesis tatsächlich als gegenseitige Paraphrasen gedacht sind, (auch wenn sie objektiv nicht bedeutungsgleich sind).

Denn die Anwendung der Regel *‚Gouverneure werden in der Öffentlichkeit mit einem bestimmten Maß an Reisekomfort und Ehrerbietung von den Normalbürgern abgehoben'* erweist sich nicht als Schluss von einem Merkmal auf ein anderes, sondern als die Bestimmung einer Klasse, zu der eine Menge von Merkmalen gehören. Insofern unterscheidet sich dieses Schlussfolgern (von Resultat und Regel auf den Fall) von der oben dargestellten Induktion von Merkmalen. Folgt man dieser Sicht, dann bemerkt man eine Besonderheit der Induktion von Merkmalen: sie ergibt sich nämlich aus zwei Schlussfolgerungen: zuerst schließt man von der Anwesenheit bestimmter Merkmale auf das Vorhandensein anderer Merkmale, dann folgert man, dass der in Frage stehende Fall Element einer bekannten Klasse ist – letzteres ist eine Deduktion. Denn der Hinweis *‚Hat die Position eines Gouverneurs'* ist nicht – wie oben eingeräumt – ein Schluss auf ein weiteres Merkmal des in Frage stehenden *‚Objekts',* sondern es ist die Angabe eines Oberbegriffes (Klasse), welcher durch eine gewisse Menge von Merkmalen konstituiert wird. Diese Art hypothetischen Schlussfolgerns besteht also aus einer Induktion von Merkmalen mit anschließender Deduktion oder wie Peirce schreibt: „Ebenso ist die Hypothese in Wirklichkeit eine Subsumtion eine Falles unter eine Klasse (…)" (ebd.: 235). Diese Form des Folgerns oder in diesem Fall besser: des figurativen Schließens sucht keine neuen Regeln, sondern versucht *‚Neues'* unter alte Regeln zu fassen.

Dagegen könnte der Prozess des Auffindens neuer Regeln – bleibt man im Beispiel – so aussehen: Der Fremde will sich ein für ihn seltsam erscheinendes Ereignis erklären. Anstatt das *‚Seltsame'* schnell unter bekannte Regeln zu subsumieren, klammert er sein Wissen um soziale Regeln erst einmal ein. So muss er z.B. virtuell die Geltung der Regel für den beobachteten Fall außer Kraft setzen, dass die Begleitung durch baldachintragende Männer Ausdruck von Ehrerbietung ist, ja der abduktive Schlussfolgerer muss sogar auf die Benennung des getragenen *‚Sonnenschutzes'* als *‚Baldachin'* verzichten, da diese Bezeichnung bereits auf spezifische soziale Regeln verweist. D.h.: der Beobachter muss die Gültigkeit der von ihm gewussten Regeln und Gesetze für den zu erklärenden Fall außer Kraft setzen, was nicht heißt, dass er die Regeln vergessen müsste – wie sollte dies auch gehen? Nachdem erst einmal die Gültigkeit der gewussten Regeln ausgesetzt worden ist, konstruiert der Beobachter unter Zuhilfenahme *aller* ihm bekannten Regeln mögliche (neue) Regeln, die alle beobachteten Merkmale sinnhaft und sinnvoll aufeinander beziehen. Ist eine solche Regel gefunden, liegt zugleich eine Deutung vor, was der Fall (in diesem Fall) ist. Ob diese Deutung etwas mit der Wirklichkeit zu tun hat, ist aber eine ganz andere Frage.

2.1.2 Entdeckt die Hypothesis Neues?

An dieser Stelle möchte ich den reisenden Amerikaner verlassen und mich wieder meiner ersten Ausgangsfrage zuwenden, nämlich der, ob bei der Induktion und Hypothesis – folgt man der Konzeption von Peirce – tatsächlich zwei Größen als bekannt vorausgesetzt werden, aus denen dann etwas Drittes, Unbekanntes, erschlossen wird. Meine bisherige Untersuchung hat m. E. ergeben, dass dem so ist – zumindest in den Jahren bis etwa 1895. Die Beantwortung meiner zweiten oben gestellten Frage steht allerdings noch aus; es muss nämlich noch geklärt werden, wie Peirce das Wort ‚unbekannt‘ verwendet. Ist ‚unbekannt‘ identisch mit ‚neu‘, ‚noch nie da gewesen‘?

Bedenkt man, was Peirce in den frühen Schriften über die Unmöglichkeit der Intuition gesagt hat, dann kann man sich schon ausrechnen, in welche Richtung er argumentieren wird, doch ich werde mich hier der Spekulation und Unterstellung enthalten und Peirce selbst zu Wort kommen lassen. Um seine Argumente verständlicher zu machen, muss ich ein wenig ausholen, und zwar beginne ich bei der Peirceschen Einschätzung der Gültigkeit der einzelnen Schlüsse, was mir Gelegenheit gibt, zu dem Türkeibesucher kurz zurückzukehren.

Es liegt auf der Hand (= es ist sehr plausibel), dass die Schlussfolgerung des Fremden nicht nur sehr waghalsig war, sondern wahrscheinlich auch falsch. So ist es nicht nur fraglich, ob es damals in der Türkei Gouverneure gab, sondern auch, ob diese zum geehrten Teil einer Administration gehörten. Konnte sich ein reicher Privatier einen solchen Komfort nicht leisten? Vielleicht handelte es sich auch um einen religiösen Führer? Denkbar und plausibel sind noch eine Reihe weiterer Lesarten. Wie viele man findet, hängt von dem Maß der eingesetzten Phantasie ab. Diese Vielzahl von möglichen und Sinn machenden Hypothesen diskreditiert nicht diese *Form* des Schlussfolgerns, sondern ihre *Gültigkeit*.

Hypothesen können gültig sein, sie müssen es jedoch nicht – so Peirce. Für die Gültigkeit einer Hypothesis spricht eine gewisse Wahrscheinlichkeit (diese kann auch sehr gering sein). Gleiches gilt für die Induktion, auch wenn sie etwas ‚wahrscheinlicher‘ ist. Deduktionen sind dagegen immer gültig (wenn die Prämisse gültig ist), einfach deshalb, weil wir unfähig sind, uns vorzustellen, sie wären es nicht (Peirce 1976: 91 – CP 5.341 – 1868).

Induktion und Hypothesis (verstanden als Induktion von Merkmalen) betrachten stets eine bekannte Stichprobe (siehe oben). Das Argument von Peirce lautet jetzt so: je größer die Stichprobe, desto gültiger die Aussage. Je mehr man erfahren hat/weiß, desto gültiger das Urteil. *Neue* Erkenntnis ist über das Schlussfolgern also nicht zu erreichen, allein die Erfahrung bringt Neues. *Logisches Schließen vermehrt nicht die Erkenntnis, es macht das Bekannte nur deutlicher.*

Hypothetisches Schlussfolgern 63

Allerdings unterscheidet Peirce in diesem Punkt die Hypothesis von der Induktion. Die erste schließt von qualitativen Merkmalen eines Objektes auf andere qualitative Merkmale, die zweite aufgrund quantitativer Merkmale. Auch wenn beide Schlussarten von Stichproben auf Ganzheiten schließen, so lassen sich quantitative und qualitative Merkmale nicht miteinander vergleichen, da letztere sich oft nicht beobachten lassen. „Der große Unterschied zwischen Induktion und Hypothesis liegt darin, daß erstere auf die Existenz von Phänomenen, so wie wir sie in ähnlichen Fällen beobachtet haben, schließt, während die Hypothesis etwas annimmt, das von dem verschieden ist, was wir unmittelbar beobachtet haben, und häufig etwas, was unmittelbar zu beobachten uns gar nicht möglich ist" (Peirce 1976: 245 – CP 2.640 – 1878).

So ist z. B. der Schluss, dass Cäsar oder Napoleon gelebt haben, ein hypothetischer. Eine Hypothesis verlässt oft das Terrain des bereits Beobachteten, sie entwirft zukünftige oder ‚vorzeitliche' Beobachtungen, imaginiert mögliche innere und/oder äußere Wahrnehmungen, vergrößert auf diese Weise die Stichprobe und kommt so zum Schluss. „Dementsprechend nimmt der Schluß, wenn wir eine Induktion völlig über die Grenzen unserer Erfahrung hinaus ausweiten, die Natur einer Hypothese an"(ebd.). „Aber das Wesen einer Induktion ist, daß sie von einer Reihe von Fakten auf eine Reihe ähnlicher Fakten schließt, während die Hypothese von Fakten einer Art auf Fakten anderer Art schließt" (ebd.: 246 – CP 2.642 – 1878).

Die Lage ist erneut nicht eindeutig. Liefert das hypothetische Schlussfolgern Neues? Auf den ersten Blick gewiss, überschreitet sie doch die Grenzen der Erfahrung, genauer: soll sie doch die Grenzen der Erfahrung überschreiten. Aber es stellt sich die Frage, – bleibt man innerhalb der Peirceschen Konzeption – wie eine solche Überschreitung der Erfahrung gelingen soll, besitzen doch die Menschen keine Intuition und leiden sie zudem an dem Unvermögen, nicht ohne Zeichen denken zu können. Erkenntnis ruht laut Peirce (siehe oben) stets anderen prädikativen Erkenntnissen auf, das absolut Neue ist undenkbar.

Wie soll man nun mit diesem Widerspruch umgehen? Eine Möglichkeit besteht darin, mittels einer sehr weitreichenden Interpretation zu sagen, die Formulierung ‚über die Grenzen unserer Erfahrung' sprenge implizit die Grenzen eines (älteren) theoretischen Konzepts; sie trage bereits den Keim einer neuen Konzeption, welche möglicherweise später zu Explikation gebracht werde. Mir scheint diese Interpretation sehr plausibel zu sein, gibt es doch noch eine Fülle weiterer Anzeichen für einen Prozess des Umbruchs in diesen Jahren, so z. B. die Parallelisierung der Schlussarten mit menschlichem Verhalten. Aber da es mir nicht darum geht, die Dynamik und die innere Entwicklung des Peirceschen Denkens nachzuzeichnen, sondern um die Ermittlung von Idealtypen, werde ich diese Interpretation vernachlässigen und mich einer (ebenfalls plausiblen) anderen Lesart zuwenden.

Diese engere Interpretation richtet ihr Augenmerk auf die Deutung des Wortes ‚*Erfahrung*‘ und zieht zur Unterstützung die Beispiele von Peirce heran. Sie begrenzt die Verwendung des Begriffes ‚*Erfahrung*‘ allein auf das Wissen, das aus der persönlichen, erlebten Erfahrung *mit der untersuchten Stichprobe* resultiert. Von dieser zu unterscheiden ist das Wissen um *eigene, frühere Erfahrungen* (und deren *Deutungen*) und jenes Wissen, das die persönlichen Erfahrungen übersteigt, das die Gesellschaft ihren Mitgliedern via Sozialisation mitgibt, das Wissen um die *Erfahrungen und Deutungen anderer.*

Liefert die direkte Erfahrung einer Stichprobe – so die engere Interpretation – keine Deutung der wahrgenommenen Merkmale, dann muss etwas, was entweder nicht in der Stichprobe enthalten oder (noch) nicht erfahrbar ist, der Erfahrung *hinzugefügt* werden, und zwar aufgrund und mithilfe des bereits vorhandenen, prädikativen Wissens. ‚*Über die Grenzen der Erfahrung hinaus ausweiten*‘ heißt – folgt man dieser Interpretation – lediglich, man fügt der Erfahrung etwas hinzu, und zwar etwas, was man bereits ‚*weiß*‘. Plausibel wird diese Deutung bei der weiteren Betrachtung der Peirceschen Beispiele.

Sowohl der Schluss, dass Napoleon gelebt hat, als auch der Schluss, dass ein Berittener ein türkischer Gouverneur ist, fügen den beobachteten Daten etwas hinzu – nämlich Wissen. Mithilfe dieses vorhandenen Wissens werden die Erfahrungen gedeutet und Bekanntem zugeordnet. Es zeigt sich also, dass auch das *Sprechen von der Überschreitung von Erfahrungsgrenzen eine Induktion von Merkmalen* und damit eine Unterordnung eines Falles unter eine Regel (Klasse) darstellt und dass es sich bei der Hypothesis – und damit komme ich zur Ausgangsfrage zurück – *nicht* um eine Folgerung handelt, die Neues oder bislang Unbegriffenes auffindet. Die Hypothesis – in dieser Deutung – ordnet Wahrgenommenes in bereits vorliegende Ordnungen ein, sie erklärt Singuläres, indem sie erklärt, es sei der Fall einer bereits bekannten Klasse.

2.1.3 Der Handlungstyp ‚*Hypothetisches Schließen*‘

Ich räume ein, diese Interpretation verengt die theoretische Konzeption von Peirce ein wenig, da in den Frühschriften vereinzelt Hinweise darauf zu finden sind, dass die Hypothesis auch in der Lage ist, neue Klassen zu erfinden. Aber diese Hinweise widersprechen den übrigen theoretischen Aussagen von Peirce – vor allem seinem Standpunkt von der Unmöglichkeit der Intuition. Deshalb scheint es mir gerechtfertigt, und aus der Perspektive meiner Zielstellung auch sinnvoll, die Bedeutung des Begriffes ‚*Hypothesis*‘ (in der Frühphase) mit folgenden Essentials idealtypisch zu (re)konstruieren:

- Induktion und Hypothesis sind *beides* synthetische, d. h. kenntniserweiternde Schlüsse.
- Kenntniserweiternd sind diese Schlüsse nur insofern, als sie von einer begrenzten Auswahl auf eine größere Gesamtheit schließen. Neues Wissen – im strengen Sinne – wird auf diese Weise nicht gewonnen, bekanntes lediglich ausgeweitet.
- Die Induktion überträgt die quantitativen Eigenschaften einer Stichprobe auf die Gesamtheit. Die Hypothesis ergänzt die wahrgenommenen Merkmale einer Stichprobe mit anderen, nicht wahrgenommenen.
- Die Hypothesis in dieser Fassung ist nichts anderes als eine Induktion von Merkmalen. Sie schließt folgendermaßen: wenn die wahrgenommenen Merkmale einer Stichprobe mit einigen Merkmalen einer bekannten Klasse von Merkmalen übereinstimmen, dann besitzt die Stichprobe ebenfalls die (noch nicht wahrgenommenen) Merkmale, die von der bekannten Klasse bereits gewusst sind. Nur in diesem Sinne überschreitet die Hypothesis die Grenzen der Erfahrung – nämlich lediglich die Erfahrung mit der in Frage stehenden Stichprobe.
- Die Hypothesis resultiert aus zwei Arten des Wissens: (a) aus dem Wissen um die Merkmale der wahrgenommenen Stichprobe *und* (b) dem Wissen um Klassen, Regeln und Ordnungen. Die Hypothesis schließt von Resultat *und* Regel auf den Fall.
- Die Hypothesis ist ein logischer Schluss. Der Syllogismus dieses Schlusses hat folgende Form:
  Regel: Alle P(x) sind Q.
  Resultat: Diese P sind Q.
  Fall: Diese P sind P(x).
- Hypothesis und Induktion sind keine gültigen, sondern wahrscheinliche Schlüsse. Auf sehr lange Sicht führen sie allerdings zu ‚*wahren*‘ Erkenntnissen.

Einmal unterstellt, damit seien die wichtigsten inhaltlichen Bestimmungsstücke zusammengestellt, welche durch die Verwendung des Begriffes ‚*Hypothesis*‘ im Frühwerk von Peirce abgedeckt sind, dann stellt sich jetzt – eingedenk der oben behandelten pragmatischen Maxime – die sehr viel entscheidendere Frage, welchen Handlungstyp des Schlussfolgerns diese Weise der Begriffsverwendung impliziert. Im Folgenden werde ich nun versuchen, diesen Handlungstyp zu (re)konstruieren. Dabei werde ich, um die Lektüre zu erleichtern, den Handlungstyp als personalen Typus darstellen (aber auch mit dem Hintergedanken, ihn sehr viel später besser mit anderen Typen des Aufdeckens, die bereits als personale Typen vorliegen, vergleichen zu können).

Ein idealtypischer hypothetischer Schließer sollte (fasst man das oben Gesagte unter der Perspektive eines personalen Typus zusammen) zwei Fähigkeiten besitzen: (a) die Fähigkeit, sich möglichst viel Wissen über die Geordnetheit der ihn umgebenden Welt verfügbar machen zu können, (b) die Fähigkeit, möglichst genau Merkmale von Stichproben identifizieren zu können. Die erste Fähigkeit ist das Ergebnis einer umfassenden Bildung, die zweite das Ergebnis einer guten Beobachtungsgabe. Besitzt man beide Fähigkeiten, ist das Auffinden der Regel, die klar macht, von was das Beobachtete der Fall ist, eine einfache Rechenaufgabe, ein simpler, klarer und angebbarer logischer Schluss. Der Schluss selbst und auch der Weg zu ihm sind beschreibbar und zwar vollständig.

Das schlussfolgernde *Handeln* im Vollzug ist mit der späteren Ex-post-Beschreibung der schlussfolgernden *Handlung* zur Deckung zu bringen. Die spätere Erläuterung der Schlussfolgerung begründet diese nicht nur innerhalb eines rationalen Diskurses, sondern die Begründung liefert zugleich die Nachzeichnung der Entdeckung. Die Entdeckung wird auf diese Weise diskursiv, und damit wird die Prüfung der Gültigkeit der Begründung unter der Hand eine Prüfung der Gültigkeit der Entdeckungsprozedur. Die syllogistische Form des hypothetischen Schlusses zaubert die Suggestion herbei, die Entdeckungsprozedur ruhe auf den Pfeilern der Logik, und zwar der Subsumtion von Merkmalen unter eine Klasse, also letztlich der (gültigen) Deduktion[24]. Ein weiteres Beispiel von Peirce soll den Handlungstyp ,*hypothetischerer Schließer*' weiter verdeutlichen und ausleuchten:

> „Ich weiß, dass die Sorte Menschen, welche als ,Unabhängiger' klassifiziert wird, ganz bestimmte Charakteristika besitzt. Ein Unabhängiger hat eine hohe Selbstachtung und legt großen Wert auf soziale Distinktion. Er beklagt den großen Anteil, den pöbelhaftes Benehmen und unfeine Kumpanei im Umgang amerikanischer Politiker mit ihrer Wählerschaft einnehmen. Er denkt, dass die Reform, welche sich aus der Preisgabe eines Ämterverteilungssystems, das letztlich allein die Partei stärke, ergebe und eine Rückkehr zu der ursprünglichen und wichtigen Amtserfüllung ein ungetrübtes Gut

---

24 Personifiziert ist dieser Idealtyp des hypothetischen Schließers in den Gestalten Sherlock Holmes, entworfen von Conan Doyle und Auguste Dupin, entworfen von Edgar A. Poe. Allerdings gibt es auch hier Unterschiede: Dupin ist mehr Rationalist, Holmes dagegen mehr Empirist. Holmes beobachtet erst einmal recht genau, bevor er auf sein breites Wissen zurückgreift, während Dupin sehr wenig an Beobachtung zum Anlass nimmt, seine allseitige Bildung auszubreiten. Die beiden Detektive sind m. E. *keine* abduktiven Schlussfolgerer, wie dies öfter behauptet wurde (vgl. Sebeok & Umiker-Sebeok 1982; Eco & Sebeok 1985 und Eco 1985 – kritisch dazu: siehe Reichertz 1988b und 1991b).

darstellten. Er meint, dass finanzielle Überlegungen normalerweise die entscheidenden in Fragen der öffentlichen Politik sein sollten. Er respektiert das Prinzip der Individualität und des laissez-faire als die großen Errungenschaften der Zivilisation. Diese Meinungen, unter anderen, so weiß ich, sind die hervorstechendsten Eigenschaften des ‚Unabhängigen'. Nun – vorgestellt – ich träfe zufällig einen Mann im Zug und unterhielte mich mit ihm und fände, er teilte Meinungen dieser Art. Ich bin dann natürlich dazu geführt, dass er ein Unabhängiger ist. Das ist ein hypothetischer Schluss. Das ist so: eine Anzahl von leicht verifizierbaren Merkmalen eines Unabhängigen werden ausgewählt, ich finde, der Mann hat diese, und schließe, dass er auch die anderen Merkmale hat, welche einem Denker dieser Sorte zu eigen sind" (Peirce CP 6.145 – 1891 – eigene Übersetzung).

Nicht zufällig ist der Ausgangspunkt des hypothetischen Schlusses gewählt – er lautet: „Ich weiß". Am Anfang steht das Wissen über den typischen ‚Unabhängigen, Liberalen' in den USA. Dieses Wissen über die ‚hervorstechendsten Merkmale' dieser Spezies besitzt der Schließer bereits. Nimmt er dann (später) an einem Menschen diese Merkmale wahr, schlussfolgert oder besser: subsumiert er die beobachteten Merkmale unter eine bekannte Klasse. Er kennt die Klasse, nämlich die Unabhängigen, und er kennt die Merkmale dieser Klasse – zumindest die hervorstechendsten. Seine Aufgabe besteht lediglich darin, die Umwelt zu beobachten und, wenn er die entsprechenden Merkmale entdeckt, diese als Merkmale einer bestimmten Klasse zu benennen. Neues über die Welt erfährt der hypothetische Schließer auf diese Weise nicht, stattdessen wird ein bereits vorhandenes Wissen weiter gefestigt, verifiziert. *Die Hypothesis in dieser Form ist Teil einer vermessenden Verifikationslogik und nicht der erste Schritt einer Logik der Entdeckung.*

2.2 Abduktives Schlussfolgern

> Dieses verdutzte Gefühl nennen viele Leute heutigentags Intuition, nachdem man es früher auch Inspiration genannt hat, und glauben etwas Überpersönliches darin sehen zu müssen; es ist aber nur etwas Unpersönliches, nämlich die Affinität und Zusammengehörigkeit der Sachen selbst, die in einem Kopf zusammentreffen.
> *Robert Musil – Der Mann ohne Eigenschaften*

Im Detail steckt der Teufel – so überliefert der Volksmund die Weisheit, dass oft nicht die großen Worte die entscheidenden sind, sondern die kleinen, welche (im Schatten der großen stehend) oft überhört bzw. überlesen werden. Bedeutungsvoll an scheinbar Gleichem ist oft das abweichende Detail, da es Veränderung, Entwicklung oder gar Neues signalisiert. Sucht man bei Peirce nach Themen, die er über längere Zeit scheinbar gleich behandelte, mit der Absicht, auf Anzeichen für Entwicklungsprozesse zu stoßen, findet man leicht eine Gruppe von Beispielen, die immer wieder hypothetisches bzw. abduktives Schlussfolgern veranschaulichen sollen. Eines dieser Beispiele hatte ich bereits weiter oben vorgestellt und behandelt – nämlich das Beispiel, wie es mithilfe von Wissen und Logik gelingt, jemanden als ‚*Unabhängigen*' zu identifizieren. Diese Weise des Schließens nannte Peirce noch 1891 ‚*hypothetisch*'.

Zehn Jahre später benutzt er ein ähnliches Beispiel, um den Unterschied zwischen zwei Arten der Induktion anschaulich zu machen. So bestimmt er in einer Arbeit über die richtige Behandlung der Hypothesis das Spezifische von Induktionen so: alle Induktionen hätten Stichproben zur Verfügung und alle folgerten von der Auswahl auf das Ganze – allerdings gelte es, zwei Arten der Induktion zu unterscheiden: „Now the two cases are those in which the sample consists of units which can be counted or measured (…), and those in which nothing of the sort is possible" (Peirce MS 692: 18 – 1901). Die zuletzt genannte Form der Induktion erläutert Peirce mit folgendem Beispiel:

> „Einmal folgendes vorgestellt: während ich in einem Zug reise, lenkt jemand meine Aufmerksamkeit auf einen Mann in unserer Nähe, und er fragt mich, ob jener nicht irgendwie einem katholischen Priester ähnele. Ich beginne dann meinen Kopf abzusuchen nach beobachtbaren Charakteristika eines normalen katholischen Priesters, um zu sehen, in welchem Maß dieser Mann sie vorführt. Charakteristika sind nicht fassbar als Größen oder Maße. Ihre relative Bedeutsamkeit in Bezug auf die Frage kann nur vage geschätzt werden. In der Tat, die Frage allein erlaubt noch keine genaue Antwort. Dennoch: wenn des Mannes Kleidungsstil – Stiefel, Hosen, Mantel und Hut – so ist, wie er bei der Mehrheit amerikanischer katholischer Priester zu sehen ist, und wenn seine Bewegungen so sind, wie sie für einen der ihren charakteristisch sind, welche einen ähnlichen Zustand der Selbstbeherrschung verraten, und wenn der Ausdruck seiner Miene, welcher von einer gewiss langen Disziplin zeugt, ebenso charakteristisch ist für einen Priester, während da jedoch ein einziger Umstand sehr ungewöhnlich für einen römischen Priester ist, wie zum Beispiel das Tragen des Freimaurerzeichens, dann würde ich sagen, er ist zwar kein Priester, aber er war es oder wäre es fast geworden. Diese Sorte vager Induktion nenne ich *abduktive Induktion*"
> (Peirce MS 692: 19 f – 1901 – eigene Übersetzung).

Das Szenarium ist bekannt: man befindet sich in einem Zug, die Aufmerksamkeit wird auf einen anderen Menschen gerichtet bzw. gelenkt; über den Anderen, den man nicht kennt, dessen Weg nur der Zufall den des Beobachters kreuzen ließ und dessen Anwesenheit im Zug recht wenig über ihn selbst aussagt, werden weitreichende Aussagen getroffen – in dem weiter oben dargestellten Fall glaubt man sagen zu können, es handele sich um den Vertreter einer bestimmten politischen Anschauung, und in dem hier angeführten Beispiel, es handele sich um einen ehemaligen Angehörigen eines bestimmten Berufstandes. Beide Male schließt man von dem, was man sieht bzw. hört auf etwas anderes, was so nicht gesehen bzw. gehört werden kann.

Allerdings unterscheiden sich die Daten, welche gedeutet werden. Bei dem *Unabhängigen* hatte der Schlussfolgerer mehr das im Ohr, was geäußert wurde, bei dem Priester achtete er vor allem auf Kleidungsstil, Gesichtsausdruck und Haltung. Im ersten Falle nannte Peirce das Schlussverfahren *Hypothesis*, im zweiten *vage Induktion* oder *abduktive Induktion*. Aber wichtiger als diese Namensunterschiede sind die Unterschiede in der Rahmung und dem Ablauf der Folgerungsprozesse. Bei dem *Unabhängigen-Beispiel* steht am Anfang das *Wissen*. Dieses wird eingesetzt oder besser: angewandt, wenn der Beobachter auf gewisse Äußerungen und/oder Verhaltensweisen trifft. Ausgangspunkt im *Priester-Beispiel* ist dagegen eine *Frage*; diese ist *Anlass*, Wissen über katholische Priester zu aktivieren und dieses Wissen mit den Beobachtungen zu vergleichen. Entspricht das, was man sieht, dem, was man weiß, dann kann die Zuordnung erfolgen, nämlich: das Beobachtete ist Teil einer mir bekannten Klasse. Liegt die Zuordnung zu einer bereits bekannten Klasse nicht auf der Hand – was in dem Beispiel von dem Priester mit dem Emblem *Freimaurer* der Fall ist –, sucht man nach einer anderen, etwas abgelegeneren Klasse. Auch diese Klasse ist bekannt, wenn auch vielleicht nicht so gut.

Der Vorgang des Zuordnens zu der Gruppe der Fast- oder Ex-Priester unterscheidet sich nicht grundsätzlich von der Zuordnung zu der Gruppe der Priester. Mit der Erkenntnis, dass der Mann mit dem Freimaurerzeichen entweder einmal Priester war oder fast geworden wäre, wird keine neue Klasse konstituiert oder erfunden, sondern eine bereits bekannte, möglicherweise nicht so deutlich abgegrenzte, dazu herangezogen, die Mannigfaltigkeit des Beobachteten auf einen geordneten Fluchtpunkt zu beziehen. Das Auffinden des Prädikates *Priester* unterscheidet sich strukturell nicht von dem Auffinden der Prädikate *Fast-Priester* oder *Ex-Priester*, auch wenn die Entscheidung auf den ersten Blick nicht so eindeutig ist. Die Identität erkennt man, wenn berücksichtigt wird, dass der Beobachter mit seinen zwei Alternativen lediglich zwei Untergruppen des übergeordneten Prädikates *Vom-Priesteramt-Geprägte* aufgeführt hat. Dieser Klasse wird der Beobachtete aufgrund bestimmter Merkmale zugeordnet. Hätte die Ausgangsfrage gelautet: „Ist dieser Mann vom Priesteramt geprägt?", dann wäre das entsprechende Wissen um die Typik dieser Personengruppe aktiviert worden, und die Zuordnung hätte vonstatten gehen können.

Dennoch gibt es zwischen den beiden Beispielen deutliche Differenzen: so *reagiert* die *,vage'* oder *,abduktive Induktion'* in dem Priester-Beispiel auf eine *Frage,* während die Hypothesis im Unabhängigen-Beispiel eine Antwort liefert, *obwohl noch niemand eine Frage gestellt hat.* Außerdem gelangt der Schließer zur Hypothesis durch die Überzeugungskraft einer externen Logik – fast von selbst, die vage Induktion ist dagegen eingerückt in einen Satz im Modus des Konjunktivs. Aber viel entscheidender als der hier sichtbar werdende Verfall des Glaubens an die *,Zauberkraft'* der Logik ist die Tatsache, dass die vage Induktion (und man erkennt unschwer in ihr die *,weiche'* Form einer Induktion von Merkmalen) von Peirce in dieser späten Phase nicht mehr als kenntniserweiternd (= synthetisches Urteil) entworfen wird, sondern als *kenntnisüberprüfend*[25]. Mit Induktionen überprüft man Fragen, versucht zu klären, ob möglicherweise etwas so oder so ist, mit ihrer Hilfe kommt man jedoch keinesfalls zu den Ausgangsfragen, die zur Beantwortung anstehen.

Noch sehr viel deutlicher wird diese Trennung der Aufgaben, wenn man eine Arbeit von Peirce untersucht, die er nur wenig später geschrieben hat. Demnach ist es etwas gänzlich anderes, eine Frage (= Hypothesis) zu finden als eine gefundene zu überprüfen. Der Begriff *,Hypothesis'* wird nicht mehr wie in früheren Arbeiten im Sinne eines logischen Schlusses verwendet, auch nicht mehr als eine Induktion von Merkmalen, sie ist jetzt *,nur'* noch eine Annahme, eine Frage, ob etwas so oder so ist. Die Annahme, die Hypothese, ist das eine, sie ist das *Ergebnis* eines Prozesses, der Prozess selbst ist das andere – ihn nennt Peirce *Abduktion*[26].

„The first starting of a hypothesis and the entertaining of it, whether as a simple interrogation or with any degree of confidence, is an inferential step which I propose to call *abduction*. (…) I call all such inference by the peculiar name *abduction,* because its legitimacy depends upon altogether different principles from those of other kinds of inference" (ebd.). Die Abduktion führt zu einer Frage, einer Annahme, sie schafft eine Hypothese. Beim Testen der Hypothese hilft die Induktion, sowohl die quantitative als auch die von Merkmalen (= qualitative). Im Fall der hier in Frage stehenden Hypothese, ob jemand ein katholischer Priester ist, gestaltet sich das Testverfahren so:

> „But suppose we wish to test the hypothesis that a man is a catholic priest, that is, has all the characters that are common to catholic priests and peculiar to them. Now charac-

---

25 Ich denke, in der hier untersuchten Arbeit von Peirce *,kippt'* der Induktionsbegriff: die vage Induktion hat noch einiges von der Hypothese, aber schon viel von der späteren Abduktion. Die vage Induktion ist in der Entwicklung von der Hypothese zur Abduktion nur ein kurzlebiges Zwischenglied.

26 Deshalb werde ich (um keine Begriffsverwirrung zu erzeugen) ab jetzt immer dann, wenn das Ergebnis einer Abduktion adressiert werden soll, den Begriff *,Hypothese'* verwenden.

ters are not units, nor do they consist of units, nor can they be counted, in such a sense that one count is right and every other wrong. (…) The consequence is that there will be a certain element of guess-work in such an induction; so that I call it an *abductory induction*" (Peirce CP 6.526 – 1901).

Der Test der Hypothese beginnt also damit, bekanntes Wissen abzurufen, nämlich das Wissen, wie sich Priester normalerweise verhalten, was sie tun, was sie sagen, auch wie sie etwas sagen. Eigenschaften von Priestern werden also aufgelistet und Merkmale, an denen diese Eigenschaften erkannt werden können. Allerdings, das gibt Peirce zu bedenken, die Liste der typischen Merkmale ist nicht abschließbar und das Gewicht der einzelnen Merkmale nicht angebbar. Zwar sind die einzelnen Merkmale dem Tester bekannt, aber er weiß nicht, ob er *alle* kennt und deren Bedeutung. Insofern ist der Entschluss, den Prozess der Erstellung von Listen mit Merkmalen abzubrechen, immer waghalsig. Waghalsig also nicht, weil kein Wissen vorhanden wäre, sondern waghalsig, weil man nicht weiß, ob das vorhandene Wissen für die Beantwortung einer Frage nützlich ist, und dies nur erraten kann. Hat der Tester allerdings einmal eine solche Liste, dann kann er Vorhersagen treffen und prüfen, ob diese sich erfüllen.

> „All catholic priests are more or less familiar with Latin pronounced in the Italian manner. If, then, this man is a catholic priest, and I make some remark in Latin which a person not accustomed to the Italian pronunciation would not at once understand, and I pronounce it in that way, then if that man is a catholic priest he will be so surprised that he cannot but betray his understanding of it. I make such a remark; and I notice that he does understand it" (ebd.).

Formalisiert man die Argumentation etwas, findet man folgende Figur: (a) Ausgangspunkt ist das Wissen um typische Merkmale von katholischen Priestern (All-Satz): alle Priester verstehen italienisch ausgesprochenes Latein; (b) daraus wird die Erwartung einer Handlung abgeleitet – insofern ist dieser Schritt Ergebnis einer klaren *Deduktion:* wenn dieser Mann ein katholischer Priester ist, wird er einen italienisch ausgesprochenen lateinischen Satz verstehen. (c) Beobachtung eines Einzelereignisses: dieser Mann versteht einen italienisch ausgesprochenen lateinischen Satz; (d) von einem beobachteten Merkmal wird auf die Anwesenheit anderer Merkmale geschlossen – insofern ist dies das Ergebnis einer *Induktion:* dieser Mann ist ein katholischer Priester.

Eine aus einer Regelkenntnis deduzierte Voraussage wird mittels Beobachtung und Induktion ‚*verifiziert*'. Neu ist in diesem ganzen Prozess lediglich die abduktiv ermittelte Frage, die ganz zu Beginn steht. Deduktion und Induktion fügen nichts Neues hinzu. „It also partakes of the nature of abduction in involving an original suggestion; while typical induction has no originality in it, but only tests a suggestion already made" (ebd.). In diesem Prozess geht jeder Induktion ein Regelwissen, im weiten Sinne: eine Theorie, voraus. Aus dieser werden Vorhersagen deduziert und im dritten Schritt sucht man nach den Fakten, um die Annahme zu bestätigen – so sieht Peirce die Logik der Forschung zu diesem Zeitpunkt. Die Abduktion sucht nach Theorien, die Deduktion nach Voraussagen, die Induktion nach Fakten.

> „Abduction makes its start from the facts, without, at the outset, having any particular theory in view, though it is motived by the feeling that a theory is needed to explain the surprising facts. Induction makes its start from a hypothesis which seems to recommend itself, without at the outset having any particular facts in view, though it feels the need of facts to support the theory. Abduction seeks a theory. Induction seeks for facts" (Peirce CP 7.218 – 1901).

Die Abduktion sucht angesichts überraschender Fakten nach einer sinnstiftenden Regel, nach einer möglicherweise gültigen Erklärung, welche das Überraschende an den Fakten beseitigt. Endpunkt dieser Suche ist eine „proposition" (Peirce MS 692: 14 – 1901), die (sprachliche) Hypothese. Ist diese gefunden, beginnt der Überprüfungsprozess. „Now, in an inquiry concerning a hypothesis in general, three distinct stages have to be recognized, three stages being governed by entirely different logical principles" (ebd.). Die erste Stufe des gesamten Erkenntnisprozesses besteht in der Findung, der Entdeckung einer Frage, einer Hypothese mittels einer Abduktion, die zweite in der Ableitung von Voraussagen aus der Hypothese (Deduktion), die dritte in der Suche nach Fakten, welche die Vorannahmen ‚verifizieren'. Sollten sich die Fakten nicht finden lassen, beginnt der Prozess von neuem und dies wiederholt sich so oft, bis sich die ‚passenden' Fakten gefunden sind, was bedeutet, dass die letzte Hypothese brauchbar ist. So entwirft Peirce – auf eine kurze Form gebracht – die Mechanik des Erkenntnisprozesses.

An dieser Stelle möchte ich kurz innehalten und das Gesagte zusammenfassen und gewichten. Außer Zweifel steht – ich denke, die Analyse der Beispiele belegt dies –, dass Peirce, etwa im Vergleich mit seinen Arbeiten vor 1891, in seinen Artikeln nach 1900 für die Beschreibung der Erkenntnislogik sowohl neue Begriffe einführt, als auch alte völlig anders verwendet.

So ist die Induktion (in all ihren Varianten) nicht mehr als ein synthetischer, also kenntniserweiternder Schluss gefasst. Sie ist stattdessen das letzte Stadium einer dreiteiligen Logik der Erkenntnis. Wirklich kenntniserweiternd ist für Peirce nur noch die Abduktion. Sie allein steht am Beginn jeder Erkenntnis. Damit unterscheidet sich die Verwendung des Ausdruckes ‚Abduktion' also sehr deutlich von der Verwendung des Ausdrucks ‚Hypothesis' in seinen früheren Arbeiten. In der zuletzt untersuchten Arbeit taucht zwar erneut der Begriff ‚Hypothesis‘ auf, doch hier steht er für ‚Proposition‚ welche *Ergebnis* eines abduktiven Prozesses ist. ‚*Hypothese*‘ in dieser Verwendung bezeichnet also nicht mehr die Art und Weise des Schlussfolgerns, sondern dessen (sprachliches) Produkt: die Frage, die Annahme, den Verdacht, die Theorie (im weiten Sinne).

Aber das Entscheidende bei der Neubestimmung der Abduktion ist deren reklamierte *Leistung*: allein abduktiv gewonnene Urteile (so die scharfe Begrenzung) sind synthetische Urteile, nur durch sie wird etwas Unbekanntes erkannt, allein sie zeigen noch nicht gesehen Ursprünge – nur Abduktionen sind in der Lage, Neues zu finden.

Das ist die Quintessenz aller Aussagen des späten Peirce bezüglich der besonderen Leistung dieser Art des Schlussfolgerns: allein die Abduktion ist kreativ. Stellvertretend für viele (fast gleich lautende) Formulierungen: „Eine Abduktion ist darin originär, daß sie als einzige Art von Argumenten eine neue Idee in Umlauf bringt“ (Peirce 1986: 394 – MS 1579 – 1901). Und da das Auf- und In-Umlauf-Bringen neuer Ideen das zentrales Anliegen des Peirceschen Pragmatismus ist, ist auch die spätere Formulierung konsequent: „Wenn Sie die Frage des Pragmatismus sorgfältiger Prüfung unterwerfen, werden Sie sehen, daß er nichts anderes als die Frage nach der Logik der Abduktion ist“ (Peirce 1976: 407 – CP 5.196 – 1903).

2.2.1 Wahrnehmung als Abduktion

Um die Besonderheit und die besonderen Leistungen der Abduktion besser heraus zu arbeiten, eignet sich m. E. die Wahrnehmungstheorie von Peirce besonders gut. Denn diese ist interessant, weil sie sowohl die Wahrnehmung (= percept) als auch das Wahrnehmungsurteil (= perceptual judgment) als abduktive Schlüsse entwirft – wenn auch als Extremfälle[27]. Und an Extremfällen lässt sich meist sehr viel erkennen. Sie thematisieren nämlich die Gebrauchsgrenzen eines Begriffes: wo darf man ihn noch verwenden und wo nicht. Deshalb werde ich im Weiteren näher auf die Wahrnehmungstheorie eingehen, und zwar auf die Form, die Peirce nach 1900 formulierte[28]. Einen guten Einstieg in diese Theorie liefert das hübsche Beispiel von der nicht weniger hübschen Azalee:

---

27 „Die dritte Schleifsteinthese ist die, daß der abduktive Schluß allmählich ins Wahrnehmungsurteil übergeht, ohne daß es irgendeine scharfe Trennungslinie zwischen ihnen gäbe; oder, mit anderen Worten, unsere ersten Prämissen, die Wahrnehmungsurteile sind als extremer Fall von abduktiven Schlüssen zu betrachten, von denen sie sich dadurch unterscheiden, daß sie absolut außerhalb der Kritik stehen“ (Peirce 1976: 404 – CP 5.181 – 1903).

28 Zentral für meine Argumentation sind zwei Arbeiten aus dem Jahr 1903 (‚*Telepathy and Perception*‘ Peirce CP 7.597 ff und die Pragmatismusvorlesungen Peirce CP 5.14 ff). Ausführliche

„Wenn ich an diesem herrlichen Frühlingsmorgen aus dem Fenster schaue, sehe ich eine Azalee in voller Blüte. Doch nein! Das sehe ich gar nicht; nur handelt es sich hierbei um die einzige Möglichkeit, das, was ich sehe, zu beschreiben. Meine Beschreibung ist eine Behauptung, ein Satz, ein Faktum; was ich jedoch wahrnehme, ist weder eine Behauptung noch ein Satz noch gar ein Faktum, sondern lediglich ein Bild, das ich mit Hilfe einer faktischen Aussage teilweise faßbar mache. Diese Aussage ist abstrakt, während das von mir Gesehene konkret ist. Ich vollziehe eine Abduktion, sobald ich das von mir Gesehene in einem Satz ausdrücke. In Wahrheit stellt das gesamte Gefüge unseres Wissens nicht mehr als eine dichtverwobene Schicht von reinen Hypothesen dar, die mittels Induktionen bestätigt und weiterentwickelt worden sind. Nicht den kleinsten Schritt können wir in unserer Wissenserweiterung über das Stadium des leeren Starrens hinaus tun, ohne dabei bei jedem Schritt eine Abduktion zu vollziehen" (Peirce MS 692: 26 f – 1901).

Der menschliche Blick – so Peirce – besteht ohne abduktives Schlussfolgern aus einem leeren Starren („vacant staring") auf eine ungeordnete Mannigfaltigkeit von Farben und diffusen Formen. Erst ein Urteil konstruiert oder rekonstruiert (das ist eine Frage des Erkenntnisoptimismus) eine bislang bekannte oder auch neue Ordnung und lässt die Azalee in voller Blüte sichtbar werden. Mithilfe einer Abduktion wird die Lücke zwischen visuellem Eindruck und Aussagesatz überbrückt. Diese Sicht enthält viele Annahmen aus dem Bereich der Anthropologie, einige aus dem der Biologie. Die wichtigsten dieser anthropologischen Prämissen revidieren frühere Positionen von Peirce in entscheidenden Punkten, und sie bestimmen die Rolle der Erfahrung in neuer Weise: Erfahrung ist nicht das Unbedingte, das alles weitere bedingt, ohne selbst Bedingtes zu sein, sondern die Einsicht in die nicht hintergehbare Bedingtheit leitet nun die Suche nach eben diesen Konditionen.

„Die Erfahrung ist unsere einzige Lehrerin" (Peirce 1976: 353 – CP 5.50 – 1903). Dieser gewiss nicht leicht zu verstehende Satz hat für den späten Peirce den Rang einer Tatsache. Aber, und dies ist die entscheidende Einschränkung, dennoch geht Peirce nicht von einer tabula rasa im Menschen aus. Was auf die Tafel geschrieben und wie es geschrieben wird, also was überhaupt ‚Erfahrung' und damit Grundlage unseres Wissens wird, das ist Ergebnis der Gattungsgeschichte, ist die conditio humana. Erfahrungen basieren auf Wahrnehmungen: auf der Wahrnehmung einer äußeren Welt, der Natur, auf der Wahrnehmung anderer Menschen, auf der des eigenen Körpers, aber auch

---

Darstellungen und Auseinandersetzungen mit der Wahrnehmungstheorie finden sich bei Scherer 1984: 139 ff, Bernstein 1964: 175 ff, Hookway 1985: 156 ff und Wartenberg 1971: 126 ff. Insbesondere die Argumente von Scherer habe ich bei meiner Interpretation aufgegriffen.

auf der Wahrnehmung von Vorgängen, Ereignissen und Handlungen. Allerdings ist der Begriff ,Wahrnehmung' – laut Peirce – äußerst unscharf. Deshalb unterscheidet er bei seinen Überlegungen erst einmal zwischen den Begriffen ,Wahrnehmungsinhalt' (= percept) und ,Wahrnehmungsurteil' (= perceptual judgment). Der Bedeutungsunterschied zwischen diesen Begriffen ist sehr groß und für die weitere Argumentation zentral. Das Wahrnehmungsurteil unterscheidet sich prinzipiell vom Wahrnehmungsinhalt. Letzterer ist dem ersten „so wenig ähnlich wie die gedruckten Buchstaben in einem Buch, in dem die Madonna von Murillo beschrieben wird, diesem Bild selbst ähnlich ist" (Peirce 1976: 355 – CP 5.54 – 1903). Dieser Vergleich erläutert nicht nur, sondern weist sogleich auf die zentralen Merkmale von Wahrnehmungsurteilen und Wahrnehmungsinhalten hin. *Urteile sind Texte, Inhalte dagegen Bilder.*

„The percept is the reality. It is not in propositional form" (Peirce CP 5.568 – 1906). Wahrnehmungsurteile sind dagegen Propositionen, sie sind sprachlich formulierte Vermutungen zu ,percepts'. „Unter einem Wahrnehmungsurteil verstehe ich ein Urteil, das in Satzform aussagt, worin die Eigenschaft eines Wahrnehmungsinhaltes besteht, der unserem Verstande direkt gegenwärtig ist" (Peirce 1976: 355 – CP 5.54 – 1903). Aber wie gelangt man oder besser: wie kommt es zu Sätzen wie: „Dies ist ein gelber Stuhl mit grünem Polster.", oder: „Der Zug, in dem ich sitze, bewegt sich.", oder: „Dies ist meine Hand."?

Über den Satz: „Dies ist eine Hand." hat sich im Anschluss an Moore bekanntlich auch Wittgenstein seine Gedanken gemacht (vgl. Wittgenstein 1977b). Ihn interessierte dabei weniger die Frage, wie es zu Wahrnehmungsinhalten kommt, sondern allein das Problem, wie es in Wahrnehmungsurteilen gelingt, einen Anschluss an intersubjektiv geteilte Sprache zu erreichen. Der ,späte' Wittgenstein argumentierte dabei (da er jede Hoffnung auf eine wie auch immer geartete wahre Erkenntnis aufgegeben hatte) völlig anders als Peirce und liefert deshalb eine gute Kontrastfolie. Gerade diese Gegenüberstellung zeigt nämlich, dass es auch dem späten Peirce immer noch und immer wieder um ,wahre Erkenntnis' geht. Er will rekonstruieren, wie – ausgehend von unstrukturierten Gefühlseindrücken – sich Schritt für Schritt ein sprachliches Wahrnehmungsurteil *aufbaut*, Wittgenstein will dagegen zeigen, wie sprachliche Gebrauchsweisen an Wahrnehmungen *herangebracht* werden.

Laut Wittgenstein ist der Prozess des Spracherlernens eine Abrichtung im Gebrauch von Sprache. Wahrnehmungen (innere und äußere) werden dem herrschenden Sprachgebrauch zugeordnet. Dies gelingt, indem das aktuell Wahrgenommene aufgrund von Familienähnlichkeiten bereits früher Wahrgenommenem zugeordnet und auf gleiche Weise – wie gelernt – sprachlich ausgedrückt wird. Die Familienähnlichkeit zwischen zwei Wahrnehmungen resultiert – und das ist der Pfiff der Wittgensteinschen Position – aus einer Fülle von Merkmalen des

Wahrgenommenen, die selbst aber ‚*nicht-sprachlich*‘ sind. Wie viele Merkmale eine Familienähnlichkeit konstituieren und welche das sind, sind Fragen, deren Beantwortung sich nicht aus den Eigenschaften des Wahrgenommenen ergibt. Die Antworten auf diese Fragen sind stattdessen Ergebnis eines sehr langen und sehr verwickelten Interpretationsprozesses des Wahrgenommenen durch die menschliche Gattung. Dieses soziale Erbe kann sich auflösen oder entwickeln. Wenn dies geschieht, entsteht Neues, oder aus der Wittgensteinschen Perspektive: der Wahrnehmung wird ein neuer Sprachausdruck zugeschrieben (vgl. Wittgenstein 1977a).

Für Peirce sieht der Sachverhalt ganz anders aus: unhintergehbarer Ausgangspunkt aller menschlichen Erkenntnis ist für ihn das ‚*percept*‘. Es ist die Wirklichkeit – zumindest für den Menschen. Hinter den ‚*percepts*‘ existiert für ihn keine (andere) Welt. Dennoch ist – so Peirce – das ‚*percept*‘, der Wahrnehmungsinhalt, zusammengesetzt: Ergebnis eines Schlusses. „Two utterly different kinds of elements go to compose any percept“ (Peirce CP 7.625 – 1903). Es sind dies *Empfindung* und *Sinneseindruck*, feeling und sensation – zu dieser Unterscheidung und deren Bedeutung siehe vor allem Scherer 1984: 139 ff. Das ‚*feeling*‘ ist vollkommen unstrukturiert, eine Subjekt-Objekt-Trennung existiert noch nicht. Eine erste Strukturierung leistet der Sinneseindruck (sensation). Er führt sinnliches Unterscheidungswissen wie Farbe, Härte, Größe etc. an das ‚*feeling*‘ heran. Dieser Vorgang liegt jenseits aller menschlichen Kontrolle, Ergebnis der Evolution der Gattung. ‚*Feeling*‘ und ‚*sensation*‘ sind einfach gegeben, sie sind ‚*selbstgenügsam*‘. „On account of this self-sufficiency, it is convenient to call these the elements of ‚Firstness‘“ (ebd.).

Die Reaktion des Menschen auf ‚*feelings*‘ und ‚*sensations*‘ ist das ‚*percept*‘ (damit gehört es der Zweiheit an). ‚*Percepts*‘ strukturieren erheblich genauer als ‚*sensations*‘. ‚*Percepts*‘ enthalten Figuren und Gestalten, wie z. B. Tische, Stühle, also nicht allein Farben und Größen. Obwohl in den ‚*percepts*‘ ein historisch erworbenes und aufgeschichtetes begriffliches Unterscheidungswissen zum Tragen kommt, sind ‚*percepts*‘ dennoch *vorsprachlich* – so Peirce. Die Natur schließt ohne Beteiligung menschlichen Bewusstseins aus ‚*feeling*‘ und ‚*sensation*‘ auf ein ‚*percept*‘. Dieser Prozess liegt außerhalb jeder bewussten Kontrolle[29], er muss auch

---

29 Da es mir nicht darum geht, diesen Prozess der ‚*Percept-Bildung*‘ genau zu analysieren, unterlasse ich im Weiteren eine detailliertere Darstellung der m. E. sehr spekulativen Vorstellungen von Peirce. Ich kann mir nicht einmal die Möglichkeit vorstellen, wie Licht in dieses Dunkel gebracht werden könnte. Die durchaus konstruktivistisch orientierte Evolutionäre Erkenntnistheorie versucht es mit den Mitteln der Biologie (vgl. Riedl & Wuketits 1987; Lorenz & Wuketits 1983). Und Erklärungsversuche aus einer radikal konstruktivistischen Sicht finden sich u. a. in Maturana 1970 und 1987, Roth 1998, Damasio 2000, Spitzer 2002, Emrich & Schneider & Zedler 2002. Besonders zugespitzt in Bezug auf die Frage, ob Wahrnehmungen uns neues Wissen liefern, hat Popper seine Argumente. Er unterscheidet zwi-

Abduktives Schlussfolgern 77

nicht begründet werden, er ist so, weil er so ist. ‚Percepts' sind zwingend. „It is a forceful thing. Yet it offers no reason, defense, no excuse for its presence. It does not pretend to any right to be there. It silently forces itself upon me" (Peirce CP 7.621 – 1903). Es ist stets ganz vorhanden, unteilbar und: *einzigartig*!

Allerdings kann man durch bewusste Manipulationen bestimmte ‚*percepts*' herbeiführen bzw. korrigieren. So kann man z. B. bei so genannten ‚*Kippfiguren*' (Schroeder-Treppe) durch langes Starren einen ‚*Gestaltwandel*' herbeizwingen – die identische Spur kann auf zwei Arten gelesen werden. Dieses Phänomen kann man bei allen ‚*Kippfiguren*' erleben. Dass dem so ist, liefert jedoch keinen Hinweis auf die Möglichkeit der bewussten Herbeiführung von *beliebigen* ‚*percepts*'. Gerade das Gegenteil ist der Fall: *allen* Beobachtern eröffnen sich beim Betrachten dieser Kippfiguren lediglich zwei Lesarten (und zwar stets die gleichen), und nicht beliebig viele.

Aber immer noch ist nicht geklärt, wie es – laut Peirce – gelingt, von einem ‚*percept*' zu einem ‚*Wahrnehmungsurteil*' zu gelangen. Denn zwischen diesen beiden liegt eine breite Kluft, die überbrückt werden muss. Der Schritt vom Wahrnehmungsinhalt zum Wahrnehmungsurteil ist der Schritt vom Vorprädikativen zum Prädikativen, vom Unbegrifflichen zum Begrifflichen. Die sprachliche Proposition kleidet das ‚*percept*' neu ein in die Uniform des intersubjektiv geteilten Ausdrucks, ‚*beraubt*' es seiner Einzigartigkeit. Die Prädikation gliedert das Unbekannte, Überraschende und Erschreckende in eine mehr oder weniger bekannte Ordnung ein, verwandelt das Neue in Bekanntes. Ermöglicht wird dieser überbrückende Schritt durch einen geistigen Prozess des Schlussfolgerns, und zwar durch die Abduktion.

Doch was bedeutet das? Wie gestaltet sich dieser Prozess des abduktiven Schlussfolgerns? Um diesen Prozess zu erläutern, führt Peirce einen neuen Begriff ein: das *percipuum*[30]. Ein ‚*percipuum*' ist – sehr kurz gesagt – ein stilisier-

---

schen Wahrnehmungswissen und ‚*A-priori-Wissen*', welches unsere Sinnesorgane und die Verarbeitungsinstanzen von Sinnesdaten im Laufe der Evolution erworben haben (Popper 1987). Dieses A-priori-Wissen ist den einzelnen Exemplaren der menschlichen Spezies angeboren und macht „99,9 %" unseres Wissens aus. Neues Wissen entsteht nur, wenn das angeborene Wissen in der wahrgenommenen Erfahrung scheitert.

30 Vor allem Bernstein weist auf die theoriestrategische Bedeutung dieses Begriffes hin. Der Begriff selbst ist eine ‚*creation*' von Peirce, die er in Anlehnung an das lateinische Wort ‚*praecipuum = das Vorrecht, das Voraus*' vornimmt (vgl. Peirce CP 7.630 – 1903). Unklar ist, weshalb er nicht das Partizip Perfekt Passiv von percipere, nämlich ‚*perceptum*' wählt, vielleicht weil er zu sehr dem bereits verwendeten Begriff ‚*percept*' ähnelt. ‚*Percipuum*' ist offensichtlich ein Kunstwort, ohne in sich noch eine Botschaft über seine Bedeutung zu tragen. Die Endung ‚*-um*' kennzeichnet ohne weiteren Nebenklänge allein die formale Eigenschaft, ein Substantiv zu sein, und für das Beharren auf dem Präsensstamm ‚*perci*' lassen sich m. E. keine Gründe finden, welche auf eine weiterführende Bedeutung verweisen.

tes ‚*percept*‘, es liefert Typen von ‚*percepts*‘. „The percipuum is a recognition of the character of what is past, the percept which we think we remember" (Peirce CP 7.677 – 1903) Das ‚*percipuum*‘ ist das typisierte ‚*percept*‘, an das wir uns zu erinnern glauben. Es ist also nicht mehr das singuläre ‚*percept*‘. Das singuläre ‚*percept*‘ weist eine Fülle von unterschiedlichen Merkmalen auf. Diese werden mit denen des ‚*percipuum*‘ verglichen: weist ein ‚*percipuum*‘, also ein Typus dessen, was bereits ein- oder mehrmals wahrgenommen wurde, eine Reihe *gleicher* Merkmale auf, dann kommt es zu dem Urteil: dieses ‚*percept*‘ ist ein Fall dieses ‚*percipuums*‘. Fehlt eine solche Merkmalsübereinstimmung, lautet das Urteil: zu diesem ‚*percept*‘ lässt sich im erworbenen Vorrat von Typen nichts ‚*Passendes*‘ finden, es muss ein neues ‚*percipuum*‘ entworfen/gefunden werden. Beide oben beschriebenen Urteile ereignen sich unwillkürlich, sie „spring (…) up in our minds, [are] (…) forced upon us" (Peirce CP 7.678 – 1903).

Nun lässt diese Bestimmung einige Fragen unbeantwortet bzw. andere werden neu aufgeworfen. So ist z. B. unklar, welche und wie viele Merkmale übereinstimmen müssen, um mithilfe einer qualitativen Induktion eine Zuordnung zu einem Typus vornehmen zu können. Welche Instanz vergleicht ‚*percept*‘ und ‚*percipuum*‘? Steht vor jeder Abduktion eine misslungene qualitative Induktion? Woher nimmt die Abduktion ihr Material für die Konstruktion eines neuen ‚*percipuums*‘? Doch da ich an dieser Stelle der Argumentation noch nicht über die Argumente verfüge, auf diese Frage eine Antwort zu versuchen, kehre ich erst einmal zurück zur Argumentation von Peirce.

Der Schluss vom ‚*percept*‘ und ‚*percipuum*‘ auf ein Wahrnehmungsurteil liegt – das war gesagt worden – außerhalb jeder Kritik und jeder Kontrolle, er ist weder gut noch schlecht – er ist eben. Es gibt auch keinerlei Chance, ihn zu kritisieren, da kein Punkt gedacht und angegeben werden kann, von dem aus über die Angemessenheit des Wahrnehmungsurteils sinnvoll diskutiert werden könnte. „It is the perceptual judgment, that tells what we so ‚perceive'" (Peirce CP 7.643 – 1903). Das Wahrnehmungsurteil liefert also keine Kopie der ‚*percepts*‘, sondern stattdessen den prädikativen Zugriff auf das ‚*percept*‘, und einzig dieser prädikative Zugriff ist der Beginn diskursiver Erkenntnis.

Betrachtet man diese Wahrnehmungstheorie etwas aus der Ferne, lassen sich auf dem Weg vom ‚*feeling*‘ zum ‚*perceptual judgment*‘ zwei Schlussfolgerungen ausmachen: zuerst ergibt sich aus ‚*feeling*‘ und ‚*sensation*‘ das Resultat, das ‚*percept*‘, dann wird von ‚*percept*‘ und ‚*percipuum*‘ auf ein ‚*perceptual judgment*‘ geschlossen. Diese Prozesse ‚*Schlussfolgerungen*‘ zu nennen, ist allerdings nur dann zulässig, wenn man bereit ist, diesen Begriff sehr weit zu fassen, was heißt: man muss darauf verzichten, Schlussfolgerungen als Produkte bewusster Akte menschlicher Vernunft anzusehen. Und Peirce tut genau dies: für ihn sind Schlussfolgerungen alle *bewussten und subbewussten* Entscheidungen, ob wahrgenommene Daten (im sehr weiten Verständnis) zu einem bereits bekannten Typ von Daten gehören oder ob sie das nicht tun. Und falls keine Zuordnung möglich ist, sind die Entscheidungen, einen neuen Typus zu konstituieren, Schlussfolgerungen.

Dieser etwas kryptische Satz bedarf der Erläuterung: dass Schlussfolgerungen – laut Peirce – nicht unbedingt an ein aktives Bewusstsein und auch nicht an vorgängige diskursive Kenntnisse gebunden sind, belegt die oben dargestellte Wahrnehmungstheorie sehr deutlich. Innerhalb des Wahrnehmungsprozesses wäre ein bewusster Akt sogar nur ein äußerst schwer zu erreichender Grenzfall. Denn das *,percept'* ist Ergebnis eines „*bewußtlosen* Schlußfolgere der Natur" (Wartenberg 1971: 130), und das Wahrnehmungsurteil „Produkt eines unbewußten Schlußfolgerns" (ebd.) – beide lassen sich nur in sehr engen Grenzen bewusst manipulieren (z. B. Schroeder-Treppe). Aktives und bewusstes Tun ist also – so das Ergebnis meiner Interpretation der Peirceschen Spätphilosophie – *nicht* konstitutiver Bestandteil des Schlussfolgere, der Schluss kommt statt dessen in der Regel unwillkürlich, blitzartig und zwingend zustande.

Was bleibt jedoch übrig, wenn man vom Vorgang des Schlussfolgere das aktive Bewusstsein *,abzieh'*? Allein – so denke ich – handlungsrelevante *,Entscheidungen'.* Dies zu erläutern, versuche ich mit der Betrachtung des Schlusses, der vom *,percept'* und *,percipuum'* zum Wahrnehmungsurteil kommt (Überlegungen anzustellen, auf welche Weise eine bewusstlose Natur Entscheidungen trifft, erscheint mir zu spekulativ, um sinnvoll zu sein): dem menschlichen Bewusstsein liegen folgende Daten vor: einerseits als Spur ein singuläres Wahrnehmungsereignis, das *,percept',* andererseits die Erinnerung an bereits früher erlebte *,percepts',* welche sich zu einer Fülle bereitstehender typischer *,percepts'* verdichtet haben, den *,percipuums'* (Lateiner mögen mir diese Pluralbildung verzeihen). Weist das percept' die Merkmale F1, F2, F3 … auf und ein erinnertes *,percipuum'* ebenfalls, dann ist dieses *,percept'* ein Fall dieses Typus – a token of that type.

Unschwer ist zu erkennen, dass es sich bei dieser Entscheidung der Frage, ob etwas ein *,token of a type'* ist, um eine qualitative Induktion handelt. Von der Gleichheit einiger Merkmale wird auf die Gleichheit aller Merkmale geschlossen, wobei vorausgesetzt wird, dass alle Merkmale des zum Vergleich herangezogenen Typus bekannt sind. Diese Entscheidung, ob ein singuläres Ereignis ein *,token of a type'* ist, erweist sich schnell als recht waghalsig (das war schon weiter oben gesagt worden), nicht nur, weil vorausgesetzt wird, *alle* Merkmale eines type bereits zu kennen, sondern auch, weil ein Wissen vorhanden sein muss, welche Merkmale marginal und welche konstitutiv für den type sind. Unter dem Strich bringt diese Entscheidung nicht viel Neues, da das singuläre *,percept'* in eine bestehende Ordnung integriert wird.

Interessant wird es – im Hinblick auf die Abduktion – wenn ein singuläres ‚percept' Merkmale ‚aufweist'[31], die mit keinem erinnerten ‚percipuum' zur Deckung zu bringen sind, wenn also etwas Neues auftaucht. Was dann passiert, beschreibt Peirce so: „Die alte Erwartung, die aus dem besteht, womit unsere Person vertraut war, ist ihre innere Welt oder ihr *Ego*. Das neue Phänomen, das Fremde, stammt aus der äußeren Welt oder ist ihr *Non-Ego*" (Peirce 1976: 357 – 1903). Das Neue löst Überraschung aus, echtes Erschrecken. Das Überraschtsein selbst ist wiederum ein Wahrnehmungsurteil. Es urteilt, „daß es das *Non-Ego* war, das unsere Person überrascht hat, etwas, das dem *Ego* gegenübersteht und es überwältigt" (ebd. – CP 5.58 – 1903). Dieses Argument ist für die Peircesche Erkenntnistheorie von hohem strategischem Wert, soll es doch belegen, dass das Neue tatsächlich von ‚außen' kommt und nicht Ergebnis körpereigener Prozesse ist.

Das neue singuläre ‚percept' – so die Entscheidung des Wahrnehmungsurteils in dem hier interessierenden Fall – ist also *kein* token von einem erinnerten ‚percipuum'. Um zu diesem Urteil zu kommen, muss zuerst die erinnerte Erfahrung durchmustert werden: Grundlage des Urteils ist also die Erinnerung. „Es ist wahr, daß die verschiedenen Elemente der Hypothese zuvor in unserem Geist waren; aber die Idee, das zusammenzubringen, läßt blitzartig die neue Vermutung in unserer Kontemplation aufleuchten" (Peirce 1973: 243 – CP 5.181 – 1903)[32]. Alles – so kann man daraus folgern – ist in diesem Schlussprozess nicht neu – das Ergebnis schon, aber nicht unbedingt seine Bestandteile. In diesem Prozess werden (nimmt man die Metapher von den ‚*Elementen*' ernst) zuerst bestehende Elementenfigurationen aufgelöst, dann die Elemente gedeutet und schließlich neu kombiniert.

Eine solche Bildung eines neuen ‚percipuums' – also mit dem Mittel der Erinnerung an andere types –, die Zusammenstellung einer neuen typischen Merk-

---

31 Die entscheidende Frage ist, ob ein ‚percept' von sich aus Merkmale aufweisen kann, die mit bereits Bekanntem nicht zur Deckung zu bringen sind. Sinnvoller scheint mir die Rede von ‚percepts', an welchen neue Merkmale auf einmal *in den Blick kommen*. Etwas, das vorher nicht wahrgenommen wurde, wird aufgrund veränderter Handlungsprobleme sichtbar oder genauer: auf einmal gesehen. Die ganzen Bemerkungen sollen nur meine Überzeugung verdeutlichen, dass nicht die Dinge etwas sichtbar werden lassen, sondern dass es eine Aktivität des erkennenden Subjektes ist, welche die Merkmale sichtbar werden lässt.

32 In diesem Fall ziehe ich die Übersetzung von E. Walther vor, weil sie m. E. beim entscheidenden Punkt (= Übersetzung von ‚mind') besser ist. Da jedoch die Apel-Übersetzung im Schlussteil angemessener ist (= Übersetzung von ‚new suggestion'), gebe ich hier (wegen der zentralen Bedeutung dieser Textstelle) Original und Übersetzung wieder: „It is true that the different elements of the hypothesis were in our minds before; but it is the idea of putting together what we had never before dreamed of putting together which flashes the new suggestion before our contemplation" (Peirce CP 5.181). „Zwar waren die verschiedenen Elemente der Hypothese schon vorher in unserem Verstande; aber erst die Idee, das zusammenzubringen, welches zusammenbringen wir uns vorher nicht hätten träumen lassen, läßt die neu eingegebene Vermutung vor unserer Betrachtung aufblitzen" (Peirce 1976: 404).

malskombination ist ein kreativer Schluss – eine Abduktion. Diese Art der Zusammenschließung ist nicht zwingend, eher sehr waghalsig, gibt es doch eine Fülle von Möglichkeiten, den vorhandenen Bestand an types neu zu ordnen. Solche Schlüsse rufen eine neue Idee ins Leben und integrieren das überraschende Non-Ego in das bekannte Ego. Was neu und was nicht neu ist, bezieht sich also stets auf einzelne handelnde Subjekte, nicht auf das Wissen einer Interaktionsgemeinschaft oder gar einer Gattung.

So weit erst einmal in groben Zügen die Wahrnehmungstheorie von Peirce. Wiederholt habe ich in diesem Kapitel angemerkt, dass es zu ihr Alternativen gibt, Alternativen, die m. E. plausibler sind und mit weniger riskanten Prämissen auskommen. Da jedoch die Gültigkeit der Peirceschen Wahrnehmungstheorie für meine Arbeit nur von geringer strategischer Bedeutung ist, unterlasse ich hier eine ausführliche Diskussion. Nur so viel, die bereits vorgebrachten Bedenken ergänzend: trotz aller Einschränkungen und Beteuerungen hat Peirce m. E. die Hoffnung auf einen Zugang zur Wirklichkeit nicht ganz aufgegeben. In der Wahrnehmung kommt es nämlich laut Peirce zum *Kontakt* mit der Erstheit, und mit abduktiven Schlüssen gelingt es gelegentlich, etwas davon zu *,erhaschen'*. Diese *,realistischen'* Reste sieht man etwas leichter, wenn man die Rolle der *,percepts'* etwas weiter ausleuchtet. Das *,percept'* ist nämlich in diesem Konzept (das hat die bisherige Analyse gezeigt) der *Anlass,* Neues zu konstruieren. Die Kontakterfahrung gibt dem Menschen einen *Anstoß,* er handelt infolge dieses äußeren Impulses. Dieser wird dann im Weiteren über mehrere Stufen bearbeitet, bis er schlussendlich im Bewusstsein als sprachlich geformtes Urteil endet.

Nicht nur im Hinblick auf die bereits dargestellte Argumentation von Wittgenstein scheint mir diese Sicht zu idealistisch. Auch in den Arbeiten von Mead und Piaget finden sich gut begründete Bedenken gegen diese Position. So stellt der eine fest, dass der Wahrnehmung die Identität als Bedingung der Möglichkeit vorausgeht (vgl. Mead 1973), während der zweite in seinen empirischen Untersuchungen nachweist, dass es keine Trennung von Wahrnehmung und Interpretation gibt. Perzeptionen sind stets in Aktionen eingebettet und von Aktionsschemata begleitet (vgl. Piaget 1975: 337 ff).

Kurz: Reize werden nur von einem aktiven Handlungszentrum ausgelöst und/ oder empfangen und als relevant interpretiert. Diese Reize sind *nicht* Anlass der Konstruktion von Neuem, sie sind aber die Bedingung der Möglichkeit für solche Konstruktionen. Ob es eine Welt dort draußen, die man mithilfe abduktiver Schlüsse erkennen kann, wirklich gibt oder nicht, das ist eine sinnlose Frage, da niemand einen Weg angeben kann, wie sie beantwortet werden könnte. Die tief sitzende Skepsis gegenüber einer Möglichkeit, einen Zugang zur Wirklichkeit zu erhalten, ist jedoch nicht gleichzusetzen mit einer Generalunterstellung, alle Wahrnehmungsurteile seien beliebige, also auch *falsche* Konstruktionen. Die

Skepsis lässt es sinnvoll erscheinen, damit aufzuhören, sich bei der Klärung der Frage den Kopf einzurennen, ob es Wissen von *dort draußen* gibt oder nicht. Ganz defensiv könnte man sagen – und das ist für meine spätere Argumentation folgenreich –, dass Handlungszentren Reize auch mithilfe abduktiver Schlüsse ausdeuten. Diese Deutungen der Welt haben den Zweck, Vergangenes zu erklären und Zukünftiges vorauszusagen – und damit Handlungsprobleme zu beseitigen; sie dienen der Kontrolle dessen, was geschehen ist und noch geschehen wird; sie schaffen Ordnung und sind dann zweckdienlich, wenn sie zurückliegende Handlungen einordnen und neue entwerfen können.

2.2.2 Abduktion: Logic or Magic[33]

In den Frühschriften von Peirce besaß die Hypothesis, die begriffliche Vorläuferin der Abduktion, eine sehr klare logische Form – wie oben dargestellt: aus Regel *und* Resultat wurde auf den Fall geschlossen. Beispiel: (a) bei 90 % aller Morde existiert eine Opfer-Täter-Beziehung. (b) Dies ist ein Mord. (c) Mit 90 % Wahrscheinlichkeit liegt bei diesem Mord eine Opfer-Täter-Beziehung vor. Die Hypothese wurde parallel zu den beiden anderen klassischen Formen des Schlussfolgerns (Induktion und Deduktion) als Syllogismus geschrieben.

In der Spätphilosophie von Peirce zeigt sich ein anderes Bild. In seiner Pragmatismusvorlesung erinnert er ausdrücklich daran, „daß die Abduktion, obwohl sie sehr wenig von logischen Regeln behindert wird, dennoch logisches Folgern ist (…), dennoch eine vollkommen bestimmte logische Form besitzt" (Peirce 1973: 253 – CP 5.188 – 1903). Peirce unterscheidet also zwischen einer logischen *Form* und einem *Prozess* des Folgerns, der in diesem Falle von logischen Regeln nur sehr wenig *behindert* wird. Zumindest übersetzt Elisabeth Walther den Ausdruck „very little hampered" so. Mir scheint die Übersetzung *ist sehr wenig verwickelt* oder *hat sehr wenig damit zu tun* dagegen sinnvoller, weisen doch auch andere Bemerkungen von Peirce eher in diese Richtung (dazu unten mehr).

Die *Form* der Abduktion ist klar geschnitten, betrachtet man sie ex post. In den terms der Logik lässt sich folgende Beschreibung anfertigen: „Die überraschende Tatsache C wird beobachtet; aber wenn A wahr wäre, würde C eine Selbstverständlichkeit sein; folglich besteht Grund zu vermuten, daß A wahr ist" (Peirce 1973: 255 – CP 5.189 – 1903). Ganz offensichtlich hat sich die Form der Abduktion (sieht man sie als Nachfolgerin der Hypothesis an), verändert: nicht mehr die bekannte Regel steht am Anfang, sondern ein überraschendes Ereignis, etwas, was ich weiter oben mit den Worten von Peirce ein *Non-Ego* genannt

---

33 Siehe hierzu auch Harnard 2001 und Strübing 2002b: 49 ff.

Abduktives Schlussfolgern

habe. Dann kommt es im zweiten Schritt zu einer Unterstellung, einer Als-ob-Annahme: wenn es eine Regel A gäbe, dann hätte das überraschende Ereignis seinen Überraschungscharakter verloren. Entscheidend ist nun für die Bestimmung der Abduktion, dass nicht die *,Beseitigung der Überraschung'* das Wesentliche an ihr ist, sondern die Beseitigung der Überraschung durch *,eine neue Regel A'.* Beseitigen ließe sich eine Überraschung auch durch die Heranziehung bekannter Regeln[34]. Aber das wäre keine Abduktion.

Die Regel A muss erst noch gefunden bzw. konstruiert werden; sie war bisher noch nicht bekannt, zumindest nicht zu dem Zeitpunkt, als das überraschende Ereignis wahrgenommen wurde. Hätte die Regel bereits als Wissen vorgelegen, dann wäre das Ereignis nicht überraschend gewesen, sondern Teil des *,Ego'.* Im zweiten Teil des abduktiven Prozesses wird also eine bislang noch nicht bekannte Regel entwickelt. Der dritte Schritt erbringt dann zweierlei: zum einen, dass das überraschende Ereignis ein Fall der konstruierten Regel ist, zum anderen, dass diese Regel eine gewisse Gültigkeit besitzt.

Der Prozess abduktiven Schlussfolgerns dürfte damit klar umrissen sein: am Anfang steht die Überraschung, auch ein Erschrecken, dann folgt die Konstruktion einer bislang noch nicht bekannten Regel (ordnete man an dieser Stelle das Überraschende einer bekannten Regel zu, läge eine qualitative Induktion vor, und könnte man dies, wäre etwas Wahrgenommenes nicht wirklich überraschend gewesen – es hätte kein Problem verursacht), und schließlich erfolgt die Zuordnung von Ereignis und Regel (etwas ist der Fall von).

> „Forschung hat ihren Ausgangspunkt in einer *überraschenden* Erfahrung. Die erste Aktion des Denkens, die zur Überraschung hinzutritt, besteht dann entweder in einer Erinnerung an solche Zustände, die, falls wir gleich an sie gedacht hätten, die Überraschung verhindert hätten (ein Fall, der aus logischer Sicht kaum der Erwähnung wert ist), oder sie besteht in einer *Konjektur,* daß das überraschende Phänomen irgendwie mit einer anderen Tatsache innerhalb unseres Kenntnisbereichs in Zusammenhang steht" (Peirce 1995: 374 – 1908).

Aber ich denke, dass der Umstand, dass die Abduktion mit Begriffen der klassischen Logik zu beschreiben ist, nämlich als Dreischritt von Resultat auf Regel und Fall, *nicht* hinreicht, die Abduktion zu einer logischen Operation im strengen Sinne zu verklären. Peirce erweitert nämlich mit seinem Konzept die Grenzen formaler Logik erheblich: „When we discuss abduction, we cannot avoid rais-

---

34 Ein etwas schräges Beispiel für diesen Fall geht so: Resultat: überraschend taucht Person P in meiner Haustür auf. Alte Regel: nur wenn P Geld benötigt, besucht er mich. Fall: P benötigt mal wieder Geld

ing the general question what the scope of formal logic is. A theory of abduction argues for a wider scope of formal logic" (Pape 1996: 2). Diese Ausweitung der Logik wird noch deutlicher, wenn man die Argumentation von Peirce weiter verfolgt.

Elisabeth Walther betont in ihrer (oben wiedergegebenen) Übersetzung, dass die Regeln des abduktiven Schlussfolgerns recht wenig von der Logik behindert werden, was, (nimmt man die Formulierung ernst) bedeutet, dass sie nichtsdestoweniger von ihnen geprägt sind. Mein o. a. Übersetzungsvorschlag akzentuiert dagegen mehr die Unabhängigkeit der Entdeckungsregeln von denen der Logik. Entschließt man sich, ‚*very little hampered by logical rules*' mit ‚*hat sehr wenig mit logischen Regeln zu tun*' zu übersetzen, hat dies auch Konsequenzen für die Angebbarkeit dieser Regeln. ‚*Weniglogische Regeln*' lassen sich einfach schwerer darstellen. Aber trifft diese Deutung von den ‚*wenig-logischen Regeln*' der Erkenntnisfindung?

In dem Kapitel über die Wahrnehmungskonzeption von Peirce hatte ich bereits ausgeführt, dass ein Wahrnehmungsurteil, als Ergebnis abduktiven Schlussfolgerns, sich unverhofft wie ein Blitz einstellt (obwohl auch dieser nicht vollkommen aus dem Nichts kommt), also nicht regelgeleitet herstellbar ist. Dies galt jedoch erst einmal nur für Wahrnehmungsurteile. Peirce weitet dieses Modell aber auch aus auf das (logisch geordnete) Denken (= Reasoning). Auch hier bleiben die Entdeckungsregeln (falls vorhanden) im Verborgenen, weshalb Peirce für die Abduktion oft und gerne einen Begriff benutzte, der enorm provozierte und zu einer Reihe von Missverständnissen einlud. „Abduction is that kind of operation which suggests a statement in no wise contained in the data from which it sets out. There is a more familiar name for it than abduction; for it is neither more nor less than guessing" (Peirce MS 692: 23 – 1901) Abduktion ist in dieser Bestimmung nicht mehr und nicht weniger als *Raten*. Dass diese Formulierung kein Ausrutscher war, sondern bewusste Entscheidung, zeigt sich auch daran, dass Peirce immer wieder den Begriff ‚*guess*' als Synonym für Abduktion verwandte[35].

Es ist sogar (nach Peirce' Überzeugung) das normale Geschäft des Wissenschaftlers zu raten: „*The business of a man of science is to guess,* and disprove guess after guess, being guided by the particular way the last guess failed in a forming the next one" (Peirce NEM III, 2: 893 – 1908; Hervorhebung im Original).

Und (was die These noch provokanter macht): Wissenschaft hat ihr Fundament im Raten, ohne Raten keine Wissenschaft: „In the evolution of science, guessing plays the same part set variations in the reproduction take in the evolution of biological forms, according to the Darwinian theory. (...) so the whole noble organism of science has been built up out of propositions which were originally

---

35   Siehe auch die fast identische Formulierung: „Abduction is no more nor less than the guessing" (Peirce NEM IV: 320).

Abduktives Schlussfolgern

simple guesses" (Peirce CP 7.38 – 1907). Und: ,jede Planke ihres Fortschritts wird zunächst und allein durch die Retroduktion gelegt, das heißt durch spontane Konjekturen der instinktiven Vernunft (Peirce 1995: 347 – 1908).

Nun kann man geteilter Meinung sein, ob ,Raten' überhaupt eine Schlussfolgerung ist, und Peirce entscheidet sich ja nicht aus formalen, sondern eher pragmatischen Gründen dazu, dies zu tun[36]. Interessanter ist es, die Implikationen des Begriffes ,Raten' offen zu legen. ,Raten' wird dazu verwendet, wenn man nicht weiß oder genauer: wenn man nicht oder nur sehr vage angeben kann, wie man auf eine (vermeintliche) Antwort gekommen ist. Wo das Wissen aufhört, beginnt das Raten, und selbst der Dümmste kann ,richtig' raten. Der Volksmund weiß sogar zu berichten, dass gerade die Dümmsten aufgrund unerklärbarer Schicksalsfügungen oft die Besten im Raten seien. Dass dem so ist, kann man bezweifeln, aber unbeschadet dieses Zweifels macht der Volksmund darauf aufmerksam, dass hinter dem richtigen Raten möglicherweise nicht die blinde Zufälligkeit eines Würfels steht, sondern eine bestimmte Fähigkeit, Einstellung etc. aufgrund derer einige besser raten als andere. Und auch Peirce verwendet den Begriff ,Raten' in diesem Sinn.

Raten ist gerade *nicht* zufälliges Entscheiden; man ermittelt einen Mörder nicht, indem man willkürlich auf einen Namen im Telefonbuch zeigt. „Ein Mann wird in den Straßen von New York rücklings erstochen aufgefunden. Der Hauptkommissar könnte nun ein Telefonbuch aufschlagen und blind den Finger auf einen Namen legen, den er dann als den Namen des Mörders ,rät'. Was wäre eine solche Mutmaßung wert? Die Anzahl der Namen im Telefonbuch reicht nicht einmal entfernt an die Vielzahl der möglichen Anziehungsgesetze heran, die für Kepplers [sic] Gesetz der Planetenbewegung verantwortlich hätten sein können und ihm vor der Verifizierung von Pertubationsaussagen etc. vortrefflich gerecht geworden wären" (Peirce MS 692: 24 – 1901)[37].

Die Abduktion würfelt nicht, aber zugleich lässt sich ihre Gesetzlichkeit nicht angeben. Sie urteilt öfter zutreffend als nicht zutreffend. „A singular salad is ab-

---

36   „Any novice in logic may well be surprised at my calling a guess an inference. It is equally easy to define inference so as to exclude or include abduction. But all the objects of logical study have to be classified and it is found that there is no other good class in which to put abduction but that of inferences" (Peirce MS 692: 25 f. – 1901). Wie pragmatisch seine Zuordnung war, lässt sich auch daraus ersehen, dass er ein Jahr später den Begriff ,Schlussfolgerung' ganz anders fasst. „Nun ist Schlußfolgern, für das es keine Gründe gibt, überhaupt kein Schlußfolgern. Völlige Schlüssigkeit impliziert eine zumindest virtuell endlose Folge von Gründen" (Peirce 1986: 425 – MS 599 – 1902). Er knüpft damit an Überlegungen an, dass eine Schlussfolgerung eine „bewußte und kontrollierte Übernahme einer Überzeugung" sei (Peirce 1986: 202 – MS 595). Im Lichte dieser Äußerungen ist die Abduktion zweifellos keine Schlussfolgerung.

37   Übersetzung dieser Textstelle entnommen aus Sebeok & Umiker-Sebeok 1985: 36.

duction, whose chief elements are its groundlessness, its ubiquity, and its trustworthiness. We will see what sort of mixture they make" (ebd.: 23). Die Abduktion ist ein einzigartiges Durcheinander, gekennzeichnet durch ihre Allgegenwart, ihre Zuverlässigkeit und ihre *Unbegründbarkeit*[38].

Zusammenfassend lässt sich sagen: Erkenntnishandeln wird hier verstanden als die Gesamtheit aller geistigen Prozesse, die uns zu Überzeugungen führt, welche dazu befähigen, dass trotz der nicht zu beseitigenden permanenten Widerständigkeit der Welt-dort-draußen weiter gehandelt werden kann. Bestimmte Arten des Erkenntnishandelns, also des Übergangs von einer Überzeugung zur einer anderen, haben, weil sie sich bewährt haben, im Laufe der Evolution sich zu spezifischen Formaten, Formen verdichtet. Diese Formate des Denkens zeichnen sich dadurch aus, dass sie anderen Formen des Denkens im Hinblick auf ihre Leistung, wertvolle, weil nützliche Aussagen über die Außenwelt zu produzieren, überlegen sind – sie besitzen Kraft, die Macht etwas (vielleicht) Zutreffendes nahe zu legen oder wie Peirce es formuliert: „All forms are also powers" (Peirce 1982 ff – Writings Bd.1: 7 – 1858).

Nicht jede Art des Denkens ist gleich gut. Denken in besonderen Formen, die sich in der Phylogenese der Gattung ‚Mensch' herausgebildet und bewährt haben, leisten mehr. Denken in Ordnungen hat Vorteile – und bestimmte Ordnungen nennt Peirce ‚Schlussfolgerungen'. „An inference is a passage from one belief to another; but not every such a passage is an inference. (…) In inference one belief not only follows *after* another, but follows *from* it" (Peirce CP 4.53 – 1893).

Der Begriff ‚Logik' bezeichnet in diesem Gebrauch nicht irgendeine Spielart der klassischen Aussagenlogik, sondern ‚Logik' meint hier ‚Denken in vernünftigen Formen': der Schritt von einem Gedanken zu dem nächsten erfolgt also nicht *zufällig*, sondern dieser Schritt weist eine bestimmte *Form* auf und besitzt ein gewisses Maß an *Vernunft*. ‚Vernunft' ist jedoch zu verstehen als die Fähigkeit, etwas Bestimmtes zu erreichen. Deshalb weisen bestimmte Denkform nur Vernunft im Hinblick auf ein bestimmtes Merkmal auf.

So weist die Form der Deduktion eine große Vernunft im Hinblick auf das Merkmal ‚bedeutungsgleiche Kopie von Ideen' auf und die Abduktion eine sehr geringe. Hingegen weist die Deduktion im Hinblick auf das Merkmal ‚Entwickeln einer neuen Idee' eine geringe Vernunft auf, während die Abduktion hier erheblich höhere Werte erzielt. In diesem Verstande kann auch der Zufall ein hohes Maß von Vernunft besitzen, zum Beispiel wenn es darum geht, Unberechenbar-

---

38 Das Wort ‚groundlessness' muss hier mit ‚Unbegründbarkeit' übersetzt werden. Diese Übersetzung ‚Grundlosigkeit' erscheint mir nicht treffend, sogar den wichtigen Punkt verdeckend, denn ohne Grund – also zufällig – kommt die Abduktion ja nicht zu einem Urteil, sondern sie weiß lediglich die Gründe nicht zu nennen.

Abduktives Schlussfolgern

keit herzustellen. Und wer schon einmal eine Zufallsstichprobe zusammengestellt hat, weiß aus leidvoller Erfahrung, wie schwierig es ist, *allein* den Zufall die Auswahl bestimmen zu lassen.

Dabei leisten die unterschiedlichen Formen des regelgeleiteten Denkens in etwa folgendes: die Deduktion sagt, was gewiss sein wird, und was man zu erwarten hat. Die Induktion ermöglicht uns ein Weiterhandeln, weil sie uns mit einer gewissen Wahrscheinlichkeit nahe legt, dass dies, was bereits einmal oder mehrfach um bereits gewesen ist, auch in Zukunft so sein wird. Die Abduktion dagegen liefert uns Weltdeutungen, die, würde sie sich als richtig erweisen, uns bei Problemen handlungsfähig macht, angesichts derer wir zuvor handlungsunfähig waren.

Abduktion ist nun insofern eine besondere Handlung, als sie nicht Überzeugungen und Gewissheit produziert, indem sie etwas als sicher voraussagt (Deduktion) oder Einzelfälle zu einer Gewissheitsschließenden Regel verlängert (Induktion), sondern die Abduktion ist der Akt der Welt- und Selbstzuwendung, der Ungewissheit dadurch beseitigt, dass sie *eine* Regel vorschlägt, die (würde sie zu treffen, was gewissenhaft zu prüfen ist) neue Gewissheit schafft. Abduktionen sind also immer dann verlangt und notwendig, wenn alte Weltdeutungen, bewährte Theorien, erfolgreiche Konzepte und hilfreiche Rezepte angesichts neuer Entwicklungen versagen und dennoch weitergehandelt werden muss.

Die Abduktion wird hier also verstanden als die Gesamtheit aller geistigen oder gehirnphysiologischen Prozesse, die zum Entstehen einer neuen Überzeugung führen. Vielleicht haben Abduktionen nur *eine* Form, die ex post festgestellt und vermessen (und vielleicht auch nachgebildet) werden kann. Und vielleicht liegen diesen geistigen Prozessen mehrere Formen zugrunde, die formal logisch sehr unterschiedlich zu beschreiben sind. Entscheidend ist bei der Abduktion jedoch nicht ihre formal logische Beschreibung ex post, sondern ihre Funktion – nämlich dass sie in Situationen großer Unsicherheit, nämlich immer dann, wenn nur ein Resultat (= ein Datum) vorliegt, eine neue Regel anbietet, die zugleich auch klarmacht, was der Fall ist. Weil dies so ist – und hierin ist ein tieferer Grund für die neue Bedeutung der Abduktion zu sehen –, ist die Abduktion gerade in Zeiten großen gesellschaftlichen Wandels, in Sattelzeiten also, gefordert und erforderlich. Deduktionen und Induktionen haben sich im Laufe der Wissenschaftsgeschichte als ungeeignet erwiesen, Neues in die Welt zu bringen. Deshalb ruht jetzt die Hoffnung auf der ‚*dritten*' Art des Schlussfolgerns.

Welche formalen Formen dieser Art des Folgerns zugrunde liegen, ist sicherlich für alle KI-Forscher von größerer Bedeutung, ansonsten interessiert den Sozialwissenschaftler sehr viel mehr, ob und wie man Abduktionen mehr oder weniger gezielt hervorlocken kann, und wie man dann später ihre Güte prüfen kann.

Weil dies so ist, braucht ein pragmatischer Sozialforscher auch nicht das Argument, die Abduktion sei eine logische Operation. Nur die Forscher, welche die

Güte einer Idee von ihrer reinen und edlen Herkunft beurteilen (und natürlich die, die diesen Prozess nachzubilden versuchen), legen Wert auf eine solche Herkunft. Aber für Pragmatisten ist nicht der *Stammbaum* einer Katze entscheidend, sondern allein ihre *Leistung*, nämlich dass sie Mäuse fängt. Die Güte einer gedanklichen Operation liegt also in ihrer zukünftigen Konsequenz und nicht in der Herkunft. Nicht der Geburtsort oder die Familie, sondern die Verdienste in der Zukunft bilden den Maßstab, nach dem in der Sozialforschung Orden verliehen werden. Und das, was die Abduktion *fängt*, das sind neue Ideen, nicht Gewissheit. Und deshalb ist auch Pape zu Recht der Ansicht: „daß die Abduktion, insofern sie eine endgültige Schlußform ist, *nicht* kreativ ist, und daß sie, insofern sie kreativ ist, auf eine nicht bewußte und nicht kontrollierbare Suggestion von Wahrnehmungen und Überzeugungen zurückführbar ist" (Pape 1994b: 30 f; siehe auch Kapitan 1994: 156).

Obwohl die Abduktion keine Gewissheit liefert, verfügt sie doch über die Fähigkeit, etwas Zuverlässigkeit mit sich zu bringen – ist sie doch treffsicherer als der Zufall. Wie diese eigenwillige Art der *Zuverlässigkeit* zustande kommt, ist die entscheidende Frage, die jedoch erst weiter unten behandelt werden wird (vgl. Kap. 3).

Fazit: Abduktionen ereignen sich, sie kommen so unerwartet wie ein Blitz, sie lassen sich nicht willentlich herbeizwingen, und sie stellen sich nicht ein, wenn man gewissenhaft einem operationalisierten Verfahrensprogramm folgt. Wenn auch nicht ohne feste Form, so richten sie sich dennoch nicht nach den Gesetzen der formalen Logik. Sie verdanken ihre *Zuverlässigkeit* weder der Logik noch der Magie, sondern der Phylogenese der Menschheit.

2.2.3 Der Handlungstyp *Abduktives Schlussfolgern*

Das Ziel dieses Teils meiner Überlegungen war, die Verwendung, und damit die Bedeutung des Begriffes *Abduktion* im Spätwerk von Ch. S. Peirce zu (re)konstruieren. Weil es um dieses Ziel ging, bin ich vielleicht der Tiefe und Vielschichtigkeit der Peirceschen Argumentation nicht immer gerecht geworden, habe auch manchmal vereinfacht und das Frühwerk auf *eine* Position zugespitzt und eingeschworen, ebenso das Spätwerk. Diese Engführung ist vielleicht nicht immer im Detail korrekt, doch m. E. in den wesentlichen Grundlinien.

Da meine Absicht darin bestand, Begrifflichkeiten für die Beschreibung sozialwissenschaftlicher Forschung zu entwickeln und zu verfeinern, konnte es ebenfalls nicht darum gehen, das semantische Feld des Begriffes *Abduktion* auszuleuchten. Ganz im Sinne der pragmatischen Maxime sollte stattdessen das durch diesen Begriff ausgelöste typische Handeln mit seinen wichtigsten Komponenten (re)konstruiert werden. Das Ziel war also: Ermittlung und Beschreibung des Handlungstyps *abduktives Schlussfolgern'* auf der Grundlage der extensiven *Interpretation* des Peirceschen Spätwerkes. Dass diese Interpretation aus einer eher wissenssoziologischen Sicht erfolgte, soll und kann hier nicht geleugnet werden. Für die sozialwissenschaftliche Forschung sind m. E. besonders folgende Bestimmungen zur Abduktion relevant.

- Es gibt eine Logik der Entdeckung *und* eine Logik der Begründung. Diese beiden Logiken sind nicht strukturgleich.

- Die Abduktion ist der erste und einzig kreative Schritt im umfassenden Gesamtprozess der Forschung, der sich aus der steten Wiederholung von Abduktion, Deduktion und Induktion ergibt.

- Abduktionen sind in der Regel sub-bewusste Prozesse, die sich unwillkürlich ereignen. Das Ergebnis solcher Prozesse ist eine prädikative Hypothese.

- Der Prozess selbst ist in der Regel nicht von logischen Gesetzmäßigkeiten beherrscht. Ex post lässt sich allerdings für die Abduktion folgender Dreischritt identifizieren: (a) überraschendes Ereignis plus Angst o. ä., (b) *Konstruieren'* einer neuen Regel und (c) das ehemals Überraschende erweist sich als ein Fall der neu gefundenen Regel.

- Die Abduktion *schließt'* von einer bekannten Größe auf zwei unbekannte. Mit formaler Logik lässt sich diese Schlussfolgerung nicht begründen. Abduktionen lassen sich prinzipiell nicht begründen, lediglich ihr Ergebnis – die Hypothesen. Der Hypothesentest entscheidet dann über die Brauchbarkeit der Abduktionen.

- Abduktionen setzen die Geltung prädikativ gefasster Überzeugungen außer Kraft und deuten dann die vorprädikative Wahrnehmung neu aus. Auf diese Weise kommen sie zu einem neuen Urteil.

- Abduktive Schlussfolgerungen liefern nie Gewissheit oder Wahrheit[39]. Sie eröffnen allein neue Sichtweisen und ermöglichen so den Aufbau neuer (und der veränderten Umwelt angepasster) Überzeugungen.

- Abduktionen lassen sich nicht durch ein Handlungsprogramm herbeizwingen. Sie stellen sich aufgrund einer *Erkenntnishaltung* ein, deren hervorstechendes Merkmal ist, dass sie die Gültigkeit bisheriger Überzeugungen aussetzt und zur Disposition stellt.

---

39 Deshalb kann man an der Art und Weise, wie Menschen das Lösen *englischer* Kreuzworträtsel angehen, erkennen, welche Art von Schlussfolgerer sie sind. Den abduktiven erkennt man an Bleistift und Radiergummi, den hypothetischen am Kugelschreiber.

- Die Abduktion ist keine Methode der Datenerhebung oder Datenauswertung, sondern nur eine bestimmte Form des Denkaktes, die in jeder Art von Forschung auftreten kann. Die Abduktion ist allein ein Akt der Einsicht, der sowohl in der Feldforschung als auch bei der Clusteranalyse auftreten kann, aber nicht muss. Wahrscheinlicher ist er allerdings bei datengetränkten Forschungsstrategien.

In der neueren wissenschaftlichen Rezeption des Abduktionsbegriffes hat eine Reihe von Autoren immer wieder versucht, die vielen Annäherungen von Peirce an den Begriff der Abduktion zu *einem* Begriff zu verdichten. Da dies wegen der teils widersprüchlichen Bestimmung des Abduktionsbegriffes durch Peirce nicht gelingen konnte, haben viele zu dem Mittel gegriffen, einerseits mehrere Varianten der Abduktion zu entwerfen (z. B. Eco 1985; Bonfantini & Proni 1985), zum anderen den Begriff widersprüchlich zu belassen oder ihn einseitig zu fassen. Bei letzterem lassen sich zumindest *drei* wesentliche und auch unterschiedliche Deutungen identifizieren, die aus meiner Sicht nicht nur den Begriff enorm ausweiten, sondern auch seine spezifische Bedeutung so sehr ausgedünnt[40] haben, dass sie oft nur noch am Rande aufscheint.

Eine dieser (Miss-)Deutungen besteht darin, dass die Nutzer des Abduktionsbegriffes großen Wert darauf legen, dass es sich bei der Abduktion um eine streng *logische Operation* handelt, die durchaus auch methodisch herstellbar ist. Viele KI-Forscher gehen im Anschluss an Thagard 1986 (bislang vergeblich)[41] diesen

---

40 Wie weit manchmal das Verständnis von Abduktion in der Sekundärliteratur von den Überzeugungen von Peirce abweicht, kann man einer Arbeit von Altenseuser entnehmen. Er will die Abduktion auch für die Didaktik des Mathematikunterrichts nutzen und erzählt zur Plausibilisierung folgendes Beispiel für abduktives Folgern: ein Mathematiklehrer äußert demnach gegenüber seinen Schülern, er habe ein Problem. Er wisse zwar, dass 200 ein Fünftel von Etwas sei, aber er wisse nicht, wie groß denn dieses ganze Etwas sei. Wahrscheinlich hat der Lehrer kein wirkliches Problem, und alle, für die die Bruchrechnung zu den leichteren Übungen gehört, werden auch keine ernsthaften Schwierigkeiten haben, die richtige Lösung zu ermitteln. Die hier interessierende Frage ist, ob jemand, die die Lösung nicht, jedoch die Transformationsregeln der Mathematik kennt und regelgerecht anwendet und auf diesem Wege zu der Zahl 1000 kommt, abduktiv gefolgert hat. Aus meiner Sicht liegt hier keineswegs eine Abduktion vor, da (a) die Lösung ausschließlich durch exakt beschreibbare Transformationsprozessen ermittelt und (b) von dem Löser der Aufgabe nichts Neues hinzu getan wurde. Es wäre geradezu war absurd, für diesen Fall behaupten zu wollen, der Schüler habe abduktiv gefolgert (vgl. dagegen Altenseuser 2000: 11). Der gedankliche Prozess, der von ,*200*‘ = ein Fünftel zu der Lösung ,*1000*‘ führt, entspricht einer tautologischen Umformung in der Form einer Deduktion. Abduktives ist hier nirgends zu sehen.

41 „Das Problem der abduktiven Abduktion ist weit davon entfernt, in der künstlichen Intelligenz gelöst zu sein. Das Problematische ist, dass der beobachtete Fall den einzigen Ausgangspunkt darstellt. In all diesen Fällen muss zusätzlich zum Fall auch die Wissensregel noch gefolgert werden. Zum gegenwärtigen Zeitpunkt gibt es keine Methode in der künst-

Weg und auch eine Reihe von Sozialwissenschaftlern bevorzugen (in Weiterführung von Hanson 1965) diese Lesart. Insbesondere wenn es um die Modellierung von kognitiven Prozessen geht, haben die KI-Forscher seit längerer Zeit bemerkt, dass die Abduktion grundlegend ist für menschliches Denken und dass deshalb keine Simulation menschlicher ,Intelligenz' vollständig ist, wenn sie nicht über die Fähigkeit der Abduktion verfügt. Deshalb sind vor allem sie daran interessiert, die Abduktion als Algorithmus zu schreiben (vgl. z. B. Aliseda 1997 und Flach & Kakas 2000).

Die zweite unvollständige Deutung des Abduktionsbegriffs schließt an Formulierungen von Peirce an, die besagen, die Abduktion würde Überraschendes *erklären* und Unverständliches *verstehen* lassen. Vor allem die Wissenschaftler, die das Lesen, das Interpretieren, das Übersetzen, das Diagnostizieren, das Handeln, das (kriminalistische) Aufklären und vieles andere mehr als alltägliche Beispiele abduktiven Schlussfolgerns ansehen, fassen Abduktion im wesentlichen auf diese Weise auf. Beispielhaft für solche Ausweitungen sind folgende Äußerungen: „Die Logik des abduktiven Schlusses kann also als Praxis verstanden werden, Rätsel zu lösen (…)" (Moser 1995: 80). „Peirce definiert die Leistung einer Abduktion auch als ihre Erklärungspotenz" (Rohr 1993: 132). „Seine Theorie der abduktiven Schlussfolgerung bietet ein starkes Darstellungsmodell für jede Form von Bedeutungsinterpretation, die im Vorgang des Verstehens von Theateraufführungen auftreten kann" (Wille 2000: 320, siehe auch Wille 1989). „Handlungen sind in gewisser Hinsicht abduktive Antworten auf existenzielle und gesellschaftliche Herausforderungen" (Bonfantini 2000: 235). Ein Bestandteil der Abduktion, nämlich Unverständliches erklären zu können, wird hier mit dem ganzen der Abduktion gleichgesetzt. Mit diesem Trick wird jede Operation, die etwas erklärt, in einer Abduktion gewandelt.

Als besonders folgenreich (vor allem für die Literaturwissenschaft) hat sich folgende Deutung von Eco erwiesen: „Angesichts dessen, daß wir im Prinzip jedes Mal, wenn wir ein Wort hören, entscheiden müssen, auf welchen Code es bezogen werden muß, scheint eine Abduktion bei jedem Decodierungsakt beteiligt zu sein" (Eco 1987a: 187). „Die Logik der Interpretation ist die Peircesche Logik der Obduktion" (Eco 1987b: 45)[42]. Die Aussage von Eco, alle Interpretation beruhe

---

lichen Intelligenz, welche dieses Problem auf angemessene Weise lösen kann – wenn es sich überhaupt lösen läßt" (van der Lubbe 2000: 263). Siehe zu dieser Debatte auch Reichertz 1991a: 89–95 und 1994.

42 Es ist viel zu unspezifisch, wenn Eco wiederholt betont, dass jede Interpretation, jede Decodierung eine Abduktion darstellt – zur Kritik dieses Codemodells von Verstehen siehe Wirth 2000a: 134 ff. Die Frage ist, was wir wissen und was wir können müssen, um den Anderen bzw. Texte von Anderen zu verstehen. Die klassische Antwort war und ist, dass nur dann ein Verstehen zustande kommt, wenn die Beteiligten über ein gemeinsames Regelwissen verfü-

auf Abduktion, ist ähnlich überzogen wie die Aussagen von Moser, Rohr, Wille und Bonfantini, jeder Rätsellösung und allem Handeln läge die Abduktion zugrunde. Solche Behauptungen ebnen gerade das ein, was das Spezifische der Abduktion ist und was durch die Einführung dieses Begriffes sichtbar gemacht werden sollte. Abduktion ist nicht die *Anwendung* eines Codes, nicht die Anwendung einer Regel, sondern Abduktion ist die *Erfindung* einer Regel, die Erfindung eines Codes. Nur manchmal muss man die Abduktion bemühen, wenn man interpretieren will, und nur manchmal muss man auch bei Rätsellösungen kreativ werden, und nur manchmal erfordert auch das Handeln eine neue Idee, aber meist sind Lesen, Interpretieren, Rätsel lösen und auch Handeln durchaus Tätigkeiten, bei denen man auf bewährte Regeln zurückgreift und diese nur anwendet. Ein Bestandteil der Abduktion, nämlich Unverständliches erklären zu können, wird hier mit dem ganzen der Abduktion gleichgesetzt. Mit diesem Trick, nämlich einen Teil für das Ganze auszugeben, wird jede Operation, die irgendetwas erklärt, in einer Abduktion verwandelt.

Die dritte unvollständige Deutung des Abduktionsbegriffes betont die Aussagen von Peirce, dass abduktive Schlussfolgerungen die *beste* bzw. die *wahrscheinlichste* Erklärung liefern würden. Forscher, die im Anschluss an Rescher 1978 dieser Deutung folgen, sehen die Abduktion vor allem als ein Teil der ‚*Economy of Research*‘ an. Ähnlich argumentiert Wirth auch in seiner lesenswerten Studie zur Abduktion: „Abduktives Schlussfolgern ist eine pragmatische Strategie, deren Ziel die Minimierung des Risikos des Scheiterns ist. (…). Der Forscher versucht, die Wahrscheinlichkeit und die Plausibilität seiner Hypothesen zu optimieren. Er ist primär ein spielender Wettpartner, der seine Urteile und Forschungsergebnisse an den Kriterien des erfolgreichen Wettens und der erfolgreichen Spurensuche ausrichtet, bevor sie den Normen des wissenschaftlich-paradigmatischen ‚Strafrechtssystems‘ subsumiert" (Wirth 1999: 123). Dass Peirce der Wahrscheinlichkeit keineswegs traut und sie sehr gering bewertet, zeigt folgendes Zitat recht deutlich:

> „Es ist ein sehr gravierender Fehler, der ursprünglichen Wahrscheinlichkeit von Hypothesen viel Bedeutung beizumessen, es sei denn in extremen Fällen; denn die Wahrscheinlichkeiten sind meistens bloß subjektiv und haben so wenig wahren Wert, daß es sich in Anbetracht der bemerkenswerten Gelegenheiten, die wir ihretwegen verpassen,

gen. Entscheidend ist nun, was passiert, wenn die Beteiligten *nicht* über ein gemeinsames Regelwissen verfügen. In diesem Fall müssen in einem Prozess des offenen Aufeinanderabstimmens die Regeln erschlossen werden und nur in diesem Falle, also in dem Falle, dass die Regeln erschlossen werden müssen, um zu verstehen, haben wir es mit einer wirklichen Abduktion zu tun, denn jetzt ist „nicht mehr das wechselseitige Kennen des Kodes die notwendige Voraussetzung des Verstehens, sondern die Fähigkeit, die Kodes des anderen im Rahmen des Interpretationsprozesses abduktiv zu erschließen" (Wirth 2000b: 156).

auf die Dauer nicht lohnt, sie im Auge zu behalten. Jede Hypothese sollte getestet werden (...)" (Peirce 1988: 427 – CP 5.599 – 1903).

Die Abduktion unterliegt nämlich gerade *nicht* wesentlich einer *,Economy of Research',* sie ist gerade nicht „eine ökonomische Strategie des Hypothesen-Aufstellens" (Wirth 1999: 132). Stattdessen bedarf die Abduktion in der Wissenschaft (also nicht in jedem Handlungsbereich) geradezu der Muße (siehe ausführlicher Kap. 5). Denn das Erfinden ungewöhnlicher Lesarten und neuer Ideen braucht viel Zeit. Ein solches Sicheinlassen auf ein zeitintensives Nachdenken ist somit weder Dummheit noch Unbeweglichkeit (wie Wirth vermutete)[43], sondern eine notwendige, wenn auch nicht hinreichende Voraussetzung zum kreativen Sprung. Nicht der schnelle Kurzschluss punktet, sondern Muße und Datenkenntnis.

Alle drei der hier genannt Deutungen der Abduktion benennen ohne Zweifel *auch* Merkmale der Abduktion. Aber: alle diese Bestandteile abduktiven Schließen – nämlich ihre logische Form, ihre erklärende Funktion und ihre Fähigkeit, wahrscheinliche Lesarten zu liefern – sind notwendige, aber keine hinreichenden Bestandteile der Abduktion. Diese drei Charakteristika bezeichnen nicht die *Besonderheit* der Abduktion, sondern deren *Randbedingungen*. Zugespitzt: Abduktionen *können, müssen* jedoch nicht logisch, erklärend oder ökonomisch sein (dazu weiter unten mehr). Verstehen und Erklären lässt sich vieles auch mittels Deduktion und Induktion – oft sogar besser, und natürlich liefert die Deduktion die beste Erklärung, und gewiss ist die Induktion oder gar die Deduktion ein zuverlässigerer logischer Schluss. Aber das Entscheidende bei der Abduktion ist nicht ihre logische Form, die erklärende Funktion oder die Wahrscheinlichkeit, sondern vor allem die Fähigkeit, eine *neue* Regel zu finden. Insofern ist nicht Schönrich zuzustimmen, für den die Bekanntheit der Regel ohne Belang ist: „Ob nun diese Regel vorgegeben ist oder erst noch gefunden werden soll, ist angesichts des grundlegenden Problems, wie ein Fall auf eine Regel bezogen werden kann, von sekundärer Bedeutung" (Schönrich 1990: 398).

Was bedeutet es nun, dass etwas *,neu'* ist? Dass es so noch nie in der Welt war, also gerade erst von Einem für Alle erfunden wurde? Oder bedeutet *,neu'* dass etwas zum ersten Mal in dieser Form in einem bestimmten Bewusstsein erfunden wurde, was für andere Zeitgenossen jedoch eine allseits bekannte Realität ist? Etwas völlig Neues kann es nach Vorstellungen von Peirce nun nicht geben. *,Neues-Finden'* bedeutet stets nur, Unbekanntes an das Bekannte anschließen. Dennoch liegt das Neue jenseits der Grenze des Bekannten. „Ein weiteres bemerkenswertes

---

43 „Dummheit als mangelhaftes intellektuelles Vermögen dagegen beruht sowohl auf der Langsamkeit als auch auf der Unbeweglichkeit der Gedanken, zeigt mithin einen Mangel an Effektivität und Anpassungsfähigkeit" (Wirth 1999: 109).

Ergebnis ist es, daß ein vollkommen neues Zeichen niemals durch einen Akt der Kommunikation erzeugt werden kann, sondern höchstens ein schon existierendes Zeichen (...) weiter ergänzt und verbessert werden kann. Wenn Sie mir also sagen, daß es an einer bestimmten Stelle, von der ich noch nie gehört habe und von deren Standort ich nicht die geringste Ahnung habe, eine Diamantenmine gibt, so teilen Sie mir nichts mit; wenn Sie mir aber sagen, daß ich sie finden kann, wenn ich einem bestimmten Weg folge, dessen Anfang ich gut kenne, so ergänzen Sie einfach meine Kenntnis dieses Wegs" (Peirce 1990: 242 – MS 774 – 1904)[44].

Nun kann die Zuschreibung von ‚neu' aus zwei Perspektiven geschehen: aus der Sicht der Gesellschaft und aus der Sicht eins singulären Subjekts. Mit dem Ersten ist das Neue gemeint, dass von einem Bewusstsein zum ersten Mal in dieser Welt gedacht wurde (Erfindung), zum zweiten aber auch das Neue, das individuell nur wiederholt, was historisch und gesellschaftlich bereits gedacht ist, dennoch in einem konkreten Geist zum ersten Mal auftaucht (neuer Einfall).

Beiden Perspektiven ist die Handlungsorientierung gemeinsam. Allerdings ist für die Wissenschaft nur der erste Gebrauch von ‚neu' von Interesse, also das, was dem Bestand an Wissen durch die Forschung hinzugefügt wird – und nur dies verdient das Prädikat ‚neu'. Im konkreten Forschungsprozess wird es dagegen immer wieder zu neuen Erkenntnissen kommen, die sich bei Einsichtnahme in die entsprechende Fachliteratur jedoch als nicht mehr so neu herausstellen werden. Dennoch sind auch diese Vorgänge des Erfindens ohne Zweifel abduktive Prozesse. Oder anders: wer ohne Kenntnis der Kuckucksuhr diese erneut erfindet, war ohne Zweifel abduktiv tätig, allerdings wird er schnell feststellen, dass er mit den Ergebnissen seiner Abduktion nicht viel anfangen kann, da sie in jedem Warenhaus in großer Stückzahl feilgeboten werden. Was also für die einen eine echte Abduktion darstellt, ist für die anderen eine allseits bekannte qualitative Induktion. Dies gilt jedoch nicht nur systematisch, sondern auch biographisch: *nach der Entdeckung einer neuen Idee ist alles nur noch ein Wiederfinden.*

Dies bringt Schreiber von wissenschaftlichen Forschungsberichten, wenn sie versuchen, Datenanalysen in ihrem Verlauf zu dokumentieren, also den Prozess des Findens von (bekannten und unbekannten) Regeln offen zu legen, regelmäßig in arge Schwierigkeiten. Dann scheint nämlich oft das, was abduktiv erfun-

---

44 Meine Deutung der Peirceschen Vorstellung vom ‚Neuen' wird gut illustriert durch einem Metalog, in dem ein Vater seiner Tochter auf die Frage: „Was ist ein Klischee?" u. a. folgendes antwortet: „Wir alle haben eine Menge fertiger Redewendungen und Vorstellungen, und der Drucker hat fertige Druckstöcke, die alle in Redewendungen angeordnet sind. Wenn aber der Drucker etwas Neues drucken will – sagen wir mal, irgendwas in einer neuen Sprache, dann muß er die alte Ordnung der Buchstaben aufbrechen" (Bateson 1983: 47) Im Übrigen arbeitet auch die von Peirce gebrauchte Metapher von dem Weg zur Diamantenmine mit dem Argument, dass Neues immer anschlussfähig sein muss.

den wurde, subsumtiv hergeleitet zu sein. Denn die niedergeschriebene *Schluss-folgerung* hat mit dem Prozess des *Schlussfolgerns* nichts mehr gemein. Letzterer ist unwiederbringbar verloren, die präabduktive Unschuld nicht wieder herstellbar. Vermeintliche Darstellungen abduktiven Schlussfolgerns sind deshalb immer *,Kurzschlüsse',* im besten Fall qualitative Induktionen. Dies legt einer Überprüfung abduktiv gewonnener Hypothesen große Hindernisse in den Weg, kann man doch nicht mehr – zumindest in der Regel – die Güte der Schlussfolgerungen selbst durch Nachvollzug bestimmen, also indem man den Prozess der Entdeckung selbst erlebt, sondern allein dadurch, dass man die Hypothesen testet, d. h. ihre Auswirkungen auf die Wirklichkeit überprüft.

In diesem Sinne ist die Abduktion zu verstehen als gedankliches Schlussfolgern in einer bestimmten, auch logisch beschreibbaren Form, die etwas Überraschendes und somit Problematisches durch die Erfindung einer neuen Regel erklärt bzw. verstehbar werden lässt. Die in subbewussten Prozessen erfundene Regel erscheint dem abduktiven Folgerer von seinem jeweiligen Kenntnisstand aus als die beste und wahrscheinlichste Lösung – ohne allerdings diese tatsächliche Wahrscheinlichkeit einschätzen zu können. Deshalb überprüft er die *,wahrscheinlichste'* als erste. Dennoch: das Abgrenzungskriterium für die Abduktion ist weder ihre Logik, noch ihre erklärende Funktion, noch ihre Wahrscheinlichkeit, *sondern allein die Fähigkeit, Neues zu erfinden – das Auffinden bereits bekannter Ordnungen ist dagegen keineswegs eine Abduktion.*

Versucht man aus diesen Essentials und dem, was weiter oben ausgeführt wurde, einen idealtypischen *Handlungstypus* als Ausdrucksgestalt einer abduktiven Haltung zu konstruieren, so lässt sich folgendes Bild zeichnen: der abduktive Schlussfolgerer ist neugierig, er beobachtet viel und intensiv, stets bereit, sich überraschen zu lassen. Stößt er auf etwas Ungewöhnliches, seine Erwartung Enttäuschendes, dann macht er sich *nicht* schnell seinen Reim darauf. Er macht genau das Gegenteil: er beobachtet weiter, spricht mit sich und anderen, kramt in der Erinnerung nach ähnlichen Erfahrungen, lässt sein ganzes Wissen um die Wirklichkeit *,floatieren'* und wartet darauf, dass sich irgendwann eine mögliche einheitliche Deutung aller oder zumindest vieler überraschender Details einstellen wird.

Auch wenn er aufgrund der Arbeits- und Zeitökonomie die nahe liegende Deutung unbekannter Spuren in der Regel zuerst testet, lässt er selbst die unwahrscheinlichste Lesart nicht außer Acht. Er vertraut eher seiner *,inneren Stimme'* und seiner Erfahrung als den Gesetzen der Logik und der Wahrscheinlichkeit. Er weiß, dass er sich schon oft geirrt hat und erneut irren wird. Sein Wissen ist stets vorläufig und immer nur auf Probe in die Welt gesetzt. Er sucht nicht nur nach der Bestätigung seiner Deutung, sondern auch nach deren Widerlegung.

2.2.4 Beispiel: Wie kann man die Abseitsregel im Fußball erkennen?

Ein ausführliches Beispiel soll die Besonderheiten, aber auch die Leistungen und Grenzen aller hier behandelten Denkformen weiter erläutern. Am besten wäre es gewesen, für diesen Zweck ein Beispiel aus der konkreten Arbeit eines Sozialforschers zu nehmen. Dies hätte es jedoch notwenig gemacht, den Fall, den Kontext und die Daten ausführlich darzustellen. Da hier für diese Darlegung kein Platz ist, habe ich ein Beispiel gewählt, bei dem der Fall, der Kontext und die Daten jedem mehr oder weniger bekannt sind: das Fußballspiel (soccer).

Das Fußballspiel erregt die Gemüter der Menschen fast überall auf der Welt und überall ist das Spiel Gegenstand von teils hitzigen Debatten. Oft zentrieren sich die Debatten darum, ob eine Schiedsrichterentscheidung richtig oder falsch war. Besonders häufig in der Kritik sind die Abseitsentscheidungen – nicht nur, weil sie oft mit spielentscheidenden Situationen zu tun haben, sondern weil die Regel selbst für Fußballbegeisterte ihre Geheimnisse birgt. Die Besonderheit der Abseitsregel beruht auch darauf, dass es beim Fußball Regeln gibt, die sich auf das Verhalten im Kampf um den Ball, und Regeln, die sich auf die Stellung der Spieler im Feld beziehen.

Hier beginnt das Gedankenexperiment, das durchaus mit der alltäglichen Praxis der Sozialforschers vergleichbar ist, steht auch er immer wieder vor dem Problem, die Regeln in dem von ihm beobachteten Feld zu (re-)konstruieren: Wenn jemand, der die Regeln eines Fußballspiels noch nicht oder doch nur sehr ungenau kennt, freiwillig oder unfreiwillig Zeuge eines Fußballspiels wird, dann wird er beobachten, dass der Mann in Schwarz, von dem er gehört hat, dass er der Schiedsrichter ist, während des Spiels häufiger laut pfeift. Pfeift er, hören die Spieler auf zu spielen.

Ist unser Besucher ein sorgfältiger und genauer Beobachter, dann wird er nach einer gewissen Zeit feststellen, dass immer dann vom Schiedsrichter gepfiffen wird, wenn es bei einem Zweikampf um den Ball sehr grob zugegangen ist, ein Spieler zu Boden gegangen ist und möglicherweise verletzt wurde. Nach dem Pfiff wird der Ballbesitz der Mannschaft des zu hart attackierten Spielers zugesprochen und das Spiel geht weiter. Das lässt sich (so man andere Sportarten kennt) noch verstehen.

Aber bei einer Sorte von Pfiffen wird der Beobachter beachtliche Probleme haben – nämlich immer dann, wenn eine Mannschaft vor dem gegnerischen Tor auftaucht und dann ohne erkennbare grobe Auseinandersetzung um den Ball das Spiel plötzlich mittels Pfiff unterbrochen wird. Der Beobachter ist überrascht. Er weiß nicht mehr, was in diesem Fall der Fall ist.

Geht man deduktiv an dieses Problem heran, wird man in Kenntnis anderer Spiele einige Dreischritte wagen können – wie z.B.: (1) Alle Spiele sind regelgeleitet. (2) Fußball ist ein Spiel. (3) Auch Fußball ist regelgeleitet. Weiter kann er deduzieren: (1) Alle Akteure des Fußballspiels handeln regelgeleitet. (2) Der Schiedsrichter ist ein Akteur im Fußballspiel. (3) Auch der Schiedsrichter handelt regelgeleitet. Dann kann man die Kette weiterführen: (1) Der Schiedsrichter pfeift, wenn eine Regelverletzung begangen wurde. (2) Der Schiedsrichter hat gepfiffen. (3) Es ist eine Regelverletzung begangen worden. Viel weiter wird der deduktive Schlussfolgerer nicht kommen. Er wird entsprechend seiner Deduktion sagen, dass im Spiel eine Regelverletzung vorgekommen ist, nein: vorgekommen sein muss. Sonst hätte es keinen Pfiff gegeben.

Bei der Induktion ginge der Beobachter anders an sein Werk: Er würde genau beobachten, in welchen Situationen der Schiedsrichter jeweils pfeift und er würde feststellen, dass in den Pfeifsituationen, in denen es beim Kampf um den Ball nicht hart zugeht, kurz vorher der Linienrichter seine Fahne gehoben hat. Einmal auf die Idee gekommen, dass der überraschende Pfiff etwas mit der Fahne des Linienrichters zu tun hat, schaut der Beobachter noch genauer hin und zählt aus und stellt fest, dass in all den von ihm beobachteten Situationen vor dem Pfiff des Schiedsrichters der Linienrichter seine Fahne gehoben hatte. Und er kommt induktiv zu der Erkenntnis: Immer dann, wenn der Linienrichter seine Fahne hebt, pfeift der Schiedsrichter und weiter: Der Schiedsrichter pfeift immer, wenn der Linienrichter seine Fahne hebt.

Ein abduktiver Schlussfolgerer würde auch sehr genau die Ereignisse auf dem Spielfeld beobachten. Er würde aber nach einer Regel suchen, die das Verhalten des Linienrichters und des Schiedsrichters erklärt. Falls es dem Beobachter gelingt, auf die Stellung der Spieler im Moment der Ballabgabe zu achten und zu erkennen, dass immer dann, wenn in dem Moment der Ballabgabe ein Spieler der ballführenden Mannschaft sich näher an der gegnerischen Torlinie befindet als der Ball und der vorletzte Abwehrspieler, der Schiedrichter pfeifft, dann hat er abduktiv gefolgert. In dem Moment, in dem diese Regel in seinem Geist aufscheint, versteht er auch, was auf dem Feld der Fall ist. Diese Regel ist keineswegs leicht zu finden und erst auf den zweiten Blick, wenn man den Sinn des Spiels verstanden hat, verständlich.

Hat der Beobachter einmal diese Regel abduktiv erschlossen, dann wird er voraussagen können, wann und weshalb in Zukunft gepfiffen werden wird. Und er wird, falls er einmal selbst Fußball spielen wollte, wissen, was man tun muss, um eine Abseitsstellung zu vermeiden. Qualitativ induktiv wäre der Schluss eines Beobachters gewesen, der bereits die Abseitsregel gekannt hätte und deshalb bei einem überraschenden Pfiff zu dem Ergebnis kommt, hier habe ein Abseits vorgelegen. Er hat dann den Pfiff als Fall der Regelanwendung ‚erkannt' und damit nichts Neues in die Welt gebracht, sondern nur das Gesehene als token of a type erkannt.

Hat der Beobachter einmal die Abseitsregel (re-)konstruiert, kann er mittels Deduktion vorhersagen, in welchen Situationen erneut gepfiffen werden wird (Immer dann wird gepfiffen, wenn …). Diese Regel kann er operationalisieren und in einer kleinen Studie überprüfen. Er beobachtet dann das Spiel unter dieser Regel und wird bei allen Situationen induktiv prüfen, ob die Spielsituation der Regel entsprach. Er wird dann schnell feststellen, dass seine erste Regel zwar oft zutrifft, aber nicht immer. Manchmal ist die Situation anders – z. B. bei Einwürfen und Torabstößen. Aber es ist auch anders, wenn der ballführende Mann direkt auf das Tor schießt. All diese Überprüfungen werden dazu führen, dass die erste Abseitsregel ergänzt und somit verbessert wird. Und zwar solange bis die Beobachtung des Spiels keine überraschenden Fälle mehr zutage bringt. Dann ist die Regel fertig und sie könnte lauten:

„Ein Spieler steht im Abseits, wenn er sich näher an der gegnerischen Torlinie befindet als der Ball und der vorletzte Abwehrspieler. Die Abseitsposition allein ist kein Regelverstoß. Es ist außerdem kein Regelverstoß, wenn der Spieler im Abseits den Ball direkt von einem Abstoß, Einwurf oder Eckstoß erhält. Bestraft wird die Abseitsstellung, wenn der Spieler aktiv am Spiel teilnimmt und sein Mannschaftskollege den Ball berührt oder spielt. Aktive Teilnahme bedeutet, dass er ins Spiel eingreift, den Gegner beeinflusst oder aus seiner Position einen Vorteil zieht" (siehe offizielle Auslegung der Abseitsregel des Deutschen Fußballbundes).

Über die Quellen der Zuverlässigkeit von Abduktionen: Instinkt, Intuition, Logik oder Erfahrung

3

> Instinkt [ist] die große innere Quelle von aller Weisheit und von allem Wissen.
>
> *Charles Sanders Peirce*

„Abduktionen vollziehen sich in einem völlig unkontrollierbaren Teil des Verstandes". „Der Prozess selbst hat mit logischen Regeln so gut wie nichts zu tun". Das sind zentrale Aussagen von Peirce, die jede Möglichkeit eines bewussten und kontrollierbaren Kalküls zur Erlangung neuer Erkenntnis verneinen. Doch wie gewiss oder handlungstheoretisch: wie zuverlässig sind solche Erkenntnisse? Häufiger sind diese Erkenntnisse (zumindest in the long run) richtig als falsch, auch das war bereits (von Peirce) gesagt. Aber aus welcher Quelle speist sich diese Art von Zuverlässigkeit? Wie erlangt sie Autorität? Kann man ihr trauen? Auf diese Fragen hat Peirce einige Antworten formuliert, die wie so sich im Laufe der Bearbeitung langsam änderten. Deshalb ist es (auch hier) schwer, eine kurze Antwort zu geben.

Mittels Abduktionen gewinnt der Mensch neue Kenntnis von der ihn umgebenden Natur, das war bereits gesagt – allerdings sind diese Abduktionen nicht zufälliges Produkt einer ständig gärenden kognitiven Verdauungsmachine, welche mithilfe der Daten der Wahrnehmung beliebige Hypothesen ausstößt, die dann auf ihre Brauchbarkeit getestet werden.

Für Peirce spricht alleine schon die Wahrscheinlichkeit gegen eine solche These: „Denken Sie an die vielen Millionen und Abermillionen von Hypothesen, die gemacht werden können, von denen nur eine wahr ist; und doch trifft der Physiker nach zwei oder drei oder höchstens einem Dutzend Vermutungen ziemlich genau die richtige Hypothese. Aus Zufall hätte er das wahrscheinlich die ganze Zeit über, seit sich die Erde verfestigte, nicht getan" (Peirce 1973: 229 – CP 5.172 – 1903). Man mag sich angesichts der Geschichte der menschlichen Produktion von Wissen über das Zutrauen in die Kompetenz von Physikern ein wenig wundern, doch die Abweisung des Zufalls als Lieferant gültiger Aussagen erscheint sehr plausibel – auch wenn man berücksichtigt, wie einsichtig oft die Gegenargumente moderner Evolutionstheoretiker erscheinen. Ihnen gelingt es nämlich recht häufig, die *scheinbare* Vernünftigkeit der Artenentwicklung in die Zufälligkeit eines ungesteuerten Selektionsprozesses, der halt nur mit einer für den Menschen nicht mehr vorstellbaren Anzahl von Versuchen operiert, aufzulösen[1]. Man mag also Bedenken haben, an eine besondere Helligkeit des ‚*lumen naturale*' zu glauben. Dennoch: „Dem Wahrscheinlichkeitsprinzip zufolge ist es einem Menschen praktisch unmöglich, durch puren Zufall die Ursache eines Phänomens zu erraten" (Peirce 1929: 269 – 1907)[2]. Zu groß erscheint Peirce der Möglichkeitsraum, zu zahlreich die denkbaren Optionen. Würde der Mensch in der Tat nur Raten, also zufällig Verbindungen herstellen, dann wäre die Wahrscheinlichkeit, dass er etwas Zutreffendes (über die Natur, die Kultur oder das soziale Leben) erraten kann, ebenso hoch wie die Wahrscheinlichkeit, dass ein Affe auf einer Schreibmaschine ein gelungenes Gedicht produziert. Der Raum der denkbaren Vermutungen ist grenzenlos. Das abduktive Vermögen begrenzt die Anzahl der Wahlen, denn die Mittel sind begrenzt und das Leben kurz. „Abduction tells us where to shine the beam of inquiry's lamp" (Rescher 1978: 47).

Peirce geht angesichts des großen Möglichkeitsraums davon aus, dass der Mensch über eine spezifische Fähigkeit verfügt, eher richtig als falsch zu urteilen.

> „Mir scheint, (…) daß der Mensch eine gewisse Einsicht, die nicht stark genug ist, um häufiger richtig als falsch zu sein, aber stark genug, um nicht sehr viel häufiger falsch als richtig zu sein, (…) in die allgemeinen Elemente der Natur besitzt. (…) Diese Fähigkeit ist gleichzeitig von der allgemeinen Natur des Instinktes, die den Instinkten der Tiere insofern ähnlich ist, als sie die allgemeinen Kräfte unserer Vernunft über-

---

1 So z. B. Dawkins 1987. ‚*Zufall*' ist im Übrigen aus der Perspektive vieler Evolutionstheoretiker lediglich ein Synonym für eine Wahrscheinlichkeit, welche sich der Mensch aufgrund seiner begrenzten kognitiven Ausstattung nur sehr schwer vorstellen kann. Wegen seiner minimalen Lebenszeit (mit Bezug auf die Dauer der Evolution), seinem Unvermögen, sich GROSSE Zahlen vorzustellen und der spezifischen (Un)Sensibilität seiner Sinnesorgane ist der Mensch auf einen ‚*mittleren*' Bereich, den „Mesokosmos" (Vollmer 1983) geeicht. Die Welt der mittleren Dimensionen stellt die „kognitive Nische" (ebd.) der menschlichen Gattung dar. An den Makro- und Mikrokosmos ist der menschliche Erkenntnisapparat nicht angepasst – auch wenn der Mensch in den letzten Jahrzehnten seine Sinnesorgane mit technischen Mitteln beträchtlich erweitern konnte. Peirce schrieb 1905 zu diesem Fortschritt: „Modern science, with its microscopes and telescopes, with its chemistry and electricity, and with its entirely new appliances of life, has put us into quite another world; almost as much so as if it had transported our race to another planet" (Peirce CP 5.313 – 1905).

2 Übersetzung aus Sebeok & Umiker-Sebeok 1982: 36.

steigt und uns lenkt, als ob wir im Besitz von Tatsachen wären, die völlig außerhalb der Reichweite unserer Sinne liegen" (Peirce 1973: 231 – CP 5.173 – 1903).

Diesen Instinkt[3] zum ‚Erkennen' („denn die Vernunft ist eine Art von Instinkt" – Peirce 1993: 491 – MS 682 – 1913) hat die Gattung Mensch im Laufe der Evolution erworben. „Der Mensch hat dieses Vermögen, wie Opium eine einschläfernde Wirkung hat" (Peirce 1973: 92).

Dieses ‚Vermögen' des Menschen bzw. des menschlichen Gehirns besteht nun darin, dass er mit Hilfe eines ‚guten Gefühls' eine Idee nahe legt. Denn – so das Argument von Peirce – Schlussfolgern ist nicht allein nur ein kognitiver Vorgang, sondern zugleich ein emotionaler. Die Abduktion, welche „ein kompliziertes Fühlen durch ein einziges Fühlen größerer Intensität ersetzt" (Peirce 1976: S. 247 – CP 2.643 – 1878), wird von einer angenehmen Emotion begleitet. „Wenn nun unser Nervensystem in komplizierter Weise erregt wird und eine Relation zwischen den Elementen der Erregung besteht, so ist das Resultat eine einzige harmonische Erregung, die ich Emotion nenne" (ebd.).

Aber dennoch: auch ‚instinktive' Vermutungen können sich als nicht gültig herausstellen, auch wenn sie von einem sehr starken Gefühl der Harmonie begleitet werden. Das Gefühl ist notwendig, wenn man sich entschließen will, an die Gültigkeit einer Vermutung zu glauben und das Überprüfungsverfahren in Gang zu setzen. Das gute Gefühl macht es dem Forscher leichter, den Entdeckungsprozess fortzusetzen. Das Gefühl der Harmonie bezieht sich also nicht auf die Güte des kognitiven Gehaltes der gefundenen Erkenntnis, dafür ist es zu fehlbar. „Die Abduktion legt uns auf nichts fest. Sie bringt uns lediglich dazu, eine Hypothese zur Prüfung vorzumerken" (Peirce 1988: 428 – CP 5.602 – 1903).

Aber: „Wie ist diese spürbare, wenn auch so außerordentlich unvollkommene seherische Fähigkeit, das Richtige zu ahnen, beim Menschen und bei den organischen Rassen zu erklären?" (Peirce 1986: 384 – MS 1579 – 1901).

Auf diese Frage sind im Laufe der Geschichte der Philosophie und der Erkenntnistheorie eine Fülle von Antworten geliefert worden. Peirce selbst bietet in

---

3   Instinkt bestimmt Peirce auf folgende Weise: „Wenn ein Tier auf einen Reiz auf etwa dieselbe Weise reagiert wie fast jedes andere Individuum derselben Art oder der derselben Untergruppe dieser Art (wie z. B. eines Geschlechts) und dies nicht sozusagen mechanisch tut (wie beim Schlag gegen die Kniescheibe eines Menschen), sondern willentlich, und wenn die Reaktion so beschaffen ist, daß sie im allgemeinen eine nützliche Auswirkung auf dasselbe Tier und seiner Nachkommenschaft hat, wobei jedoch kaum angenommen werden kann, daß diese Auswirkung von dem so handelnden Tier hätte geahnt werden können oder zumindest nicht hätte durch Schlußfolgern und irgendwelchen anderen ihm bekannten Fakten hätte festgestellt werden können, dann nennen wir die Handlung ‚instinktiv', wohingegen die allgemeine Verhaltensgewohnheiten, die als dem Bewußtsein des Lebewesen zugehörig betrachtet wird, ein ‚Instinkt genannt wird" (Peirce 1993: 491 – MS 682 – 1913).

seinem Spätwerk Antworten an, die vornehmlich in der Tradition des objektiven Idealismus (siehe dazu auch Pape 2002: 331 ff) und der Evolutionstheorie stehen. Die Gabe der oft gelingenden Einsicht ist demnach ein Geschenk der Gattungsgeschichte. „This power of divining the truth of physics – for such it is, although it is some what imperfect – is certainly an aid to the instinct for obtaining food" (Peirce 1929: 269 – 1907). Ohne diese Hilfe wäre die menschliche Gattung in den Wirren des Existenzkampfes schon längst auf der Strecke geblieben, d. h. die instinktive, natürliche Eingebung gilt Peirce als Selektionsvorteil (vgl. Peirce MS 692: 27 ff – 1901). Die in der Evolution erworbene Fähigkeit zeigt (wie eine Kompassnadel) in die ungefähre Richtung der 'Wahrheit'. „Wie auch immer der Mensch seine Fähigkeit, die Wege der Natur zu erraten, erworben haben mag, es geschah bestimmt nicht mittels selbstkontrollierter und kritischer Logik" (Peirce 1973: 229 – CP 5.173 – 1903). Der Mensch (so Peirce) ist nicht Schöpfer seiner selbst. Die Gabe der Einsicht, also die Fähigkeit, Neues zu erkennen, ist Ergebnis eines natürlichen Entwicklungsprozesses. *Kultur spielte bei der Entwicklung der Fähigkeit zur Abduktion nicht mit und schon gar nicht die Logik.*

Die Fähigkeit zum oft zutreffenden abduktiven Raten ist das Ergebnis der Evolution der menschlichen Gattung. Dieser 'Rate-Instinkt' der Menschen ist mit dem Verhalten neugeborener Kücken zu vergleichen, die instinktiv auf dem Hühnerhof nur die Körner aufpicken und die Steine unberührt lassen. „Our faculty of guessing corresponds to a bird's musical and aeronautic powers" (Peirce 1929: 282 – 1907). Der Vergleich mit den musikalischen und fliegerischen Künsten der Vögel deutet erneut darauf hin, dass die Befähigung zur Abduktion (nach Auffassung von Peirce) Ergebnis einer Anpassungsleistung ist, eine (bezogen auf die Gattung) erworbene und (bezogen auf das einzelne Individuum) angeborene Verhaltensgewohnheit (vgl. Peirce CP 2.711 – 1893)[4].

Wie die Anpassung des menschlichen Verstandes an die zu erkennende Umwelt gelang (wenn sie überhaupt gelang), ist eine Frage, deren Antwort Peirce auf 'wild spekulativem Wege zu erhaschen sucht'. Eine seiner Lösungen formuliert Peirce so: „Es ist irgendwo mehr als eine bloße Redensart, wenn man sagt, die Natur befruchte den menschlichen Geist mit Ideen, die, wenn diese Ideen heranreifen, ihrer Mutter, der Natur, ähneln werden" (Peirce 1988: 422 – CP 5.591 – 1903). Woher bezieht das *lumen naturale* seine Helligkeit? Weshalb bevorzugen wir eine

---

4   Wie provokant eine solche Sicht ist, kann man einer Bemerkung von Kapitan entnehmen: „Solche Beschreibungen widersetzen sich nicht nur dem Bild des abduktiven Schlusses als algorithmischem Verfahren, das genau bezeichneten Regeln folgt, wenn er von einem Zustand in den nächsten übergeht, sie bedrohen selbst die Idee, daß die neue Hypothese überhaupt in einem *Schluß* ihren Ursprung habe. Instinktives Tun oder plötzliche Momente der Eingebung sind typischerweise im Gegensatz zu willentlichen, selbst-kontrollierten Akten zu sehen" (Kapitan 1994: 150).

bestimmte Art von Theorie? Eine weitere Antwort von Peirce besteht darin, zwischen Natur und Seele eine Ähnlichkeit zu unterstellen: „Jede einzelne Wahrheit der Wissenschaft [beruht] auf der Affinität […], die die menschliche Seele zu der des Universums besitzt, so unvollkommen jene Affinität ohne Zweifel ist" (Peirce 1976: 350 – CP 5.47).

Hier wird im Kern behauptet, die Güte der menschlichen Erkenntnisfähigkeit ergebe sich aus der evolutionären Koentwicklung von Natur und Mensch, von Außenwelt und Wahrnehmungsorganen. „Retroduction goes upon the hope that there is sufficient affinity between the reasoner's mind and nature's to render guessing not altogether hopeless, provided each guess is checked by comparison with observation. It is true that agreement does not show the guess is right; but if it is wrong it must ultimately get found out" (Peirce CP 1.120 – 1896)[5]. Unwichtig dabei ist, ob die Methode, mit der Wissen erlangt wird, ein wirklichkeitsgetreues Abbild liefert, viel wichtiger ist, ob das Gewonnene zum Überleben wichtige Reaktionen ermöglicht.

Der entscheidende Punkt an dieser Stelle ist die Diskussion der Frage, was denn in dem enorm großen Raum der Möglichkeiten den Forscher dazu bringt oder befähigt, *richtig* zu raten. Und so weit ich das sehe, werden in der Debatte um die Basis, also die Quelle der Abduktion von Peirce (spitzt man idealtypisch zu) *drei* Kandidaten gehandelt[6], ohne dass diese allerdings in dieser Klarheit jeweils herausgearbeitet werden. Die Klärung der Frage, aus welcher Quelle die Abduktion gespeist wird, ist deshalb so wesentlich, weil die Güte der Abduktion nicht unwesentlich mit ihrer Quelle verknüpft ist, ihr also Autorität verleiht oder entzieht.

Dies ist zum ersten die These vom *eingeborenen Wissen* (Instinkt oder Gott), zum zweiten die These von der wahrscheinlichkeitsübertragenden Kraft einer mehr oder weniger *logischen Gedankentransformation* und zum Dritten die von der *Erfahrung* als Fundament allen Wissens. Oft tauchen diese drei Annahmen auch in Kombination auf. Allerdings ruhen die drei Thesen unterschiedlichen

---

5   Ein gewichtiges Gegenargument trägt Chomsky vor: „Peirce bietet eine ziemlich andere Mutmaßung an mit dem Argument, ‚die Natur pflanzt dem Geist der Menschen Ideen ein, die, wenn sie aufwachsen, ihrem Vater, der Natur, ähnlich werden'. Der Mensch ‚ist mit gewissen natürlichen Überzeugungen ausgestattet, die wahr sind', weil ‚gewisse Gleichförmigkeit im gesamten Universum vorherrschen und der vernünftige Geist selbst ein Produkt dieses Universums ist. Diese selben Gesetze sind somit mit logischer Notwendigkeit in seinem Wesen selbst inkorporiert'. Hier scheint es klar zu sein, daß das Argument von Peirce gänzlich ohne Relevanz bleibt und kaum einen Fortschritt gegenüber der prästabilierten Harmonie bedeutet, die es vermutlich ersetzen sollte. Der Umstand, daß der Geist ein Produkt von Naturgesetzen ist, impliziert nicht, daß er befähigt ist, diese Gesetze zu verstehen oder durch ‚Abduktion' zu ihnen vorzustoßen" (Chomsky 1973: 158).

6   Vgl. hierzu auch Harnard 2001, der jedoch weitere Kandidaten vorstellt und diskutiert.

Metaphysiken auf und deshalb folgt aus ihnen ein völlig anderes Forschungsprogramm.

Der Glaube, dass der abduktive Denker im Moment des abduktiven Blitzes mittels *Intuition* auf ein bereits bekanntes Wissen zurückgreift, unterlegt (meist) stillschweigend eine sehr spezifische Metaphysik, die entweder behauptet, dem Menschen sei von Gott Wissen bereits mit in die Wiege gelegt[7] oder aber von der Evolution in seinen Geist eingeschrieben worden: „unless man have a natural bent in accordance with nature's, he has no chance of understanding nature at all" (Peirce CP 6.477 – 1908)[8]. Im Akt der Abduktion erblickt der Denker aufgrund des natürlichen Bandes einen Moment lang dieses eingeborene Wissen und ihm wird klar, was anderen noch nicht klar ist. Eine solche Art des Schlussfolgerns benötigt kein Faktenwissen und auch keine systematische Reflexionen. Im Akt der Einsicht, also in der voraussetzungslosen Intuition[9], sieht der Denker das bislang Verborgene – nur weil er diese Gabe hat, in lichten Augenblicken des inneren Wissens ansichtig zu werden. Die Güte des abduktiven Schlusses wird dann entweder von einer allwissenden Entität, die das Wissen übergeben hat[10], oder durch den Prozess der Evolution und das (bisherige) Überleben der Menschheit verbürgt.

---

7   Peirce versuchte jedoch nie, die profanisierte und bürgerliche Variante der Intuition, also den Genieglauben ernsthaft ins Spiel zu bringen. Genielehren sehen den kreativen Menschen, das Genie also, als den Schöpfer von Neuem an. Dabei gilt (und deshalb geht auch die These auf einen Glauben an Gott zurück), dass die Schöpfungskraft der Genies, eine Gabe der Götter ist. Genies sind lediglich Medien göttlichen Wirkens. Auch wenn es dem Selbstverständnis des Bürgertum für einige Zeit als ausgemacht galt, dass der Mensch selbst über diese Kraft zur Schaffung des Neuen verfügt, also nicht auf göttliche Gnade angewiesen ist, so zeigt bei näherer Betrachtung auch dieses Selbstverständnis die göttliche Herkunft der Macht, Neues schöpfen. Die göttliche Herkunft der Kraft zum Neuen wird besonders sichtbar bei dem Begriff der ‚*Inspiration*'. Hier wird schon vom Wort her deutlich, dass nicht der Mensch aus sich selbst heraus das Neue erblickt oder schafft, sondern dass ein guter Gott den Menschen die göttliche Weisheit einhaucht und nur deshalb sieht der so inspirierte, erfüllt von göttlicher Weitsicht, das, was für andere Menschen unsichtbar ist: das Neue.

8   Hier zeigt sich m. E. sehr gut, wie vor allem der ‚*späte*' Peirce mithilfe der Kategorie ‚*natürliche Band*' an der Überzeugung festhalten will, die Menschen könnten etwas über die Wirklichkeit in Erfahrung bringen.

9   Von diesem Gebrauch des Begriffes ‚*Intuition*' ist allerdings ein anderer Gebrauch zu unterscheiden, der zurzeit vor allem auf wissenschaftlichen Tagungen Konjunktur hat. Dort hört man oft Formulierungen wie ‚*Eine Intuition von mir ist*' oder ‚*Das widerspricht meiner Intuition*'. Was genau damit gesagt werden soll, bleibt meist unklar. Klar sind dagegen die Konsequenzen eines solchen Gebrauchs: der Sprecher muss den Inhalt seiner Äußerung nicht mehr rechtfertigen, da er auf ein inneres (für ihn erhellendes) Erlebnis verweist. Wissenschaftssoziologisch ist interessant, dass die ‚*Intuition*' dabei ist, die begründungspflichtige ‚*These*' zu verdrängen.

10   Dass Peirce durchaus in diese Richtung gedacht hat, zeigt sich in einem Brief von Peirce an J. H. Kehler von 1911. Dort heißt es: „But retroduction gives hints that come straight from our dear and adorable Creator. We ought to labor to cultivate this Divine privilege. It is the

Der Glaube an die wahrscheinlichkeitsübertragende Kraft logisch geregelter gedanklicher Transformationen geht davon aus, dass ein bestimmtes entweder angeborenes oder aber biografisch erworbenes Wissen mittels bestimmter, durch die Logik auratisierter gedanklicher Prozesse zu einem Ergebnis führt, das wahrscheinlicher ist als andere. Hier stehen nicht Gott oder die Evolution hinter der Autorität der Schlussfolgerung, sondern die freilegende und reinigende Kraft des Transformationsverfahrens – die *Logik* also. Die Metaphysik hinter dieser Vorstellung ist aus meiner Sicht wenigstens genauso problematisch wie die des Eingeborenenwissens. Hier soll die Logik, also die besonders geregelte gute Form des Umwandelns von Gedanken in einen anderen, Garant für die Güte des letzten Gedankens sein. Logik und (selbst rudimentäre) logische Formen haben die Macht, Zutreffendes nahe zu legen. Die Güte der Abduktion ergibt sich also aus der wahrscheinlichkeitsübertragenden Kraft geistiger Umformungsprozessen. Zwar greift auch hier der gedankliche Prozess auf (eingeborenes oder erworbenes) Wissen zurück, doch dieses Wissen scheint in der vorliegenden Form verschleiert zu sein, so dass es besonderer Entbergungsprozeduren bedarf, um an das Wissen zu gelangen. Peirce scheint vor allem in seinem Spätwerk diese Lösung favorisiert zu haben, allerdings ist (auch angesichts neuerer Forschungsergebnisse) fraglich, ob die Gesetze der Logik etwas über die Welt wissen. Ohne Zweifel engt die Logik (als Gabe der Evolution an die Menschen) den Bereich der begründbaren Erkenntnisse ein, reduziert also die Zahl der Möglichkeiten, aber dennoch weiß sie nicht Neues.

Die dritte hier angesprochene Erklärung, nämlich dass abduktive Blitze *Erfahrungsdaten* ausdeuten, mithin auf Erfahrungen des Forschers zurückgreifen und zwischen diesen neue Beziehungen herstellen, diese Erklärung ruht zwar ebenfalls auf einer Metaphysik auf, jedoch ist m. E. eine solche Metaphysik (irgendeine Art von Kontakterfahrung ist möglich) sehr viel weniger waghalsig als die beiden oben behandelten anderen Versionen. Folgt man dieser These, werden bei wissenschaftlicher Forschungen, aber auch im Verlaufe des gesamten Forscherlebens von diesem Forscher eine Fülle von Daten gesammelt, geordnet, gedeutet und gespeichert. Dieses Wissen bezieht sich auf die Welt, die Anderen, das Diesseits und das Jenseits, was Natur und Kultur sind, wie man sie erfahren hat und wie man mit ihnen umgegangen ist. Bei der Abduktion sind diese Erfahrungsdaten die Quelle des Wissens – wir deuten sie durch De- und Rekontextualisierungen aus

---

side of human intellect that is exposed to influence from on high" (Peirce NEM III,1: 206 – 1911). Siehe hierzu auch die religionsphilosophischen Schriften von Peirce 1995. Zudem auch die Arbeiten von Nubiola, die darlegt, dass Peirce den Menschen durchwirkt sieht vom göttlichen Geist und deshalb mittels Abduktion auf Gott schließen kann (vgl. Nubiola 2003 und 2005, siehe auch Eberle 2011).

und kommen so auf neue Ideen: „We turn over our recollections of observed facts; we endeavor so to rearrange them, to view them in such new perspective that the unexpected experience shall no longer appear surprising" (Peirce CP 7.36 – 1907). Diese drei hier dargestellten Quellen der Abduktion: ‚*Intuition – Logik – Daten*' stellen natürlich Idealisierungen dar, die ich in der Form nur herausgearbeitet habe, weil sie unterschiedliche Konsequenzen haben. Jede dieser Idealisierungen allein ist für sich nicht haltbar – auch wenn dies in der Geschichte der Wissenschaft immer wieder versucht wurde (z. B. durch den Wiener Kreis, der auf die Daten setzte). Peirce selbst hat zwar nie die Hoffnung auf ‚*eingeborenes Wissen*' aufgegeben, in seinem Spätwerk jedoch die Verbindung von Logik und Daten bevorzugt – wenn auch mit leichtem Übergewicht zugunsten der Logik. „Beobachtungen mögen noch so fruchtbar sein, aber man kann von ihnen nicht in dem Sinne sagen, sie seien *trächtig* an frischer Wahrheit, in dem das Schließen das sein kann, nicht aufgrund der Beschaffenheit des von ihm betrachteten Gegenstandes, sondern wegen der Weise, auf die es vom schlußfolgernden Instinkt unterstützt wird" (Peirce 1993: 489 f. – MS 682 – 1913).

Doch wie kann man diese Antwort aus heutiger Sicht einschätzen? Was ist die Quelle des Neuen? Wie kommt man zu einer neuen Idee? Durch Wiedererinnern (eingeborener Ideen) oder mittels Umformung von Gedanken (logische Ableitung) oder durch neue Erfahrungen (wahrgenommene Daten)? Aus meiner Sicht sind die beiden ersten Erklärungen wenig überzeugend, schon allein deshalb, weil der Anstoß für eine gedankliche Anstrengung nicht von innen, sondern von außen kommt. Die widerständige Welt und die Permanenz dieser widerständigen Welt bringt das (manchmal überraschende) Handlungsproblemen. Dieses Problem, z. B. dass Menschen keineswegs das tun, was in Theorien über sie aktuell geschrieben wird, verlangt nach einer Lösung, will man Weiterhandeln bzw. will man verstehen. Hat man eine neue Überzeugung, dann kann man weiterhandeln.

Mir scheinen deshalb die *Daten* oder genauer: deren detaillierte Aufnahme und deren intensive Ausdeutung als Quelle abduktiven Folgerns vorrangig, weil ‚*brauchbarer*' für die Erkenntnisgewinnung zu sein[11], auch wenn die Daten ohne Zweifel alleine nichts sagen und nichts nahe legen – wie auch Kelle & Kluge ausführen: „Die Vorstellung, man könne theoretischer Konzepte auf induktiven Wege, also nur durch eine sorgfältige Verallgemeinerung von empirisch beobachteten Fakten entwickeln, ist offensichtlich falsch: WissenschaftlerInnen finden

---

11 „We often derive from observation strong intimations of truth, without being able to specify what where the circumstances we had observed which conveyed to those intimation" (Peirce CP 7.46 – 1907).

keine allgemeinen Begriffe, indem sie Beobachtungen aufzählen und zusammenfassen" (Kelle & Kluge 1999: 19)[12].

Kurz: „Jede Auffassung hat ihren Ursprung in der Wahrnehmung" (Peirce CP 5.186), also auch die Abduktion. „But the stimulus to guessing, the hint of the conjecture, was derived from experience" (Peirce CP 2.755 – 1905). Die Abduktion ergibt sich nicht aus einem uninformierten Raten oder einer gottgegebenen Fähigkeit, das Richtige zu erkennen, sondern es geht um die Aufnahme von (möglichst vielen) Umweltdaten[13], die dann (wenn auch unterhalb einer Bewusstseinsschwelle), ausgedeutet und zu einer Sinnschließung gebracht werden (vgl. Kapitan 1994). „Und dies vollzieht der Geist, indem er eine Idee einführt, die nicht in der Daten enthalten war, welche aber Verknüpfungen zwischen ihnen herstellt, die sie ansonsten nicht gehabt hätten" (Peirce CP 1.383 – 1890 – Übersetzung in Pape 1994b: 22 f). Erst der menschliche ‚Geist' schafft Verbindungen in bestimmten (logischen) Formen, glaubt Ähnlichkeiten und Unterschiede zu sehen, vermeint Ursache und Wirkung unterscheiden zu können.

Man benötigt für das Forscher aus dieser Sicht beides: Daten und Vernunft. Ohne Daten läuft der Geist leer. Aber man kann den Geist darauf vorbereiten, ‚gut' zu arbeiten. „The clue lies with the relevance of control to the operation of its lumen naturale. We can control the flashes of insight involved in retroduction in so far as we can prepare our minds to receive them through research and discussion" (Ayim 1974: 41). Hat man eine solche Kenntnis der Dinge nicht, dann kann auch der beste Geist nichts erkennen, oder anders: „abduction takes place *in medias res* and is influenced by previous thoughts" (Anderson 1986: 161).

Die sich daran anschließende Frage ist nun, was unter ‚Geist' zu verstehen ist, wer oder was im handelnden Subjekt den abduktiven Schluss vollzieht. Völlig klar ist für Peirce, dass nicht das Subjekt mit einem *bewussten* Willensakt dies leistet, also dass nicht das Bewusstsein in einem gesteuerten Prozesse der Anstrengung zu einem Ergebnis gelangt, sondern dass subbewusste Prozesse Erkenntnis hervorbringen: „Ultimately therefore it must come from the uncontrolled part of the mind, because a series of controlled acts must have a first" (Peirce CP 5.194 – 1903).

---

12 Dies hat auch Konsequenzen für jede Hermeneutik: „Eine theorielose Hermeneutik, bei welcher Kategorien aus dem Material ‚emergieren', stellt eine gefährliche methodologische Fiktion da. Der Gefahr des hermeneutischen Dogmatismus entgeht man nicht durch Theorielosigkeit, sondern nur dadurch, dass ein umfassendes Theoriewissen über den untersuchten Gegenstandsbereich zur Verfügung steht und auf dieser Grundlage konkurrierende Deutungshypothesen für die untersuchten Phänomene formuliert werden" (Kelle 2002: 13).

13 Mit ‚Umweltdaten' ist (auch laut Peirce) nicht allein die aktuelle Situation gemeint, sondern stets können alle Erfahrungen des gesamten Lebens neu ausgedeutet werden, denn diese sind permanent präsent: „(…) it is plain enough that all that is immediately present to a man is what is in his mind in the present instant. His whole life is in the present" (Peirce CP 1.310 – 1905).

Mithin ist dieses etwas, das den abduktiven Schluss zustande bringt, auch nicht eine *Kalkuliermaschine,* die, ausgestattet mit allen Gesetzen der Logik selbstständig und unbewusst die subjektive Erfahrung von Welt erst zu sprachlichen Aussagen umgeformt und dann Folgerungen unterschiedlicher Güte produziert.

Es ist auch nicht das (von der psychoanalytischen Literatur immer wieder und gerne beschriebene) *innerpsychische Unbewusste,* das durch die Traumatisierungsgeschichte des menschlichen Akteurs erst seine Ausprägung und seine Macht gewonnen hat. Die Vorstellung eines innerpsychischen Unbewussten, das in den nur begrenzt zugänglichen Bewusstseinsuntergründen seines Gastkörpers seinen Sitz hat und von dort das Handeln des menschlichen lenken soll (auch dann, wenn es latent bleibt), eine solche Vorstellung von einem aktiven Unbewussten hat Peirce immer vehement abgelehnt (vgl. Pape 2002: 286 ff). Und es erscheint auch nicht plausibel, einer solchen innerpsychischen Instanz irgendein Wissen über die Welt oder über die Kultur zuzusprechen.

Aus meiner Sicht kommt (angesichts der neueren neurobiologischen Literatur und in Ermangelung eines anderen Kandidaten) für die Besetzung der Rolle der Ideen findenden Instanz nicht der *Organismus* oder noch allgemeiner: der *Körper* (wie dies lange Zeit die philosophischen Anthropologen vorgeschlagen haben – siehe hierzu auch Raab und Soeffner 2005), sondern allein das *Gehirn* in Frage – und auch Peirce hat bereits in diese Richtung gedacht[14]. Die Befunde der Gehirnforscher können, so meine Sicht der Dinge, die sozialwissenschaftliche und semiotische Deutung kreativer Prozesse ergänzen (vgl. auch Reichertz & Zaboura 2006, Pauen & Roth 2008). Nichts spricht dagegen, die Vorstellungen von Peirce, der ja durchaus naturalistisch dachte, der also Handlungsbögen und Denkformen an Schaltungen von Nervenbahnen knüpfte, durch die Ergebnisse der Hirnforschung anzureichern. Eine neurobiologisch informierte Skizze des abduktiven Denkens könnte m. E. so aussehen:

Das Gehirn (und darauf hat insbesondere William James in seinen Arbeiten immer wieder hingewiesen – vgl. James 2006) speichert, metaphorisch gesprochen, alle Arten von Weltwissen, seine Typisierungen und seiner Reichweiten. Hierzu gehören auch die *,petites perceptions'*[15]. Kleine perceptions, denen Alfred Schütz im Anschluss an Leibniz eine zentrale Stellung für die Entscheidung zwi-

---

14 „Doubt has not the least effect of this sort, but stimulates us to action until it is destroyed. This reminds us of the irritation of a nerve and the reflex action produced thereby; while for the analogue of belief, in the nervous system, we must look to what are called nervous associations." (Peirce Writings II: 247 – 1877)

15 In seinem lesenswerten Buch ,Lebensweltanalyse und Handlungstheorie' hat Thomas Eberle auf die Bedeutung der ,kleinen Wahrnehmungen', der ,petite perceptions', für die Handlungs- und (wenn man so will) für die Entscheidungstheorie von Alfred Schütz hingewiesen (vgl. Eberle 2000: 149 ff.).

schen Handlungsentwürfen einräumt, sind die Wahrnehmungen, „derer wir uns nicht bewußt sind, entweder weil diese Eindrücke zu klein und zu zahlreich sind oder weil sie bis zu einem solchen Grad vereinheitlicht sind, daß sie weder getrennt noch unterschieden werden können" (Schütz 2004: 307). Es sind diese petites perceptions, „die, ohne dass wir es wissen, viele unserer Handlungen bestimmen" (ebd.). Diese ‚kleinen Wahrnehmungen' entsprechen aus meiner Sicht den auch von Peirce angenommenen nicht-bewussten Wahrnehmungen, deren Ausdeutung die Basis von Abduktionen sind.

Es ist das Gehirn (und diese These ist durchaus mit den Überlegungen von Peirce kompatibel), das alle seine großen wie kleinen Wahrnehmungen und Deutungen, die alten wie die aktuellen, erst erneut ausdeutet und dann (im Fall einer ‚passenden' neuen Deutung) diese ins Bewusstsein hebt und durch ein ‚gutes Gefühl' positiv verstärkt. Das Gehirn hat also *keine* Einsicht in die Struktur der Welt, es verfügt auch nicht über eine Intuition, sondern die Basis seines ‚Tuns' sind im Gehirn abgelagerte Erfahrungen, die der Sinnesapparat aufgrund einer Konfrontation mit dem permanenten Dort-draußen gemacht hat. Das deckt sich z. B. mit den Aussagen des Hirnforschers Wolf Singer: „Unser Gehirn speichert im Laufe unseres Lebens eine ungeheure Menge an Sinnes- und Gefühlseindrücken. Dazu kommt noch eine Art intuitives Grundwissen, das schon in unseren Genen festgeschrieben ist. ... Allerdings gelangt nur ein ganz kleiner Teil – vielleicht 20 Prozent – ins Bewusstsein. Wir wissen heute: auch die nicht bewussten Informationen, die unser Gehirn verarbeitet, beeinflussen unser Handeln" (Singer 2003: 120).

Abduktives Denken folgt dann folgender Bahn: Sollten reale oder vorgestellte Handlungsprobleme es wegen ihrer Neuartigkeit notwendig machen, werden in subbewussten Körperprozessen („… the entire logical matter of a conclusion must come from the uncontrolled part of the mind" – Peirce CP 5.194) bewährte Pfade der Wissensverarbeitung verlassen, alte Mauern der Wissensbegrenzung eingerissen, neue Bahnungen geöffnet und erprobt. Dabei gilt – und das zeigen z. B. die Arbeiten des Neurobiologen Hüther sehr deutlich –, dass mit der Größe des Handlungsproblems auch die Umbauaktivität des Gehirns wächst (vgl. hierzu Hüther 1997: 57–78). Ist das Problem klein, kann es also mit dem vorliegenden Wissensbestand zur Zufriedenheit des Akteurs gelöst werden, dann werden die vorhandenen Bahnungen nur ergänzt und leicht modifiziert (qualitative Induktion), lässt sich das Problem jedoch auf den vorhandenen und bekannten Wegen nicht lösen, dann wird radikal umgebaut: Altes wird eingerissen und Neues gebaut (Abduktion). Sehr ähnlich argumentiert auch der Neurologe Antonio Damasio. *Bewusstes* Denken ist nach seiner Auffassung nur die Spitze eines Eisbergs. Unter der Oberfläche befindet sich erst das *Gefühl* als private Vorstellung (Damasio 2000: 57), darunter die *Emotion* als komplexes Reaktionsmuster und darunter relativ einfache Reaktionsmuster, die Damasio *„basale Lebensregulation"* nennt (ebd.: 73 – vergleiche hierzu auch den Beitrag von Schützeichel in diesem Band).

Schließt man sich einer solchen Sicht an, dann wird der abduktive Schluss von dem in der Phylo- und Ontogenese gewachsenen und geformten menschlichen *Gehirn* zustande gebracht und nicht von einem im Körper angesiedelten Ich. Um zu ,intelligenten', also zu den Problemen passenden Ideen zu gelangen, greift das Gehirn (unter Nutzung der phylogenetisch verankerten Strukturen der Wissensverarbeitung) auf das *gesamte* lebensgeschichtlich erworbene (aktuelle wie abgelagerte) Erfahrungswissen zurück, deutet dieses neu aus – löst alte Kontexte auf, findet neue und kann so rekontextualisieren. Später wird das Ergebnis dieses subbewussten kognitiven Prozesses mit einem ,Blitz' in das Bewusstsein gehoben. Dort ist es dann (auf-)gehoben – und festigt bzw. erweitert zugleich die Bahnungen des Gehirns, wirkt also auf dieses zurück (sehr anregend hierzu auch: Tomasello 2002).

Wenn man darauf hofft, dass der Rateinstinkt (weil er Ergebnis der Entwicklung der Natur ist) in der Lage dazu ist, Naturgesetze zu verstehen, dann stellt sich das Folgeproblem, ob ein soziales Gegenüber, also z. B. ein Bayer oder ein Trobriander, ein Technoide oder ein Hell's Angel, ,auf ähnliche Weise' verstanden werden kann. Peirce sieht das in der Tat so, nämlich dass die Menschen nicht nur über einen Rateinstinkt verfügen, der eher richtig als falsch die Naturgesetze versteht, sondern dass sie auch das eingeborene Vermögen haben, die Kultur und somit auch die kulturell gebundenen Symbolisierungen zu verstehen.

> „If we subject the hypothesis, that the human mind has such a power in some degree, to inductive test, we find that there are two classes of subjects in regard to which such an instinctive scent for the truth seems to be proved. One of these is in regard to the general modes of action [of] mechanical forces, including the doctrine of geometry; the other is in regard to the ways in which human beings and some quadrupeds and if in think and feel" (Peirce CP 6.531 – 1901). „The latter function requires all the higher animals to have some insight into what is passing in the minds of the fellows. Man shows a remarkable faculty for guessing at that." (Peirce CP 7.40 – 1907)

Die Menschen verfügen demnach, und das ist natürlich für alle Sozialforscher von Belang, nicht nur über ein lumen naturale, sondern auch über ein *lumen culturale* – so zumindest die Hoffnung (vgl. Bonfatini und Proni 1985: 202). Aber auch hier gilt, dass (zumindest aus meiner Sicht) die Aufnahme möglichst ,guter' Daten sehr hilfreich dabei ist, andere zu verstehen bzw. Ideen dazu zu entwerfen, weshalb sie das tun, was sie tun.

Lassen sich Abduktionen strategisch herbeiführen? 4

> But the scientific spirit requires a man to be at all times ready to dump his whole cartload of beliefs, the moment experience is against them.
>
> *Charles Sanders Peirce*

Das sind die zentralen Bestimmungen von Abduktionen, und nimmt man diese ernst, dann muss man zu dem Ergebnis kommen, dass die abduktive Entdeckung von Neuem entweder auf den blinden Zufall, ein glückliches Schicksal, einen gütigen Gott, eine wohl gesonnene Evolution oder eine besonders günstige Gehirnphysiologie angewiesen ist. Wenn eine dieser Möglichkeiten zuträfe (und Peirce bringt alle einmal ins Spiel), dann läge auch die Vermutung nahe, Wissenschaft als *systematisches* Unternehmen wäre entweder zum Scheitern verurteilt, oder doch recht uneffektiv. Man könnte sich allenfalls vorstellen (und das in der Geschichte ja auch getan worden), dass einige Menschen mit spezieller (auch genetischer) Ausstattung, einen bevorzugten Zugang zu neuen Kenntnissen hätten. Eine weitere Konsequenz dieser Bestimmung des abduktiven Schlussfolgerns wäre, dass man auf spezifische Methoden der Erkenntnisgewinnung und auch deren Unterrichtung verzichten könnte. Anything goes. Forsche wie du willst! Wenn der Blitz der Erkenntnis nicht herbei zu zwingen ist, dann tue irgendetwas: vielleicht springt der Funke, vielleicht auch nicht. Und für diese Position lassen sich mühelos Vertreter finden (z. B. Feyerabend 1981).

Aber wenn die Erkenntnis wie ein Blitz kommt[1] und man diesen nicht algorithmisch geregelt *herbeizwingen* kann, so könnte man fragen, gibt es vielleicht Verhaltensweisen und Vorkehrungen, die es dem Blitz erleichtern ,*einzuschlagen*'?

---

1 „The abductive suggestion comes to us like a flash. It is an act of insight, although of extremely fallible insight" (Peirce – CP 5.181 – 1903).

Denn auch der ‚Blitz‘ kommt nicht völlig unerwartet. So tritt er – um das Bild zu ändern, nämlich vom Lichtblitz (flash) zum Wetterblitz (lightning) zu wechseln – also der ‚lightning‘ nur im Gefolge einer bestimmten Wetterlage auf. Man kann im Gewitter entgegen dem Reim der Volksweisheit[2] die Eichen suchen und vor den Buchen weichen oder gar die Spitze des Kirchturms aufsuchen. Durch keine dieser Maßnahmen kann ganz *sichergestellt* werden, dass der Blitz kommt und trifft, aber die *Möglichkeit* ist doch sehr viel größer als bei jemandem, der nur die strahlende Sonne liebt, sich bei Gewitter stets im Keller aufhält und, falls er doch einmal in das Unwetter muss, die Nähe von Blitzableitern sucht. Kurz: sollte Erkenntnis tatsächlich etwas mit Zufällen zu tun haben, dann kann man dem Zufall eine Chance geben oder sie ihm verweigern.

Hatte ich weiter oben großen Wert darauf gelegt zu zeigen, dass Abduktionen nicht willentlich herbeigeführt werden können und auch nicht den Gesetzen der Logik gehorchen, möchte ich jetzt eine andere Seite mehr beleuchten. Die Frage lautet nun: gibt es Vorkehrungen, Einstellungen oder Umgangsweisen, welche abduktive Prozesse besonders gut ‚hervorlocken‘ oder doch zumindest deren Auftreten begünstigen? Wenn man den Prozess schon nicht steuern kann, lässt er sich dann vielleicht durch gewisse Maßnahmen in Gang setzen? Denn vieles lässt sich beeinflussen, und dass selbst scheinbar vollkommen *un*kontrollierbare Prozesse wie z. B. die Wahrnehmung beeinflussbar sind, ist in vielen Experimenten nachgewiesen worden. So kann durch die bewusste Verlagerung der Aufmerksamkeit eine neue Wahrnehmung evoziert werden. Auch der New Yorker Polizeichef, der nicht im Telefonbuch nach dem Mörder sucht, vertraut *nicht* auf den Zufall, sondern trifft Vorkehrungen, die ihn auf einem ‚breiteren‘ und gangbaren Pfad zu dem gesuchten Mörder führen.

Das Ziel forschenden Denkens ist es, durch die Betrachtung des bereits Bekannten etwas anderes zu finden, das bislang noch nicht bekannt war. Mithilfe von Schlussfolgerungen im strengen Sinne (Deduktion und Induktion) kann dies nicht gelingen. Der abduktive Schlussfolgerer kennt nicht klar und deutlich seinen Weg von der Wahrnehmung zur Erkenntnis, aber er ist sich, „und sei es nur vage, dessen bewußt, was sein leitendes Prinzip ist" (Peirce 1976: 457 – CP 5.441 – 1905). Vages Bewusstsein, was das leitende Prinzip ist – diese Formulierung ist an zwei Stellen recht ‚weich‘: zum einen gibt es kein klares Bewusstsein, das eine Abgrenzung ermöglichen würde, zum anderen sind Prinzipien eher allgemeine normative Aussagen, welche den jeweiligen Einzelfällen mittels Interpretation erst zugeordnet werden müssen. Beide Unschärfen zielen daraufhin, dass es bei die-

---

2   Die hier variierte (im Übrigen nicht zutreffende) Volksweisheit aus der Eifel, die jedem Kind dort früh eingebläut wird, lautet: „Vor Eichen musst Du weichen und Buchen musst Du suchen!"

sem Prozess keinen *exakten* Weg gibt, dennoch aber Fixpunkte zur Orientierung. Oder wenn man an dieser Stelle noch riskanter interpretiert: der Findungsprozess führt nicht über eine immer wieder in gleicher Form wiederholbare Prozedur zum Erfolg, sondern je nach Besonderheit der vorgefundenen Einzelfälle sind allgemeine Richtlinien immer wieder zu modifizieren und zu erweitern. Um einige dieser nützlichen Richtlinien herausarbeiten zu können, nehme ich ein längeres Zitat zum Ausgangspunkt[3]:

„Überhaupt entsteht jedes Forschen aus der Beobachtung einer überraschenden Erscheinung und einer Erfahrung, die entweder eine Erwartung enttäuscht, oder die eine gewohnte Erwartung bezüglich des *inquisiturus* [Partizip Futur Aktiv – das, was ich im Begriff bin zu untersuchen; J. R.] unterbricht; und jede offensichtliche Ausnahme der Regel verstärkt die Überraschung. (…) Das Forschen beginnt mit dem Abwägen dieser überraschenden Erfahrung in all ihren Aspekten auf der Suche nach einem Blickpunkt, von dem aus das Wunder erklärt werden kann. Schließlich taucht eine Vermutung auf, die eine mögliche Erklärung liefert, womit ich einen Syllogismus meine, welcher die überraschende Tatsache als eine notwendige Folge der Umstände ihres Auftretens enthüllt, und der gleichzeitig die Wahrheit der geglaubten Vermutung als Prämisse offenbart. (…) Wie ich sage: er hält sie [die Erklärung] für plausibel; diese Akzeptanz differiert in einigen Fällen – und das tut sie vernünftigerweise so – zwischen einem reinen Ausdruck in Frageform, einer Frage, welche Aufmerksamkeit und Nachforschung wert ist, über sämtliche Schattierungen von Plausibilität bis hin zu der unkontrollierbaren Liebe zum Glauben. Die ganze Reihe kognitiver Leistungen zwischen dem Bemerken der erstaunlichen Erscheinung und der Akzeptanz der Hypothese, (…) die Suche nach den passenden Umständen und deren Auffinden, manchmal ohne unser Bewusstsein, ihre genaue Prüfung, das dunkle Sichvorarbeiten, das Hervorbrechen der überraschenden Vermutung, das Achtgeben auf ihre geschmeidige Anpassung an die Anomalie, wie sie – ähnlich einem Schlüssel in einem Schloss – hin- und hergeschoben wird, und das letztendliche Abschätzen ihrer Plausibilität, – ich schätze, dies alles bildet zusammen die erste Stufe der Forschung" (Peirce CP 6.469 – 1908).

Beobachtung, Überraschung, Suche nach einer Regel, welche das Überraschende weniger überraschend erscheinen lässt, gedankenexperimentelles Ausprobieren einer aufgekommenen Vermutung durch Vergleich mit dem Beobachteten, Hin- und Herschieben von Ideen, Entwicklung einer Hypothese, welche *zweierlei* leistet: sie reduziert einerseits Überraschung, und sie stärkt zugleich den

---

3 Übersetzung von mir. Zurückgegriffen habe ich dabei allerdings auf eine Übersetzung in Grathoff 1989: S. 271 f.

Glauben an die Gültigkeit der gefundenen Regel[4]. Das sind so in etwa die Hauptstationen des abduktiven Prozesses. Einige dieser Stationen werde ich im Weiteren – immer auf der Suche nach vagen Richtlinien – etwas näher untersuchen. Am Anfang steht also die Überraschung, d.h. die *echte* Überraschung. Bewährte Überzeugungen, was ist und was zu tun sein wird, erweisen sich als auf das Beobachtete nicht anwendbar. Es folgen die Sorge und auch die *Angst*. Dass Zweifel und Angst die Suche nach Neuem vorantreiben, betonen auch andere Autoren: „Doubt, accordingly, is the initiator of inquiry. Doubt is not just the absence of belief; rather, it is that state of uncertainty as to what to do next that characterizes the existential situation that we sometimes call ‚anxiety', at other times simply frustration'" (Strauss 1988: 3). Oder noch lapidarer und treffender: „Der Schmerz ist das Auge des Geistes" (Plessner 1982: 172).

Die Angst, die ernste Sorge ist für die Peircesche Argumentation äußerst wichtig, da nur dieser Zustand die instinktiven Kräfte der Erkenntnisgewinnung weckt. Funktionieren die Überzeugungen reibungslos, dann ruhen die Kräfte des menschlichen Rateinstinkts. Aber je größer, d.h. je bedrohlicher die Überraschung ist, desto aktiver wird die instinktive Erkenntnis[5]. Eine ‚papiernerne' oder eine lediglich intellektuelle Überraschung mobilisiert den Rateinstinkt nur mit gebremster Kraft. „Papierene Zweifel – das sind gespielte und cartesianische Zweifelt, laß beiseite. Wirklicher Zweifel ist ein zu beunruhigender Zustand, als daß er unerkannt an uns vorübergehen könnte" (Peirce 1995: 368 – 1908). Will man zu großen Worten greifen, kann man sagen, dass nach den Vorstellungen von Peirce existentielle Erschütterungen am ehesten die kenntniserweiternde Potenz instinktiver Abduktionen entfesseln.

Ein schönes Beispiel, in dem Peirce rückblickend von seinen Fähigkeiten als Hobbydetektiv berichtet, soll das Gesagte einerseits erläutern, aber auch die Betrachtung der einzelnen Stationen des abduktiven Prozesses weiterführen. In einem berühmten und viel diskutierten Manuskript, das 1907 erstellt und 1929

---

4 Im Anschluss an die Überlegungen des letzten Kapitels wäre vielleicht besser, statt von der ‚Gültigkeit der Vermutung' von der ‚Brauchbarkeit' zu sprechen. Denn die regulative Norm, die hinter diesen Überlegungen zu finden ist, bezieht sich eher auf die pragmatische Nützlichkeit als auf Wahrheit. In diese Richtung weist auch die benutzte Metapher vom Schlüssel und dem Schloss. Der Schlüssel, der passt und Verschlossenes öffnet, will nichts abbilden, sondern vor allem Handlungsschranken beseitigen.

5 Wie sehr Peirce (vor allem in den späten Jahren) von der Güte des angeborenen Körperwissens überzeugt war, belegt folgendes Zitat: „Die wichtigsten Fakten wußte man immer schon, nämlich daß der Instinkt selten irrt, während die Vernunft fast in der Hälfte aller Fälle irre geht, wenn nicht noch häufiger" (Peirce 1976: 459 – CP 5.445 – 1905). Woher Peirce allerdings die relativ genauen Zahlen hat, bleibt unklar.

veröffentlicht wurde[6], erzählt Peirce sehr ausführlich (bis zur wörtlichen Wiedergabe der Dialoge) von Ereignissen, die 28 Jahre zurückliegen. Die Klärung der Frage, ob die Erzählung den Tatsachen entspricht, ist für meine Argumentation nicht wesentlich. Es ist vielleicht sogar günstig, dass Peirce erst im Abstand von 28 Jahren darüber berichtet. Die Zeit wird manches ‚verklärt‘ haben, und auf diese Weise könnte die Darstellung eines besonders reinen *Typus* abduktiven Schlussfolgerns – ein Phänomen, das ja jedem Sozialforscher, der mit Interviews arbeitet, hinreichend bekannt ist – entstanden sein.

Im Juni 1879 war Peirce mit einem Schiff von Boston nach New York gefahren. Nachdem er das Schiff verlassen hatte, stellte er zunächst fest, dass er seinen Überzieher und seine wertvolle Uhr in der Kabine vergessen hatte, dann jedoch (nachdem er in seine Kabine zurückgeeilt war und diese durchsucht hatte), dass er offensichtlich bestohlen worden war. Er erschrak sehr, da die Uhr nicht sein Eigentum war und er wegen seiner Nachlässigkeit lebenslange Schande auf sich zukommen sah. Deshalb beschloss er, die Uhr auf alle Fälle und auf schnellstem Wege wiederzuerlangen. Er ließ alle (farbigen) Bediensteten aller Decks zusammenrufen und hieß sie, sich in einer Reihe aufzustellen. Dann schritt er die Reihe entlang, sprach mit jedem ein paar scheinbar belanglose Worte.

---

6 Gemeint ist der in ‚*The Hound and Horn*‘ 2, S. 267–282 veröffentlichte Text ‚Guessing (Peirce 1929). Teile davon – aber nicht die Detektivepisode – finden sich außerdem in Peirce CP 7.36–7.48. Zu den verschiedenen Versionen dieser Ereignisse um die gestohlene Uhr siehe auch Dauben 1995: 147 ff und 188 f. Hookway nennt diese Arbeit ein „curious paper" und eine „far-fetched autobiographical detective story" (Hookway 1985: 225). Eine ausführliche Darstellung und Deutung dieser Episode haben Sebeok & Umiker-Sebeok 1985 und Sebeok 1981 vorgelegt. Sie unterstellen in ihrer Untersuchung die Authentizität dieser Erzählung und kommen m. E. zu Unrecht zu dem Ergebnis, Peirce und Sherlock Holmes schlussfolgerten auf die gleiche Weise. Sie übersehen dabei, dass Peirce mit seiner Geschichte den unbewussten und nicht begründbaren Vorgang des Schlussfolgerns besonders herausarbeitet, während dagegen Holmes seine Schlussfolgerungen nicht nur bewusst tätigt, sondern sie auch zumeist seinem erstaunten Mitstreiter Watson benennen kann (vgl. hier Reichertz 1988b und 1991b). Gegen die These, dass der Detektiv Sherlock Holmes abduktiv folgert, wendet sich auch Richter: „Allerdings möchte ich kritisch anmerken, daß in den genannten Interpretationen ein als weitgehend einheitlich vorgestelltes Konzept der Abduktionslogik vorausgesetzt wird, das sich in dieser Form bei Peirce nicht belegen läßt" (Richter 1995: 126). Peirce selbst, dem die Geschichten von Holmes durchaus bekannt waren, kennzeichnet die Logik des englischen Privatdetektivs als deduktiv, denn er habe eine „habit of making deductions from minor circumstances" (Peirce CP 7.256 – 1901). Nicht ganz so groß wie die Gemeinde derer, welche insbesondere die englischen Privatdetektive für die paradigmatischen abduktiven Schlussfolgerer halten, ist die Gruppe derer, die dies auch für die Helden von Karl May, und hier insbesondere für Old Shatterhand und Winnetou reklamieren (vgl. Neumann 1988 und Neuhaus 1987). Manche halten auch die Pfleger/innen im Krankenhaus für abduktiv verfahrende Detektive (vgl. Abt-Zeggelin 2001).

„Auf diese Weise hoffte ich, einen derart närrischen Eindruck zu machen, daß es mir gelänge, den Dieb an irgendeinem Zeichen zu erkennen. Als ich die Reihe zu Ende gegangen war, machte ich ein paar Schritte zur Seite, wobei ich aber in Hörweite blieb, und brummte vor mich hin: ‚Nicht ein Fünkchen Licht, an das ich mich hier halten könnte.‘ Dem entgegnete jedoch mein zweites Ich (mit dem ich fortwährend Dialoge unterhalte): ‚Du *mußt* den Mann einfach herausbekommen. Vergiß, daß dir die Gründe fehlen, du mußt sagen, welchen du für den Dieb hältst.‘ Ich machte eine kleine Schleife, nachdem ich kaum eine Minute gegangen war, und als ich mich ihnen wieder zuwandte, war jeder Zweifel von mir gewichen." (Peirce 1929: 271)[7]

Der Zweifel war also plötzlich gewichen, und Peirce verdächtigte einen bestimmten Schwarzen, der Dieb gewesen zu sein. Dieser, mit dem Verdacht konfrontiert, leugnete jedoch. Um den Verdächtigen dennoch zu überführen, bat Peirce die Detektei Pinkerton, den Mann zu überwachen und beim Verkauf der gestohlenen Uhr festzunehmen. Der Pinkerton-Mann ermittelte jedoch – wohl auch, weil er das Peircesche Verfahren zur Erlangung eines Verdachts für wenig überzeugend hielt – in eine andere Richtung, konnte aber den Täter nicht dingfest machen. Deshalb ergriff Peirce erneut die Initiative: in seinem Auftrag schrieb die Detektei Pinkerton alle Pfandleiher an mit der Bitte, nach der gestohlenen Uhr Ausschau zu halten. Bald meldete sich ein Pfandleiher, und dieser identifizierte den anfangs von Peirce verdächtigten Schwarzen als den Mann, der ihm die Peircesche Uhr verkauft hatte. Daraufhin suchte Peirce in Begleitung des (vermeintlich) unfähigen Pinkerton-Detektivs das Haus des Schwarzen auf. Als der Detektiv sich (auch wegen rechtlicher) Bedenken weigerte, die gestohlenen Gegenstände aus dem Haus herauszuholen, Peirce „was a little put out. ‚Very well‘ I said, ‚will you at any rate have the kindness just to wait on the sidewalk for ten minutes – or stay, make it twelve minutes – and I will be down with the things‘" (ebd.: 275).

Peirce suchte also selbst die Wohnung des Verdächtigen auf, stieß dort allerdings nur auf dessen Frau nebst Nachbarin. Ein kurzer Blick durch die Wohnung ‚zeigte‘ ihm, dass die noch verschollene Uhrkette auf dem Boden einer Truhe zu finden war. Den fehlenden Überzieher fand er dann ‚problemlos‘ in der Wohnung der Nachbarin. „Ich ging wieder auf die Straße hinunter und erreichte meinen Detektiv ungefähr fünfzehn Sekunden vor Ablauf meiner zwölf Minuten" (ebd.: 277).

Ich habe diese Episode aus dem Leben von Peirce nicht erzählt, um dessen detektivische Begabung hervor zu streichen oder gar in Zweifel zu ziehen, auch ging es mir nicht darum, anhand dieser autobiographischen Skizze die Unbegründetheit abduktiver Schlussfolgerungen herauszuarbeiten, (obwohl dies der explizite

---

7   Die Übersetzung dieses und aller weiteren Zitate aus Peirce 1929 ist Sebeok & Umiker-Sebeok 1985 entnommen.

Erzählanlass für Peirce selbst war). Mir geht es hier um die *Rahmung* der Schluss-prozesse, also auch die Untersuchung der Frage, *in welchem Handlungskontext das Raten steht?*

Den Anstoß für diese Eigeninitiative in Sachen ,*detective work*' gab die Angst – und zwar nicht die Furcht vor dem Verlust der 350 Dollar, welche die Uhr wert war, sondern die Angst vor einer erwarteten „life-long-professional disgrace" (ebd.: 270). Der Körper geriet in einen Alarmzustand, und die Angst mobilisierte den Rateinstinkt, doch offensichtlich nicht genug. Als er nach den ersten Unterhaltun-gen mit den farbigen Bediensteten noch keinen Verdächtigen benennen konnte, setzte er sich willentlich unter weiteren Handlungsdruck. Sein zweites Ich befahl ihm nämlich: „Du *mußt* den Dieb finden, auch wenn dir der Verdacht nicht be-gründet sein mag!" In dieser teilweise selbst herbeigeführten Notsituation kommt es zu abduktiven Blitzen.

Im Schlussteil der Erzählung wiederholt sich dieses Muster. Zwar war die ge-stohlene Uhr bereits wieder in seinem Besitz, doch es fehlten noch Uhrkette und Überzieher, um den Zustand (der durch den Diebstahl gestörten) Zufriedenheit wiederherzustellen. Höchst ungehalten war Peirce wegen der Ignoranz des „bes-serwisserischen" und „übervorsichtigen" Pinkerton-Mannes. Unzufriedenheit und Ärger provozierten erneut einen Zustand erhöhter Aufmerksamkeit, der da-durch noch erheblich verschärft wurde, dass Peirce sich selbst unter immensen Zeitdruck setzte: in spätestens zwölf Minuten wollte er mit seinem Eigentum zu-rück sein. In diesem selbst auferlegten Alarmzustand kommt es erneut – nämlich als notwendige Entscheidungen getroffen werden mussten – zum Auftreten ab-duktiver Blitze. Auf diese Weise unterbot er sogar seine gesetzte Zeit um 15 Sekun-den, wie er befriedigt feststellte.

Abduktionen können nicht durch ein Verfahrensprogramm (unter Laborbe-dingungen) herbei gezwungen werden, aber man kann, und dies ist die Lehre der Episode vom Privatdetektiv Peirce, Situationen herbeiführen, in denen sich Abduktionen eher ereignen. Und offensichtlich ist die Anwesenheit von *ech-tem Zweifel* oder *Unsicherheit* oder *Angst* oder *großem Handlungsdruck* für sol-che Situationen konstitutiv. Mit einer größeren Wahrscheinlichkeit von plötzlich sich ereignenden Abduktionen kann zudem gerechnet werden, wenn ein *erhöh-ter Alarmzustand* entweder gegeben ist oder künstlich und bewusst herbeigeführt wird. Entscheidend ist die erreichte ,*Echtheit der empfundenen Not*', welche nach einem Ausweg, nach einer Lösung sucht – so Peirce. Man sieht hier sehr klar, wie sehr Peirce auf die Existenz eines ,*lumen naturale*' vertraut, das gerade in Momen-ten großer Gefahr einen Ausweg weist – oft aber auch nicht.

Aber Peirce deutet noch auf eine weitere, sich von der anderen deutlich abhe-bende Möglichkeit hin, Situationen zu schaffen, in denen es signifikant häufiger zu neuen Erkenntnissen kommt. Um sie herbeizuführen, darf der nach Erkenntnis Strebende sich *auf keinen Fall* unter Handlungsdruck setzen lassen oder gar selbst setzen. Stattdessen soll er ohne ein bestimmtes Ziel oder eine besondere Aufgabe seinen Geist wandern lassen. „In fact, it is Pure Play. Now. Play, we all know, is a little exercise of one's power. Pure Play has no rules, except this very law of liberty" (Peirce CP 6.458 – 1908) Das geistige Spiel ohne Regeln nennt Peirce ,*musement*', ein Spiel der Versenkung – Tagträumerei. Wie man in den Zustand der Tagträumerei gelangt, kann man einigen schon fast poetischen Formulierungen von Peirce entnehmen:

> „Enter your skiff of musement, push off into the lake of thought, and leave the breath of heaven to swell your sail. With your eyes open, awake to what is about or within you, and open conversation with yourself: for such is all meditation! It is, however, not a conversation in words alone, but is illustrated, like a lecture, with diagrams and with experiments" (Peirce CP 6.461 – 1908).

Betrete Dein kleines Boot der Versenkung, stoße Dich ab in den See Deiner Gedanken und lasse den Atem des Himmels Deine Segel füllen! Um dies zu tun, bedarf es der Muße, d. h.: die Befreiung von dem aktuellen Handlungsdruck ist die grundlegende Bedingung, ohne die das Boot nicht in Fahrt kommt[8]. Dies widerspricht scheinbar sehr vehement den Rahmenbedingungen für gelingende Abduktionen, welche Peirce in seinem Detektivbeispiel nennt. Dort wirkte sich sogar eine Steigerung des Handlungsdrukkes für den abduktiven Prozess förderlich aus.

Der Widerspruch des ersten Anscheins löst sich allerdings auf, wenn man das Typische der beiden ,*abduktionsfreundlichen*' settings sucht. Denn in beiden Fällen bewirken die Verfahrensweisen, dass der *bewusst arbeitende,* mit logischen Regeln vertraute *Verstand* ausmanövriert wird. Oder wie Joas formuliert: „Die Abduktion steht gerade zwischen einer bloß passiven Aufnahme von der Sinneseindrücken und einer Kommunikation mit anderen über Erklärungshypothesen. In ihr befreit sich der Wissenschaftler sowohl vom Druck der Wahrnehmung wie

---

8 Es gibt eine weitere (nicht weniger poetische, doch inhaltlich gleiche) Anleitung zur Erreichung von musement: „If one who had determined to make trial of Musement as a favorite recreation were to ask me to advice, I should reply as follows: The dawn and the gloaming most invite one to Musement; (…) It begins passively enough with drinking in the impression of some nook in one to the three Universes. But impression soon passes into attentive observation, observation into musing, musing into a lively give and take of communication between self and self. If one's observations and reflections are allowed to specialize themselves too much; the Play will be converted into scientific study; and that cannot be pursued in odd half hours" (Peirce CP 6.459 – 1908).

Lassen sich Abduktionen strategisch herbeiführen?

vom Druck überbrachter Deutungen und stellt zu beiden ein freies Verhältnis her" (Joas 1996: 198)[9].

Der Detektiv Peirce lässt dem kalkulierenden Verstand erst gar keine Zeit, sich mit der Lösung seines Problems zu beschäftigen, deshalb übernimmt der Rateinstinkt diese Aufgabe, und der tagträumende Peirce schaltet das logische Urteilsvermögen aus, indem er sich dem ‚*Atem des Himmels*' anvertraut – was immer das auch sein mag. Es wird nicht nötig sein, die Bedeutung dieser Metapher im Einzelnen zu bestimmen[10], es reicht für meinen Zweck, die angestrebte Argumentationsrichtung zu verdeutlichen. Der geistige Prozess der Versenkung soll ein Zustand des ‚*Getriebenseins*' sein, verlustig der eigenen, bewussten Steuerung.

Allerdings ist die Tagträumerei – folgt man den Ausführungen von Peirce – nicht ein Zustand der Leere. Der Tagträumer segelt mit offenen Augen, empfänglich für alles um ihn herum und in ihm. Zudem ‚*spricht*' er mit sich. Nicht auf seine Reise mitgenommen hat der Segler sein bisheriges Wissen um eine *gedeutete* Welt. Am Ufer zurückgeblieben sind die festen Überzeugungen von der Beschaffenheit der Natur, der Sozialität und auch der Logik. Mitgenommen auf die Fahrt werden allein Wahrnehmungen, nicht deren bislang bewährte sprachliche Interpretation.

Der Tagträumer gibt *spielerisch* den Glauben an seine bisherigen Überzeugungen auf und erreicht damit das, was im Detektivbeispiel die alltägliche Praxis des Kleindiebstahls erreichte. Der Tagträumer gelangt – hat er die Überzeugungen erfolgreich ausgeklammert – zu den noch ungedeuteten, mannigfaltigen (aber dennoch zeichenhaften) Wahrnehmungen, die Grundlage seiner einstigen Überzeugungen waren. Die bislang bewährte Koppelung zwischen Wahrnehmung und

---

9 Eine solche Befreiung vom „Druck der Wahrnehmung" kann sich aber auch spontan einstellen: „A mass of facts is before us. We go through them. We examine them. We find them a confused snarl, an impenetrable jungle. We are unable to hold them in our minds. We endeavor to set them down upon paper; but they seem to be so multiplex intricate that we can neither satisfy ourselves that what we have set down represents the facts, nor can we get any clear idea of what it is that we have set down. But suddenly, while we are poring over our digest of the facts and are endeavoring to set them into order, it occurs to us that if we were to assume something to be true that we do not know to be true, these affects would arrange themselves luminously. That is abduction (...)" (Peirce 1992a/II: 531 f). Und dann: „Suddenly the idea of the mode of connection, of the system, springs up in our minds, is forced upon us, and there is no warrant for it and no apparent explanation of how we were led so to view it" (Peirce CP 7.677 – 1903).

10 Dennoch eine kleine Skizze, auf welche Bedeutungen die von Peirce gewählte Metapher verweist – und das gewiss nicht aus Zufall. Es ist nicht der Atem eines Gottes, sondern der Atem stammt von etwas unterhalb des Göttlichen und zugleich oberhalb des Menschlichen, es ist der Atem des Himmels. Dieser ist Teil der Natur, wenn auch deren (buchstäblich) höherer Teil. Der Atem ist einerseits Lebensäußerung der Natur, und er bringt andererseits (neues) Leben, indem er das Segelboot in Fahrt bringt.

Wahrnehmungsurteil wird rückgängig gemacht, eine erneute Deutung wird möglich. In anderen Worten: der Tagträumer kündigt die bislang gültige Deutung des Wahrnehmungsurteils auf und nimmt eine Neuinterpretation in Angriff. Die bislang herrschende Zuordnung, von welchem ‚type' eine Wahrnehmung ein ‚token' ist, wird aufgelöst und ein neuer ‚type' gesucht. Die Gültigkeit der Regel, welche das Beobachtete zum Fall einer Regel macht, wird ausgesetzt, und man hält nach einer neuen Regel Ausschau.

Dieser Prozess des Ausschauhaltens folgt nicht den Bahnen der Grammatik einer Sprache, denn der Dialog des Träumenden mit sich selbst über das Wahrgenommene wird nicht allein mit Worten geführt, sondern auch mit ikonischen Zeichen *(Diagrammen)* und vorprädikativen, aber dennoch zeichenhaften Erfahrungen. Dennoch kommt es es auch so nicht zu einem Kontakt mit den Dingen selbst, der Erstheit. Für Peirce ist dem Menschen nämlich keine Erkenntis ohne Zeichen möglich. Zeichen sind immer zuerst. Es ist prinzipiell nicht möglich, zu einem Jenseits der Zeichen zu gelangen. Denn „jeder Begriff und jeder Gedanke jenseits der unmittelbaren Wahrnehmung ist ein Zeichen" (Peirce 1993: 240, MS 318 – 1907).

Die oben Maßnahmen zielen darauf ab, die bisherige Verbindung von Wahrnehmung und Deutung als Fall-von-etwas nachhaltig zu stören, um so eine neue Deutung zu ermöglichen. Diese Störung kann nur nachhaltig sein, wenn sie ernst gemeint ist. (Im Detektivbeispiel bewirkt die tiefe Sorge um das gesellschaftliche Ansehen die Bereitschaft, neue Überzeugungen zu suchen.) Steht der Zweifel, dass die bisher gültige Verbindung von Wahrnehmung und Deutung unpassend ist, lediglich auf dem Papier *(‚Papierzweifel'),* dann ist die Gefahr der Wiederholung der bisher gültigen Deutung, also der Subsumtion, sehr groß.

Rückblickend kann man also festhalten, dass Peirce *zwei Großstrategien* vorschlägt, wie man das Klima für abduktive Blitze verbessern kann. Auf den ersten Blick scheinen sich diese beiden Verfahren auszuschließen: *‚Verschärfen des Handlungsdruckes'* einerseits, *‚vollkommene Entlastung'* andererseits. Doch die nähere Betrachtung hat gezeigt, dass beide Strategien darauf abzielen, ein gemeinsames Ziel zu erreichen: es geht um die *Ausschaltung des bewusst kontrollierenden und planenden Verstandes.* Statt dem kognitiven Verstand die Lösung eines Problems anzuvertrauen, manövrieren sich Detektiv und Tagträumer in eine Lage, in welcher der (angeborene) ‚Rateinstinkt' zum Zuge kommen kann. Dies gelingt allerdings nur – und das ist entscheidend – wenn die Ausschaltung des Verstandes *ernsthaft* angestrebt wird. Diese Bereitschaft ist nicht per Beschluss herstellbar, sie kann nicht in einer künstlichen ‚Als-ob-Unterstellung' herbeigeführt werden. Diese Bereitschaft, an bisherigen Gewissheiten zu zweifeln, lässt sich genauso wenig künstlich erlangen, wie es unmöglich ist, sich selbst zu erschrecken. Alle Maßnahmen, günstige Bedingungen für Abduktionen zu schaffen, zielen also meist auf eins ab: auf die Erlangung einer *Haltung,* alte Überzeugungen aufzugeben und nach neuen zu suchen.

Abduktives Schlussfolgern ist – so meine Zuspitzung – kein logischer Schluss im strengen Sinne, der aufgrund genau angebbarer Schritte zu einem bestimmten Ergebnis kommt, sondern ist Ergebnis einer Einstellung, eine *Haltung,* eines *habitus,* tatsächlich etwas *lernen* zu wollen und nicht Gelerntes anzuwenden. Abduktives ,*Räsonieren*' ist also kein glückliches, zufälliges Raten ins Blaue hinein, sondern ein informiertes Raten. Wenn man so will (und wie Pasteur bereits schrieb): *das Glück trifft immer nur den vorbereiteten Geist.* Abduktives Schlussfolgern mag eine Form des Ratens sein, aber es ist gewiss kein zufälliges Raten, sondern ein Raten mit guten Gründen, die allerdings nicht zwingend auch die besten Gründe sind.

Abduktives Denken ist also keine Methode, mit deren Hilfe sich logisch geordnet (und damit operationalisierbar) Hypothesen oder gar eine Theorie generieren lässt, sondern der abduktive Denkprozess ist Ergebnis eine Haltung gegenüber Daten und gegenüber dem eigenen Wissen: Daten sind ernst zu nehmen, und die Gültigkeit des bislang erarbeiteten Wissens ist einzuklammern. Oder etwas pathetischer:

> „Doch auch der Wissenschaftler muß ,sein Herz hüten', aber der Zweck, zu dem er dies tut, ist dem des religiösen Eiferers diametral entgegengesetzt. Anstatt daß er Wache hält über das, was er in seiner unschuldigen Jugend gelernt hat, um es zu bewahren, muß der Wissenschaftler sich vor veralteten Wegen des Denkens hüten und sich bereithalten, all sein Wissen aus früheren Jahren über Bord zu werfen, sobald Raum für die Entwicklung von Vorstellungen verlangt wird, die neuen Entdeckungen entspringen" (Peirce 1995: 546 – MS 851 – 1911)[11].

Will man die erkenntnistheoretischen Überlegungen von Peirce bei der Durchführung der eigenen empirischen Forschung nutzen, dann hat das Konsequenzen für die Phase der *Datenerhebung* und auch für die Phase der *Datenauswertung.* Von Beginn an sollte der Forscher darum bemüht sein, eine ,*abduktive Haltung*' aufzubauen. D. h., er muss seine Forschung so gestalten (siehe Reichertz 1991a), dass seine erlernten, ,*alten*' Überzeugungen ernsthaft auf die Probe gestellt und ggf. ,*neue*' tragfähigere Überzeugungen gebildet werden können. Dieses ,*Programm*' lässt sich jedoch nur sinnvoll umsetzen, wenn die erhobenen Daten so beschaffen sind, dass ihre Verrechenbarkeit mit den abgelagerten Überzeugungen nicht von vornherein gewährleistet ist. Die Daten müssen die Eigenschaften eines

---

11 Ähnlich auch: „But the scientific spirit requires a man to be at all times ready to dump his whole cartload of beliefs, the moment experience is against them" (Peirce CP 1.55 – 1896).

Wetzsteines besitzen, und der Interpret muss gezwungen sein, seine überkommenen Vorurteile abduktiv ab- oder umzuschleifen. Am widerstandfähigsten dürften m. E. *nicht standardisiert* erhobene Daten, also audiovisuelle Aufzeichnungen sein (vgl. Reichertz 1991a). Da solche Daten von den Akteuren nicht in Anbetracht einer forschungsleitenden Fragestellung produziert und die Erhebung selbst nicht von subjektiven Wahrnehmungsschemata geprägt wurde, ist die Wahrscheinlichkeit recht groß, dass sie *nicht* von vornherein mit den eigenen abgelagerten Überzeugungen zur Deckung zu bringen sind. Als fast *,authentische'* alltagsweltliche Lebensvollzugsspuren sind sie geradezu prädestiniert dafür, Widerstand zu leisten.

Wenn die Erhebung nicht standardisierter Daten *nicht* möglich ist oder keinen Sinn macht, dann ist der Forscher genötigt, selbst Daten zu produzieren. Er muss entweder Beobachtungsprotokolle anfertigen, Interviews führen, Fragebögen entwerfen und verschicken oder Experimente durchführen – und er tut gut daran, dies nach wissenschaftlich verbindlichen Standards zu tun; mithin produziert er Daten, die von (wissenschaftlichen) Standards geprägt sind (= standardisiert erhobene Daten).

Bei der Erhebung solcher Daten befindet sich der Forscher dann zwangsläufig in dem Dilemma, Daten auf die untersuchungsleitende Fragestellung hin zu entwerfen. Damit besteht unhintergehbar die Gefahr, dass die abgelagerten Überzeugungen vorschnell bestätigt werden und Überarbeitungschancen von vornherein verwirkt sind. Aus dieser Schwierigkeit gibt es im Grunde genommen kein Entrinnen.

Man kann dieser Schwierigkeit aber trotzdem (in Grenzen) entgegenwirken und zwar in der Beherzigung von zwei Erhebungsprinzipien: (a) der Forscher sollte *(nur!)* in Bezug auf den zu untersuchenden Sachverhalt möglichst *naiv* in sein Untersuchungsfeld gehen und Daten sammeln. (b) Gerade in der Einstiegsphase sollte eine möglichst *unstrukturierte* Datenerhebung gewährleistet sein. Der Grund: eine frühzeitige analytische und theoretische Durchdringung des Materials und eine sich daran anschließende gezielte Erhebung von Daten in der Eingangsphase würde nur dazu führen, den Datenwetzstein, an dem sich später Theorien bewähren und entwickeln lassen sollen, frühzeitig zu entschärfen. Setzt der Forscher bei der Erhebung standardisierter Daten diese beiden Prinzipien um, dann ist zumindest strukturell die Möglichkeit eröffnet, dass die Daten *,ihn ins Grübeln bringen',* ihn an seinen *,alten'* Überzeugungen zweifeln lassen.

Auch in der Phase der *Datenauswertung* sollte man Methoden auswählen, die geeignet sind, die eigenen, mühsam erlernten Wissensbestände ins Straucheln zu bringen. Besonders gut hierfür geeignet ist (wenn auch nicht allein) die *Sequenzanalyse,* also die detaillierte, praxisfremde und sukzessive Interpretation von Daten (siehe hierzu Oevermann 1996, Soeffner 1989, Reichertz 1991a, Schröer 1994,

Hitzler & Reichertz & Schröer 1999, Bohnsack 1999, Flick 1995). Allerdings nicht deshalb, weil sie sich vermeintlich den Sachen selbst anschmiegt (wie z. B. Oevermann immer wieder betont), sondern weil sie ein so *unpraktisches* Verfahren ist. Die strikte Durchführung einer Sequenzanalyse (also die extensive hermeneutische Auslegung der Daten in ihrer Sequenzialität) kostet nicht nur immens viel Zeit, sondern sie zerstört im Prozess der systematischen und gesteigerten Sinnauslegung alle Selbstverständlichkeiten eigener Perspektivik und eigener Sprache.

Strikte Sequenzanalysen führen dazu, dass alle für uns gültigen Vorurteile, Urteile, Meinungen und Ansichten in der Regel schnell zusammenbrechen. Sequenzanalyse dient also gerade nicht dazu, sich an den Gegenstand anzuschmiegen, das wäre ein realistisches Missverständnis dieser Methode, sondern Sequenzanalyse ist nur ein Verfahren zur Zerstörung unserer gesamten sozialen Vorurteile. Ist die eigene Perspektivik erst mittels Sequenzanalyse einmal zerstört, dann ist der Weg frei für abduktiv gewonnene neue Hypothesen zum Gegenstandsbereich.

Einwenden könnte man an dieser Stelle, der gesamte Aufwand sei sinnlos und wenig erfolgreich, weil letztlich zirkulär. Der Einwand trifft, wenn auch die Lage nicht ganz so misslich ist. Auch wenn es nicht möglich ist, Konsens über eine Theorie zu erzielen, was als Datum gelten und was es repräsentieren soll, so erreicht man doch eins: die Prämissen des Interpretierens werden sichtbar und für den Rezipienten einer Studie/Theorie kalkulierbarer. Kurz: man weiß selbst besser, was man tut, und andere erfahren es auf diesem Wege ebenfalls – können es also akzeptieren oder kritisieren.

Die Abduktion als erster Schritt einer Forschungslogik in drei Schritten

5

> Wie weiß man, welcher Gedanke der richtige ist?
>
> *Henning Mankell*

Indem Peirce in seinen späten Arbeiten die Abduktion als einen weitgehend unbewussten und überwiegend vorprädikativen Schlussprozess konzipiert, entwirft er das Finden von Ideen, die echte Überraschungen auflösen, als *Kunst* eines nichtdiskursiven ,*Räsonierens*' („Art of Reasoning"), welche dazu in der Lage ist, Nochnicht-Diskursives diskursiv macht, wenn man so will: Neues in die Welt zu bringen oder anders: neue Hypothesen zu erzeugen.

Man sollte jedoch, will man eine recht beachtliche Begriffsverwirrung vermeiden, den Vorgang des Aufstellens von (untersuchenswerten) Hypothesen zumindest in zwei Unterprozesse weiter aufteilen, die sich in ihrer Logik gravierend unterscheiden: zum ersten den Prozess des *informierten Ratens* als Ergebnis der Ausdeutung von Wahrnehmungsdaten (Abduktion), und zum zweiten den Prozess der *Bewertung* eben dieser Sinnschließung. Ähnlich unterscheidet auch Peirce: „Ich bezeichne (…) diesen Schritt auf dem Wege zu einer Schlußfolgerung, worin sich eine erklärende Hypothese zum ersten Mal nahe legt, mit dem Namen *Retroduktion*" (Peirce 1995: 377 – 1908). Die Retroduktion (= Abduktion) findet in der ersten Phase statt, das Äußern einer Hypothese in der zweiten. Das Zusammenbinden von bestimmten Merkmalen zu einer bestimmten Bedeutung, die Sinn macht und ein gutes Körpergefühl auslöst (auch wenn das Körpergefühl letztlich irrt), ist das Erste. Das Zweite ist das Bewerten eben dieses Körpergefühls und das Abschätzen der Wahrscheinlichkeit und des Aufwandes, diese gefundene Deutung zu überprüfen.

Peirce unterscheidet also Prozess und Ergebnis. Den Prozess, der Daten etwas hinzufügt, was nicht in ihnen enthalten ist, nennt er ,*Abduktion*', die sprachliche Form seines Endpunktes ‚*Hypothese*‘. Mittels Abduktion wird den Daten etwas Neues hinzugefügt, die Hypothese bringt dagegen das Neue in eine *prädikative* Form, stellt es dar. Beobachtete Fakten oder genauer: ‚*die Daten der Wahrnehmung*‘ enthalten noch kein Wissen, „in order to attain such knowledge, additions must be made to the data of perception. Any proposition added to the perceptions, tending to make these data illuminate other circumstances than these under which they were observed, may be called a hypothesis" (Peirce MS 692: 14 – 1901).

Die Abduktion kommt ‚*irgendwie*‘, auf eine nicht genau beschreibbare Weise zu einer Vermutung, einem Verdacht, die Hypothese – als Endpunkt der Abduktion – formuliert den Verdacht und liefert damit zugleich die Möglichkeit zur Überprüfung. Der erste Begriff bezieht sich auf den Prozess des Findens einer Vermutung in actu, der zweite auf den der nachvollziehbaren Begründung der Annahme ex post.

Sinnerschließung und Bewertung der Sinnschließung sind also zwei durchaus verschiedene Prozesse, und wenn man die beiden miteinander vermengt, kann das leicht zu der Verwirrung führen, da man geneigt sein könnte (und das ist in der Peirce-Rezeption immer wieder geschehen), die Besonderheit des Zweiten (Äußern einer Hypothese) auf die Besonderheit des Ersten (neuartige Vermutung) zu beziehen.

Aber die Sache ist jedoch noch komplizierter: Kapitan unterteilt nämlich mit guten Gründen den Prozess des Findens einer neuen Vermutung selbst wieder in unterschiedliche Phasen: „Es ist sehr wichtig, zwischen folgendem zu unterscheiden: (i) dem ersten Erfassen, daß man auf gewisse Weise schließen könnte (das ist die kreative Beobachtung), (ii) dem tatsächlich auf diese Weise Schließen (Vermuten) und (iii) dem Bewerten des rekonstruierten Schlusses" (Kapitan 1994: 154). Will man also die Gedanken hinsichtlich der Besonderheit der Abduktion klären, dann macht es durchaus Sinn zu unterscheiden zwischen dem geistigen Akt des subbewussten *Erfassens* einerseits, dem Akt der ebenfalls subbewussten *Verfestigung* zu einer Vermutung andererseits und schlussendlich dem Akt des bewussten *Bewertens* als einer weiteren Überprüfung wert.

Bei der Abduktion sind also drei Teilprozesse zu unterscheiden, von denen die ersten beiden subbewusst und der dritte bewusst stattfindet: Erfassen, Verfestigen und Bewerten. Die ‚*Logik*‘ der beiden ersten Prozesse ist durchaus unterschiedlich und bis heute weitgehend unbekannt: wie und weshalb ein X mit einem Neuen Y verbunden wird, so dass es Sinn macht, vermag zurzeit noch niemand zu sagen. Und weshalb der Körper manche dieser Sinnschließung als plausibel ansieht und dies dem Schlussfolgerer mit Hilfe eines guten Gefühls mitteilt, ist völlig unklar. Gewiss ist nur, dass jenes (mit solchen blitzartigen Sinnschließungen einhergehende) angenehme Körpergefühl jederzeit irren kann.

Die Abduktion als erster Schritt einer Forschungslogik in drei Schritten   127

Das erste subbewusste Bewerten einer ersten Sinnschließung ist also vom späteren bewussten Bewerten zu unterscheiden. Letzteres erfolgt aufgrund der Welterkenntnis des Forschers, ergibt sich also aus der Abschätzung empirischer Wahrscheinlichkeiten. Abduktionen liefern deshalb nicht die wahrscheinlichste Lesart, sondern die, die unter den gegebenen Umständen als ‚passend' erscheint. Eine Abschätzung der Wahrscheinlichkeit findet erst einmal nicht statt. Bei Abduktionen wird (in diesem Verständnis) also immer an die Daten und die Ausdeutungsprozesse zurück gebunden, nicht an die Logik.

> „Here, not only is there no definite probability to the conclusion, but no definite probability attaches even to the mode of inference. We can only say that the Economy of Research prescribes that we should at a given stage of our inquiry try a given hypothesis, and we are to hold to it provisionally as long as the facts will permit. There is no probability about it. It is a mere suggestion which we tentatively adopt" (Peirce 1992b: 142).

Die Leistung der Abduktion ist, vor diesem Hintergrund betrachtet, für die Erreichung guter Theorien völlig unzureichend – unvollkommen. Soll das Ziel ‚guter Theorien' erreicht werden, dann bedarf es der Ergänzung durch weitere Prozeduren: der systematischen Überprüfung von Hypothesen. Peirce unterscheidet deshalb innerhalb des Gesamtprozesses zur Erlangung einer guten Theorie sehr scharf zwischen dem *Auffinden* einer Hypothese und deren spätere *Überprüfung* mit Hilfe von weiterer Forschungsarbeit – also (in terms des kritischen Rationalismus, der diese Unterscheidung sehr viel später propagiert hat) zwischen *Entdeckungs-* und *Rechtfertigungszusammenhang* – zu der Begriffswahl siehe Reichenbach 1983 und Popper 1973; vgl. auch Kelle 1994. Entdeckung und Überprüfung sind demnach *zwei* von einander zu unterscheidende Teile eines Prozesses des Erkennens, des Aufdeckens, des Forschens. Die ‚Logik der Forschung' ist also in eine ‚Logik der Entdeckung' und eine ‚Logik der Überprüfung' zu unterteilen.

Für die zweite Phase, also die systematische Überprüfung der neuartigen Vermutung, hat Peirce immer wieder auf die Notwendigkeit der *Ökonomisierung* hingewiesen – was bedeutet, dass zuerst jene Hypothesen einem Testverfahren unterzogen werden, die sich am einfachsten (schnellsten) testen lassen und deren Prüfung die weitreichendsten Folgen hätten (siehe hierzu Wirth 1999 und Kapitan 1994). Aus der Perspektive des Hypothesentesters sind also solche Hypothesen die brauchbarsten, welche sich möglichst ökonomisch untersuchen lassen. „Now economy, in general, depends upon three kinds of factors:

- cost;
- the value of the thing proposed, in itself;
- and its effect upon other projects" (Peirce CP 7.220 – 1901).

Mit Bezug auf die *erste* Gruppe ökonomisierender Faktoren meint Peirce, dass der Einsatz von Geld, Zeit und geistiger Energie möglichst klein gehalten werden sollte. Schwerer fällt es allerdings schon, wenn in der *zweiten* Abteilung ,*innere*' ökonomisierende Werte einer Hypothese genannt werden sollen. „Under the head of value, we must place those considerations which tend toward an expectation that a given hypothesis may be true. These are two kinds, the purely instinctive and the reasoned" (ebd.). Beide (sowohl das instinktive Gefühl der Gültigkeit als auch die Überlegung menschlicher Vernunft) können irren, doch wenn man weder eine Hypothese für vernünftig hält noch ihre mögliche Gültigkeit ,*irgendwie*' fühlt, dann ist es vergeudete Zeit, sie zu überprüfen. Mehr soll die Rede von den ,*inneren*' Werten einer Hypothese nicht besagen. Sehr viel handfester ist dagegen die *dritte* Gruppe ökonomisierender Faktoren. Zu nennen sind Behutsamkeit (Caution), Reichweite (Breadth) und Einfachheit (Incomplexity) (vgl. ebd.). Hypothesen sollen also (a) nicht voreilig etwas ausschließen, (b) keine große Tiefenschärfe besitzen und (c) möglichst einfach sein.

Für Peirce sind also die Prozesse der Erkenntnisfindung und der Erkenntnisbegründung keinesfalls miteinander vergleichbar oder gar strukturgleich. Die Abduktion bedarf (so Peirce) keiner Rechtfertigung, ganz anderes gilt jedoch für das Produkt der Abduktion: die Hypothese. Sie kann und muss getestet werden, und mit der Hypothese steht oder fällt auch die Abduktion. Für Peirce sind Hypothesen also die sprachlichen Zeugen nicht-sprachlicher Schlussprozesse.

Diese Hypothesen sind nun kritisierbar, weil sie getestet werden können. Und sie können getestet werden, weil sie Propositionen sind, die behauptet, vermutet, gefürchtet oder erhofft werden. Eine Proposition existiert jedoch (wie Peirce ausführt) im strengen Sinne nicht. „Sie ist eine reine Möglichkeit" (Peirce 1986: 414 – MS 599 – 1902). Was existiert und die Proposition erst sichtbar macht (aber, so denke ich, auch denkbar werden lässt), ist der Satz. Ein Satz ist jedoch immer die Inanspruchnahme der Semantik, Grammatik und Pragmatik einer Interaktionsgemeinschaft. Der Satz ist nur vor dem Hintergrund dieser Semantik, Grammatik und Pragmatik zu verstehen. Die Implikationen eines Satzes sind die Implikationen der gebrauchten Sprache. Ohne sprachliche Fassung ließe sich keine Implikation einer Proposition ausmachen. Und die gefundenen Implikationen folgen allesamt der Logik der verwendeten Sprache, verstanden als grundlegendes Kommunikationsmedium einer Interaktionsgemeinschaft. Die Implikationen ergeben sich also auf keinen Fall nur aus den Prinzipien einer formalen Logik.

Die Hypothese schließt also die vorprädikative Abduktion an ein bestimmtes Sprachsystem an, an eine bestimmte Gliederung von Vernünftigkeit und Ordnung, kurz: an die Pragmatik einer Interaktionsgemeinschaft. Gerade deshalb ist die sprachliche Form der Hypothese unverzichtbar und für den Beginn der Überprüfungsarbeit grundlegend. Das bedarf der Erläuterung. Ein kleines Beispiel soll dabei helfen: Die Hypothese „Peter Maier ist der Mörder!" weist, wenn man den Differenzierungen von Peirce folgt, zumindest vier Aspekte auf. Zum ersten ist diese Hypothese Ergebnis eines bewussten oder unbewussten *Urteils* (in diesem Falle einmal angenommen: einer Abduktion). Zum zweiten stellt die Hypothese zugleich eine *Behauptung* auf, was heißt: es liegt eine Handlung vor, durch die eine Person sich für die Wahrheit einer Proposition verantwortlich erklärt. Zum dritten erscheint die Hypothese in Form eines *Satzes*. Der Satz ist das sprachliche Kleid der Proposition. Die *Proposition* selbst (und damit komme ich zum vierten Aspekt) besteht aus der Bedeutung des Satzes – was in der Tradition der pragmatischen Maxime letztlich heißt, die Proposition ist eine Aussage über *mögliche* und zukünftige Handlungen oder den *möglichen* oder *zukünftigen* Zustand von Dingen. Da die Hypothese mögliche zukünftige Handlungen entwirft, kann sie getestet werden. Decken sich Voraussage über mögliche Folgen und die später beobachtete Zukunft, dann gewinnt die Hypothese an Plausibilität und gelangt vielleicht nach mehreren Bewährungsrunden auch Gültigkeit[1].

Propositionen haben Konsequenzen in der Zukunft. Diese können beobachtet werden. Lassen sich diese Konsequenzen jedoch nicht aufspüren, dann hat die Proposition zwar noch immer dieselbe Bedeutung, doch der Glaube an die Gültigkeit dieser Bedeutung schwindet. So hat zum Beispiel die Behauptung: „Peter Maier ist ein Mörder!" die Implikation, dass besagter Peter Maier auf die Frage nach seinem Alibi wahrscheinlich keine befriedigende Antwort wird geben können, oder die, dass möglicherweise die Mordwaffe bei ihm zu finden sein wird. Jede Behauptung, also jede Hypothese, enthält eine Fülle von Implikationen. Mit dem Versuch, diese möglichst vollständig aufzufinden und zu testen, beginnt die zweite große Phase der Forschung, die Phase der Überprüfung.

Die Hypothese ist also das Bindeglied zwischen der Phase der Entdeckung und der der Überprüfung – dies möchte ich in Weiterführung der Peirceschen Überlegungen plausibilisieren. Die Hypothese enthält (wie oben beschrieben) vier Komponenten: das Urteil, die Behauptung, den Satz und die Proposition. Die Proposition sagt, dass etwas mit einer gewissen Wahrscheinlichkeit in der Zukunft sein wird. Für diese Aussage liefert sie keine Rechtfertigung, sondern allein Möglichkeiten der Überprüfung. Eine Rechtfertigung für die Proposition ergibt sich vor allem aus dem Akt der *Behauptung*, mit dem sich der Sprecher für die jeweils in Anspruch genommene Gültigkeit *verantwortlich* erklärt. Der Sprecher bürgt mit seiner Person für die Gültigkeit der Proposition. Wird die Rechtfertigung für

---

[1] Diese Unterscheidungen wurden von Peirce Jahrzehnte vor der ersten Formulierung der Sprechakttheorie vorgenommen, sie könnte jedoch von der Argumentation Freges (vgl. Frege 1971 u. 1976) beeinflusst sein.

die Bürgschaft eingeklagt, kann der Bürge die Verfahren nennen, mit deren Hilfe er zu einer Überzeugung gelangt ist. Dies bringt dann recht wenig, wenn (wie im Falle der Abduktion) der Schlussfolgerungsprozess nicht Schritt für Schritt benannt werden kann, sondern nur recht vage auf eine *,blitzartige Erkenntnis'* oder ein häufig nur wenig erhellendes *,lumen naturale'* bzw. ein *,lumen culturale'* hingewiesen werden kann.

Die Hypothese enthält also keinen konkreten Hinweis auf die sachliche Rechtfertigung einer Proposition, lediglich einen Hinweis auf die Kompetenz und Verantwortungsbereitschaft eines Sprechers. Nur wenn und weil die Verantwortung für die mögliche Gültigkeit einer Proposition übernommen wird, werden die Implikationen überprüft – allerdings in der Regel von denen, welche die Verantwortung übernommen haben.

Und diese systematische Überprüfung der durch Forschung erlangten Hypothese vollzieht sich in drei Schritten: Erst kommt die abduktiv gewonnene Hypothese, die eine Regel in einem Satz formuliert, dann wird aus dieser Regelunterstellung eine Voraussage deduziert, und diese wird mittels Beobachtung und Induktion *,verifiziert'.* Neu ist in diesem Prozess lediglich die abduktiv ermittelte Hypothese, die ganz zu Beginn steht. Deduktion und Induktion fügen nichts Neues hinzu. „It also partakes of the nature of abduction in involving an original suggestion; while typical induction has no originality in it, but only tests a suggestion already made" (ebd.). Jeder Induktion, sei es eine quantitative oder auch qualitative, geht somit eine Regelunterstellung, im weiten Sinne: eine Theorie, voraus. Aus dieser werden Vorhersagen deduziert und im dritten Schritt sucht man nach den Fakten, um die Annahme zu bestätigen – so sieht Peirce die Logik der Forschung zu diesem Zeitpunkt. Die Abduktion sucht nach Theorien, die Deduktion nach Voraussagen, die Induktion nach Fakten.

> „I consider retroduction (a poor name) to be the most important kind of reasoning, notwithstanding its very unreliable nature, and because it is the only kind of reasoning that opens up new ground. Deduction doesn't teach anything but only draws attention to knowledge we may have overlooked. Adduction only increases our knowledge and various respects without producing any new knowledge. At least, it is not at all likely to teach us anything quite novel and also important unless where retroduction furnishes a hint" (Peirce NEM III,1: 206 – 1911).

Kurz: Die Abduktion sucht (wie bereits mehrfach gesagt) angesichts überraschender Fakten nach einer sinnstiftenden Regel, nach einer möglicherweise gültigen bzw. passenden Erklärung, welche das Überraschende an den Fakten beseitigt. Endpunkt dieser Suche ist eine (sprachliche) Hypothese. Ist diese gefunden, beginnt ein mehrstufiger Überprüfungsprozess.

Besteht die erste Stufe des wissenschaftlichen Erkenntnisprozesses in der *Findung einer Hypothese* mittels Abduktion, dann besteht die zweite aus der *Ableitung von Voraussagen* aus der Hypothese, also einer Deduktion, und die dritte in der *Suche nach Fakten*, welche die Vorannahmen ,*verifizieren*', also einer Induktion. Sollten sich die Fakten nicht finden lassen, beginnt der Prozess von neuem, und dies wiederholt sich so oft, bis die ,*passenden*' Fakten erreicht sind. Mit dieser Bestimmung entwirft Peirce eine dreistufige Erkenntnislogik von Abduktion, Deduktion und Induktion.

Ist die Entdeckung weitgehend dem bewussten und systematischen Zugriff entzogen, so vollzieht sich die Überprüfung entlang operationalisierbarer und regelgeleiteter, vernunftkontrollierter Standards. *Gewissheit* über die Validität abduktiver Schlüsse ist jedoch selbst dann nicht zu erreichen, wenn man die abduktiv gewonnene Hypothese einer extensiven Prüfung unterwirft, also aus ihr Konsequenzen deduziert und diese dann induktiv aufzuspüren sucht, und dann diesen Dreischritt ohne absehbares Ende wiederholt.

Eine Stufe alleine, also die Abduktion oder die Induktion für sich allein, vermag wenig. Deshalb ist die Abduktion *nur der (wenn auch erste) Teil einer empirisch begründeten Forschungsstrategie* – Forschung kann sich keinesfalls auf sie beschränken (vgl. auch Kelle 1994 und Reichertz 1991a). Abduktion ohne Überprüfung ist bedeutungslos. Abduktiv gewonnene Hypothesen jedoch, die sich im Prozess der Überprüfung hartnäckig bewähren, gelten Peirce sehr viel mehr – er glaubt nämlich, dass die bewährtesten auch die besten seien.

Eine solche Forschungslogik zielt erst einmal (nur) auf *Verifikation,* und sie ähnelt verblüffenderweise einer Falsifikationslogik, wie sie von Popper (Popper 1974) in Kenntnis der Peirceschen Argumentation (ebd.: 236 ff) entwickelt wurde. Wenn man so will und etwas ungenau hinschaut, so kann man die Poppersche *Falsifikationslogik* für eine negativ gewendete Verifikationslogik Peircescher Prägung halten. Die erste sondert durch Überprüfung falsche Hypothesen aus und spricht den nicht widerlegten Hypothesen das Attribut ,*Wahrheitsähnlichkeit*' zu, die zweite hält die Hypothesen, die sich sehr häufig als zutreffende Voraussagen erwiesen haben, für fast verifiziert. Beide Forschungslogiken überprüfen Hypothesen, jede sondert falsche aus, und jede spricht den unwiderlegten eine prominente Stellung zu. Soweit die Gemeinsamkeiten.

Die bedeutsamen Unterschiede zwischen der Falsifikations- und Verifikationslogik zeigen sich erst bei näherem Hinsehen. So scheint der Poppersche Begriff der ,*Wahrheitsähnlichkeit*' sich mit dem Sachverhalt einer ,*Fast-Verifikation*' zu decken, denn auch für Popper gibt es Theorien, die der Wahrheit ferner bzw. näher sind. Aber Popper begreift die Wahrheit nicht als das Ziel, das jemals erreicht werden kann, sondern als die ,*regulative Idee*', die hilfreich bei der Suche nach besseren Theorien ist. Zudem ist der Begriff der ,*Wahrheitsähnlichkeit*' nicht als Annäherung an die Wahrheit definiert, sondern eine Theorie besitzt (nach Popper) dann mehr Wahrheitsähnlichkeit, wenn aus ihr mehr wahre Aussagen zu folgern sind als aus einer anderen. Wahrheitsähnlichkeit ist demnach ein komparativer Begriff, um Theorien untereinander zu vergleichen; Wahrheitsähnlichkeit besagt demnach nichts über die Nähe einer Theorie zur Wahrheit.

Diese Sicht, die prinzipiell der Erlangung wahrer Erkenntnis widerspricht und die Theorien nur durch ein ‚Weniger-schlecht-als-andere‘ qualifizieren kann, hebt sich deutlich gegen einen Forschungsoptimismus ab, der die Gewinnung von Wahrheit nur durch praktische Probleme, welche allerdings in einem ‚very long run‘ zu beseitigen sind, behindert sieht. Letztere Position glaubt daran, irgendwann Erkenntnis erlangen zu können, erstere hofft, einige Fehler vermeiden zu können.

Die *Verifikationslogik* sammelt im Zuge der Forschung Ergebnisse, und diese Ergebnisse summieren sich zu einem ‚Mehr‘ an Erkenntnis, zum Erkenntnisfortschritt. Dieser zeigt sich dann am deutlichsten, wenn frühere Forschungsergebnisse sich bei erneuter Prüfung immer wieder *bestätigen*. Die Verifikation trachtet also danach, bereits gemachte Erfahrung zu vervielfältigen. Insofern besitzt sie eine gewisse Affinität zur Logik der Subsumtion.

Die *Falsifikationslogik* kennt keinen echten Erkenntnisfortschritt. Sie sucht nicht nach einem Weg zur Erkenntnis, sondern nach einem zur Entdeckung und Vermeidung von Fehlern. Die Logik der Falsifikation kritisiert Theorien, „und ihr Ziel ist die Aufdeckung und *Ausmerzung von Irrtümern*. Der Erkenntnisfortschritt – oder der Lernvorgang – ist kein sich wiederholender oder summierender Vorgang, sondern eine Fehlerausmerzung" (Popper 1974: 164). Das Ziel der Falsifikation ist nicht die Bestätigung, sondern die Widerlegung; nicht das bereits Bekannte soll sich im Experiment wiederholen, sondern das sich dem Bekannten Widersetzende soll aufgefunden werden.

Die beiden Forschungslogiken lassen sich auf folgende Punkte zuspitzen: Die Logik der Verifikation neigt dazu, die aus abduktiven Schlüssen gewonnenen Erkenntnisse zu *sichern*, während die Logik der Falsifikation dazu neigt, die *Fehlerhaftigkeit* der gewonnenen Erkenntnisse zu erweisen. Popper zieht damit die radikalere Konsequenz aus der möglichen Fehlerhaftigkeit des abduktiven Schlusses. Die optimistischere Position von Peirce versteht man, wenn berücksichtigt wird, dass er seine Forschungslogik mit der Entwicklung gattungsspezifischen Wissens parallelisiert (siehe oben). Indem der Erkenntnisprozess an die Entwicklung der Gattung Mensch gekoppelt wird, ist das Über- und Weiterleben der menschlichen Gattung der Garant dafür, dass die menschlichen Verhaltensgewohnheiten (gewonnen aus Abduktion, Deduktion und Induktion) adäquate oder zumindest funktionale Anpassungen an die umgebende Natur sind. Wie trügerisch diese Ansicht sein kann, zeigt (da das Wahrheitskriterium im Weiterleben der Gattung

Die Abduktion als erster Schritt einer Forschungslogik in drei Schritten

Mensch besteht) unter anderem auch das bereits (weiter oben in einer Fußnote) erwähnte Russellsche Huhn. Popper sieht, dass die biologische und kulturelle Evolution irren kann. Deshalb beharrt er darauf, dass die Entwicklung wissenschaftlicher Theorien nicht mit einem biologisch vorgegebenen Wissenserweiterungsprogramm in eins gesetzt werden kann.

Aber jenseits dieser grundsätzlichen Unterschiede gibt es noch einen weiteren Fehler, der ‚Abduktionisten' gerne unterläuft: sie glauben oft, dass nur echte Abduktionen den Forschungsaufwand lohnen. Dies ist jedoch eine Verwechselung von Alltag und Feiertag der Forschung. Man sollte also nicht den Fehler begehen und ausschließlich nach abduktiven Blitzen jagen. Im Alltag wissenschaftlicher Forschung gibt es nämlich nicht immer nur Neues zu entdecken. Oft (oder sogar meist) trifft man auf eine bereits bekannte Ordnung. Deshalb sind sowohl die qualitative Induktion als auch die Abduktion Bestandteile der ganz normalen wissenschaftlichen Arbeit. Beide ergänzen einander. Stets müssen die aktuellen Daten daraufhin geprüft werden, ob ihre Merkmale mit den Merkmalen bereits bestehender Typen hinreichend übereinstimmen. Kommt das Angemessenheitsurteil zu einem positiven Ergebnis, wird mittels qualitativer Induktion zugeordnet. Erst wenn das Angemessenheitsurteil zu dem Ergebnis kommt, dass keine der bisher bekannten Regeln zu den Daten hinreichend passt, dann ist die Abduktion gefragt.

Die Praxis der hermeneutischen Fallauslegung zeigt nämlich, dass es bei der Ermittlung von Lesarten unter dem Strich im Wesentlichen *zwei* Modelle gibt: das Normal- und das Exklusivmodell. Bei dem zumeist vorliegenden *Normalmodell* gleichen die vorgefundenen Daten den Daten, die man aus früheren Fällen kennt, die typisch für eine bestimmte Art des Handelns sind. In solchen Fällen, und das ist die Mehrzahl der Fälle, kommt *zurecht* die (qualitative) Induktion bei der Fallanalyse zum Zuge.

Bei dem seltenen *Exklusivmodell* passen die vorgefundenen Daten entweder nicht zu einem bestimmten Handlungstyp (sind also in dieser Form neu) bzw. sie sind zwar in dieser Form bekannt, aber die Zuordnung zu konkreten Handlungen erscheint sinnlos. Wenn das der Fall ist, dann müssen neue Lesarten der Daten, und das heißt neue Typen von Handlungen, neue Regeln gebildet werden. Die logische Operation, die dieses Handeln leitet, ist die Abduktion. Abduktion ist also *nicht immer* vonnöten, noch *nicht* einmal *meistens,* sondern abduktive Schlussfolgerungen sind nur dann notwendig, wenn alte Verfahren nicht mehr greifen, keine plausible Lösung mehr erbringen. Die Abduktion ist die Ausnahme und die qualitative Induktion die Regel.

Allerdings lässt sich den Daten in der Regel nicht ansehen, ob es sich um einen Normal- oder Ausnahmefall handelt. Deshalb sind alle Hermeneuten gut beraten, stets mit dem Neuen zu rechnen. Ein guter Hermeneut muss nicht unbedingt ein Genie sein (obwohl das nicht hinderlich wäre), auch kein Künstler. Er hofft auch nicht auf das leise geflüsterte Wort Gottes. Ewige Wahrheit ist für ihn nicht zu haben. Der Stachel, der ihn treibt, ist der echte Zweifel an den bisherigen Überzeugungen. Er verzichtet bei der Entwicklung einer neuen Überzeugung nicht auf sein bisheriges Wissen – im Gegenteil: er weitet es systematisch aus, um es dann zur Disposition zu stellen. Er beobachtet, liest, spricht mit sich und anderen, beachtet vor allem das Unauffällige, das Kleine. Er konstruiert mit Hilfe seines gesamten zur Disposition gestellten Wissens immer wieder neue Typen und Regeln und prüft (gedankenexperimentell), ob das Ungewöhnliche dazu passt. Hat er ein gutes Gefühl, dann passt es. Kurz: der Hermeneut schaut, entwirft, prüft – stets bereit, alte Überzeugungen aufzugeben und neue zu erfinden. Dabei verwendet er qualitative Induktionen, wenn diese passen, und Abduktionen nur, wenn diese notwendig sind. Nicht alles, noch nicht einmal das meiste, ist neu. Deshalb sind auch Abduktionen nur selten vonnöten.

Hermeneuten, welche nicht nur ihr erworbenes Wissen und die erlernten Regeln anwenden, sondern auch den *,Sinn für die Fallanalyse'* erworben haben, bemerken im Laufe ihrer Arbeit, wann und wie lange die alten Regeln greifen und wann man die alten erst einmal aussetzt und nach neuen sucht. Sie haben – wenn man so will – ein *inkorporiertes, stummes* Wissen, das ihnen sagt, wann eine Regel anzuwenden, zu modifizieren oder zu mißachten ist, wann also eine qualitative Induktion und wann eine Abduktion angeraten ist.

Dieses inkorporierte Wissen ist nicht von einer vollständig rekonstruierbaren Regel gesteuert, wenn auch nicht regellos. Es unterscheidet den Experten von dem Anfänger, und da es auch nicht programmierbar ist, unterscheidet es auch den menschlichen Experten von einem nichtmenschlichen Expertensystem.

Nun ist niemand als begnadeter Fallinterpret geboren worden, auch wenn jeder Mensch diese Fähigkeit qua Gattungszugehörigkeit unwiderruflich besitzt. Auch bei der Fähigkeit zum Ausdeuten von Handlungen finden sich Beginner und Erfahrene, Geübte und Ungeübte – also auch Lernen und Verbesserung. Aber die Kompetenz zur Fallanalyse ist nicht vergleichbar mit einem Eimer, der durch das Einleiten von Wasser allmählich gefüllt werden kann, sondern diese Kompetenz baut sich Schritt für Schritt, Stufe für Stufe auf – darin durchaus dem Erlernen des Skifahrens, des Tennisspielens, des Tanzens, dem Erlernen einer neuen Sprache und auch des Fliegens von Kampfjets vergleichbar. Auf jeder Stufe sieht die Fähigkeit anders aus, leistet sie Unterschiedliches.

Dreyfus & Dreyfus haben den m. E. gut begründeten Vorschlag gemacht, bei dem Erlernen von komplexen Fertigkeiten insgesamt fünf Stufen zu unterscheiden (vgl. Dreyfus & Dreyfus 1987): so lernt der *Anfänger,* relevante Muster zu erkennen und kontextunabhängige Regeln anzuwenden, der *fortgeschrittene Anfänger* hat bereits eigene Erfahrungen erworben und vermag es, situationsspezifische von kontextfreien Regeln zu unterscheiden. Auf Stufe 3 ist der *Kompetente* in der

Lage, erlernte oder eigene hierarchisch geordnete Entscheidungsprozeduren anzuwenden, während der *Gewandte* über ein intuitives Know-how verfügt, wie er welche Regeln wann anzuwenden hat. „Das Können des Experten ist [dagegen] so sehr Teil seiner Person geworden, daß er sich dessen nicht bewußter sein muß als seines Körpers" (Dreyfus & Dreyfus 1987: 54).

Nur Anfänger glauben, etwas genau zu wissen, oder unterstellen, dass ihre Ansicht auf gesicherten Behauptungen basiert. Experten wissen, dass Vieles auch ganz anders sein kann oder anders formuliert: „Ahnungen und Intuition – oder gar systematische Illusionen – bilden den Kern des Entscheidungswissens eines Experten" (ebd.: 30). „Ein Experte folgt überhaupt keinen Regeln! (…) Er erkennt Tausende von Einzelfällen" (ebd.: 151). Experten zeichnen sich nicht durch strikte Regelbefolgung aus, sondern durch begründete Abweichung von der Regel im Einzelfall. Experte wird man also nur durch vielfache Übung, wiederholte Reflexion und die Bereitschaft, stets Neues lernen zu wollen. Experte wird man deshalb weder in (Wochenend-)Kursen und auch nicht in der (universitären) Ausbildung, sondern allein durch umfangreiche und längere Arbeit im Praxisfeld.

Gewissheit über die Güte (= Zuverlässigkeit) abduktiver Schlüsse und der Hypothesen *ist* aber auch für den Experten *nicht zu haben* – auch nicht mithilfe der ‚*besten Gefühle*'. Gewissheit ist selbst dann nicht zu erreichen, wenn man die abduktiv gewonnene Hypothese einer extensiven Prüfung unterwirft, also aus ihr Konsequenzen deduziert und diese dann induktiv aufzuspüren sucht, und dann diesen Dreischritt immer wieder repetiert. Verifizieren im strengen Sinne des Wortes lässt sich auf diese Weise nichts. Allenfalls können falsche Hypothesen ermittelt (falsifiziert – siehe Popper 1974) und beiseite gelegt werden. Absolute Sicherheit ist aber auch für Peirce nicht wirklich zu erlangen. „In Wahrheit können Menschen niemals unbedingte Gewißheit erreichen" (Peirce 1986: 229 – MS 595 – 1895). Auch für die Wissenschaft gilt, „absolute Gewißheit, absolute Sicherheit, absolute Universalität" (Peirce CP 1.141 – 1897) ist nicht zu haben. Deshalb: „Unfehlbarkeit in wissenschaftlichen Belangen ist für mich unwiderstehlich komisch" (Peirce CP 1.9 – 1897).

Was man allein auf dem Wege der systematischen Fehlerausmerzung erhält, ist eine intersubjektiv aufgebaute und geteilte ‚*Wahrheit*'. Diese ist allerdings erst erreicht, und das ist der entscheidende Pfiff, wenn *alle* Gemeinschaftsmitglieder zu der gleichen *Überzeugung* in Bezug auf eine Problemlösung gekommen sind. Da mit ‚*alle*' (bei Peirce) auch die gemeint sind, die nach uns geboren werden, ist der Prozess der Forschung grundsätzlich nicht abzuschließen. „Ich bin der Meinung, daß das Faktum, daß die Wahrheit unabhängig von individuellen Meinungen ist, auf der Tatsache beruht (insofern es überhaupt irgendeine ‚Wahrheit' gibt), daß sie das schicksalhaft vorherbestimmte Resultat ist, zu dem ausreichendes Forschen letztlich führen *würde*" (Peirce 1976: 530 – CP 5.494 – 1907). Peirce benutzt in seiner Formulierung den Konjunktiv, muss ihn benutzen, kann er doch keine Bedingungen nennen, wann das Ende des Forschens und der Forschergemeinschaft erreicht ist. Gewissheit ist zwar nicht zu haben, aber die Idee von Gewissheit kann in einem trotzigen *Als-ob'* als regulative Idee das wissenschaftliche Handeln leiten.

Manche Probleme (so Peirce) sind leicht zu lösen, manche vielleicht nie. Viele Fragen sind bereits endgültig und somit richtig beantwortet, aber es gilt auch: „(...) daß eine endliche Anzahl von Fragen, wobei wir niemals wissen, um welche es sich handelt – sich für immer einer Beantwortung entziehen werden" (ebd.: 261 – CP 8.43 – 1885). Da die beantwortbaren und nicht-beantwortbaren Fragen „durch keinerlei Merkmale zu unterscheiden sind" (ebd.), bleibt dem Forscher nichts anderes übrig, als jede Antwort immer wieder zu überprüfen. Wahrheit ist demnach nichts Endgültiges, sondern Vorläufiges.

Peirce' Begründung für die nicht endgültige Erreichbarkeit von Gewissheit: *Das Universum ist übervoll mit Vagheiten* – was allerdings für Peirce kein Grund ist, die Suche nach der Erkenntnis aufzugeben. Im Gegenteil: Die Vagheit bietet neben der Unsicherheit auch ein Potential neuer, noch nicht gesehener Möglichkeiten. „Die Logiker machten einen Fehler, wenn sie die Vagheit hinauswarfen, ja sie noch nicht einmal analysierten" (Peirce 1976: 461 – CP 5.446 – 1905). Das Vage kann immer wieder neu ausgedeutet werden, es liefert das *Rohmaterial'* für immer neue Entwürfe oder anders: „Vagueness is a mother of invention" (Brock 1981: 136)[2].

Das Auffinden neuer Kenntnisse und der Aufbau neuer Überzeugungen kann aufgrund der nicht hintergehbaren Vagheit der Welt (so Peirce) nie abgeschlossen werden. Jeder Wissenschaftler hat sich darauf einzustellen, sämtliche Überzeugungen und Theorien aufzugeben. Er formuliert sogar für die Wissenschaft die (jede Alltagspraxis stillstellende) Maxime: „Gib gemachte Überzeugungen auf!" (Peirce 1976: 434 – CP 5.416 – 1905) und stellt sie ins Zentrum seines Pragmatismus: der kenntniserweiternden, aber auch fehlbaren Abduktion und dem guten, wenn auch trügerischen Gefühl wird der systematische Zweifel als Korrektiv zur Vervollständigung beigesellt. Für wie wichtig Peirce den als Selbstverständlichkeit *verinnerlichten'* systematischen Zweifel hält, lässt sich auch aus folgender Selbstbetrachtung ablesen. In einer Arbeit von 1897 stellt Peirce u. a. fest, dass die wissenschaftliche Kritik ihn weitgehend übersehen hätte. Nur einmal sei er von die-

---

2   Dieses Konzept der objektiven Vagheit des Universums taucht bei Peirce erst im Spätwerk auf. Die große Bedeutung dieses Konzepts der Vagheit für die Gesamtentwicklung des Peirceschen Denkens ist m. E. bislang zu wenig herausgearbeitet worden. Einiges findet sich in Wartenberg 1971: 212 ff und Brock 1981. Auf die große Bedeutung dieses Vagheitskonzepts für die Sozialwissenschaften hat bereits Grathoff 1989: 263 ff hingewiesen.

ser gelobt worden, wenn auch dieses Lob als Tadel gedacht gewesen sei. Folgendes war geschehen: „It was that a critic said to me that I did not seem to be *absolutely sure of my own conclusions*" (Peirce CP 1.10 – 1897).

Die Metaphysik der Abduktion – Realismus oder Konstruktivismus

6

> But the stimulus to guessing, the hint of the conjecture, was derived from experience.
>
> *Charles Sanders Peirce*

Jede Theorie, aber auch jede Methodik und Methodologie und deshalb auch jede Form des kreativen wie nicht-kreativen Schlussfolgern[1] hat ihr Fundament. Dieses Fundament ergibt sich jedoch nicht von selbst, sondern ruht selbst wieder einer Fundierung auf, und diese wiederum einer weiteren und so weiter und so weiter. Alle diese aufeinander gestapelten Fundamente können *nicht* mit den auf ihnen erbauten Theorien und Methoden gerechtfertigt werden, da diese ja gerade aus der Fundierung ihre Rechtfertigung erhalten. Andere Theorien und Methoden sind dummerweise dazu ebenfalls nicht geeignet, da diese auch auf Fundamenten ruhen, die ihrerseits ihre Rechtfertigung suchen.

Diesen in sich verschlungen Gordischen Knoten zerschlägt man in der Wissenschaft meist mit einer 'Letztbegründung', an die man *ernsthaft* glaubt, und die deshalb (im Alltag der Wissenschaft!) außer jeder Kritik steht. Eine solche 'Letztbegründung' möchte ich hier 'Metaphysik' nennen. Und natürlich gibt es auch eine Metaphysik der Abduktion – eine, die Peirce favorisierte, und auch (eine) andere, die aus meiner Sicht besser geeignet ist, einer qualitativ verfahrenden Sozialforschung, welche die Abduktion theoriestrategisch einsetzen will, einen (wenn auch

---

1 So ist die Existenz logischer Syllogismen für Vertreter der Evolutionären Erkenntnistheorie gar nur die 'Suggestion des Indogermanischen und der griechischen Grammatik' (vgl. Riedl 1987: 97). Induktion und Deduktion sind demnach lediglich recht bewährte Umgangsweisen mit der Umformung von Wissen. Naturgesetze sind in diesem Verstande keine ewigen Gesetze, sondern allein eine sehr stabile Gewohnheit, mit der Natur umzugehen. Gesicherte Erwartung kann aufgebaut und möglicherweise lebensgefährliche Überraschungen können so vermieden werden.

schwankenden) Boden zu liefern. Eine kurze Offenlegung dieser Metaphysik soll, getreu der Prämisse, dass alle Prämissen offen zu legen sind (vgl. Soeffner 1989) abschließend versucht werden (vgl. auch Reichertz 1997).

Auch wenn Peirce sich selbst immer wieder als entschiedenen Realisten bezeichnet hat („Gegenwärtig bin ich ein uneingeschränkter *Realist*" – Peirce 1995: 387 – 1909), und in der Fachliteratur von vielen auch heute noch oft als solcher angesehen wird, so ist doch die These unhaltbar, Peirce sei ein Vertreter einer wie auch gearteten Korrespondenztheorie[2]. Die Wirklichkeit ist aus seiner der Sicht nämlich nur das, von dem alle überzeugt werden können, das, dem letztlich alle zustimmen, oder in den Worten von Peirce: „Die Meinung, die vom Schicksal dazu bestimmt ist, daß ihr letztlich jeder der Forschenden zustimmt, ist das, was wir unter Wahrheit verstehen, und der Gegenstand, der durch diese Meinung repräsentiert wird, ist das Reale. So würde ich Realität erklären" (Peirce 1976: 205 – CP 5.407 – 1878).

Peirce geht es mit seiner Vorstellung, dass am Ende eines unendlich langen Forschungsprozesses die Findung des Realen steht, gerade *nicht* um eine Korrespondenz sprachlicher Symbolisierung und der Welt-dort-draußen, sondern die sprachliche Symbolisierung muss ohne die Möglichkeit einer Gegenüberstellung sich selbst genügen, und sie ist gültig, weil alle Menschen sich so ausdrücken, der sprachlichen Symbolisierung von Welt also zustimmen[3], und weil diese Symbolisierungen passen, also keine Handlungsprobleme mehr produzieren.

Forschung ist demnach nicht das gesellschaftlich organisierte Unternehmen, der ,*Wirklichkeit unter die Röcke zu greifen*' oder sie völlig zu entschleiern, sie also ganz und für alle sichtbar zu machen, sondern Forschung bedeutet für Peirce die Beseitigung von (realen oder doch antizipierten) Handlungsproblemen: „Die Irritation durch den Zweifel verursacht das Bemühen, den Zustand der Überzeugung zu erreichen. Ich werde dieses Bemühen Forschung nennen, obgleich zugegeben werden muss, dass dies manchmal keine sehr passende Bezeichnung ist" (Peirce CP 5.374 – 1909 – Übersetzung nach Pape 2002: 63).

---

2 Allenfalls kann man ihn, wie Pape 2002: 337 ff gezeigt hat, als Universalienrealisten bezeichnen. Zur Frage, ob Peirce ein Realist oder doch ein objektiver Idealist war, siehe auch Hausman 1993: 51 ff.

3 Deutliche Anklänge an diese Position von Peirce finden sich auch bei Davidson: „Es gibt jedoch nichts, kein Ding, das Sätze und Theorien wahr macht; weder Erfahrung noch Oberflächenreizungen noch die Welt sind imstande, einen Satz wahr zu machen. Daß die Erfahrung einem bestimmten Verlauf nimmt, daß unsere Haut erwärmt oder durchstochen wird, daß das Universum endlich ist – diese Tatsachen machen (sofern wir uns in dieser Weise auszudrücken belieben) Sätze und Theorien wahr. Doch dieser Sachverhalt läßt sich besser ausdrücken, ohne Tatsachen zu erwähnen" (Davidson 1986: 276).

Das, was Realität ist, erweist sich somit als das Ergebnis eines Prozesses der Wirklichkeitskonstruktion durch die Gemeinschaft der Wissenschaftler oder besser: durch die Gesellschaft (vgl. Berger & Luckmann 1977). Wirklichkeit wird also gesellschaftlich geschaffen, nicht gefunden. „Der Prozess der ‚Auswahl' eines Ausschnitts der Wirklichkeit ist gleichzeitig das Festlegen eines Musters zu Bestimmung möglicher Ausschnitte und das Herausgreifen eines Objekts" (Pape 2002: 361).

Dennoch sind unsere Überzeugungen von dieser Welt nicht beliebig und dies vor allem deshalb, weil aus Sicht des Pragmatismus die Menschen die Welt-dort-draußen als *widerständig* erleben. Dieses ‚Draußen' bleibt in seinem Widerstand gleich, was bedeutet, dass gleiche Handlungsweisen immer wieder die gleichen Probleme nach sich ziehen. „Our external permanency would not be external, in our sense, if it was restricted in its influence to one individual. It must be something which affects, or might affect, every man" (Peirce CP 5.384 – 1893).

Der Mensch muss schmerzlich erkennen, dass von ihm geplante Handlungen sich gerade nicht wie entworfen umsetzen lassen, sondern dass etwas außerhalb von ihm heftigen Widerstand leisten kann („Der Schmerz ist das Auge des Geistes." – Plessner 1982: 172). Und das, was mir den Widerstand entgegengesetzt, entwerfe ich als von mir unabhängig. Und weil ich immer wieder diesen Widerstand erfahre, entwerfe ich auch das Widerständige als Immer-wieder[4]. „Das Reale ist das, was nicht so ist, wie wir es gerade denken, denn es bleibt unberührt davon, als was wir es denken können" (Peirce 1995: 387).

Die Welt dort draußen ist uns nicht gefügig, sie passt sich nicht unseren Wünschen und Bewegungen an: sie stellt sich uns in den Weg und schafft so immer wieder kleine und große Handlungsprobleme: wir erfahren, dass uns etwas *getroffen* hat, dass wir mit etwas *zusammengestoßen* sind: „It is the sense that something has hit me or that I am hitting something; it might be called the sense of a collision or clash. It has an outward and an inward variety (…)" (Peirce CP 8.41 – 1885). Peirce spricht pointiert auch von einem „outward clash" (Peirce CP 8.43 – 1885). Durchaus ähnlich argumentiert auch ein anderer Vertreter des amerikanischen Pragmatismus: „Science always has a world of reality by which to test its hypothesis, but this world is not a world independent of scientific experience, but the immediate world surrounding us within which we must act" (Mead 1970: 226).

---

4   Pape nennt dies das Prinzip der semantischen Unabhängigkeit: „Doch der entscheidende Punkt der semantischen Unabhängigkeit besteht darin, dass sich die wünschbaren den faktischen umsetzbaren Handlungen unterordnen können – und nicht umgekehrt" (Pape 2002: 343 f.).

Die Welt, in der die Menschen leben und somit auch handeln müssen, stellt sie immer wieder vor neue Probleme, lässt sie dann oft selbst an jenen Überzeugungen ernsthaft zweifeln, die über sehr lange Zeit erfolgreich waren. Und weil die Welt nicht so ist (und bleibt), wie die Menschen sie sich ausdenken, sondern sich permanent (auch wesentlich) verändert, erfordert sie immer wieder Forschung: „Doubt has not the least effect of this sort, but stimulates us to action until it is destroyed. This reminds us of the irritation of a nerve and the reflex action produced thereby; while for the analogue of belief, in the nervous system, we must look to what are called nervous associations" (Peirce Writings II: 247 – 1877).

Zweifel gebiert also Forschung und diese sucht systematisch (neue) Erfahrung und setzt sich mit dieser auseinander. Erfahrung ist das, was uns in dem *,outward clash*' begegnet: „Nothing exists but phenomena and what phenomena bring along with them and forced upon us, that is Experience" (Peirce NEM IV: 144). Alles, was für den Menschen von Relevanz ist, muss ihm in Form von Phänomen begegnen: „For it is true that nothing can have actual existence without manifesting itself in phenomena" (Peirce NEM IV: 144) – alles was nicht als Phänomen erfahrbar ist, bleibt für den Menschen bedeutungslos. Aus dem Phänomen lernt der Mensch etwas über die Welt-dort-draußen. Die Erfahrung ist der Ursprung neuen und damit allen Wissens.

Neuere biologische Forschungen im Kontext konstruktivistischer Theoriebildung behaupten nun, dass (entgegen der Auffassung von Peirce) Erfahrungen, also Sinnesempfindungen nichts über die Qualität des Reizes mitteilen. „Die Sinneszellen übersetzen das, was in der Umwelt passiert, in die ,Sprache des Gehirns', nämlich die Sprache der Membran- und Aktionspotenziale, der Neurotransmitter und Neuropeptide. Diese Sprache besteht aus chemischen und elektrischen Signalen, die als solche keinerlei Spezifität haben, also *neutral* sind. Dies ist das Prinzip *der Neutralität des neuronalen Codes* (…)" (Roth 1998: 93).

Diese in die Sprache des Gehirns transformierten Reize unterscheiden sich allein durch ihre Intensität, ansonsten sind sie gleich. „Aus der Beschaffenheit der neuronalen Signale allein lässt sich nicht auf deren Herkunft und Bedeutung schließen" (Roth 1998: 94).

Als was ein Reiz decodiert wird (= welche Bedeutung er hat), ist *nicht* durch die Spezifik des Reizes vorgegeben, sondern ist festgelegt durch den Ort, an dem er im Gehirn verarbeitet wird. Ob ein Reiz als Hören oder Riechen empfunden wird, ob er eine bestimmte Farbe oder einen bestimmten Geschmack hervorruft, ist allein bestimmt durch den Ort im menschlichen Gehirn, an dem er eintrifft. „Wir können (…) folgern, daß der Ort im Gehirn, an dem eine neuronale Erregung eintrifft und weiterverarbeitet wird, die *Modalität* der Sinnesempfindung (Sehen, Hören etc.), aber auch ihre *Qualität* (bestimmte Farbe, bestimmter Klang und Geschmack) bestimmt, und daß die Impulsfrequenz meist nur die *Intensi-*

tät der Empfindung bestimmt" (Roth 1987: 233). Und: „Der eigentliche Sinneseindruck entsteht im Gehirn, und zwar als eine Kombination simultaner und sukzessiver Verarbeitung" (ebd.: 234).

Der bei dieser Debatte kritische Punkt ist nicht die Frage, ob ein Reiz bei dem Kontakt mit den Sinnen des Menschen transformiert wird (das dürfte unstrittig sein), die entscheidende Frage ist allein, ob es bei dieser Transduktion zur Löschung aller Qualitäten des Kontakterlebnisses kommt. Löst der Kontakt mit dem widerständigen Dort-draußen lediglich eine bedeutlungslose Perturbanz, oder ist die Perturbanz spezifisch und damit aufgrund der Qualitäten dieser Spezifik wieder erkennbar? Vergleichbare Vorgänge, nämlich die Bewahrung von Bedeutung bei der Transduktion in eine völlig neue Sprache, sind jedoch aus anderen Zusammenhängen durchaus bekannt.

So werden beispielsweise bei einer Transformation von einer analogen Codierung in eine digitale Codierung keineswegs die analog kodierten Qualitäten gelöscht. Das kann man alltäglich und sehr sinnenfroh beim Abspielen einer Musik-CD erleben. Gewiss filtert die analoge Codierung auf Schallplatte oder Musikkassette einige Qualitäten des Audio-Ereignisses heraus, und gewiss ist die analoge Codierung, also die Schallplatte oder die Musikkassette, in keiner Weise dem Ursprungsereignis weder visuell noch akustisch ähnlich. Auch filtert die digitale Neucodierung einer analogen Codierung, also die digitale Speicherung einer Platte oder einer Musikkassette, einige Qualitäten der analogen Codierung heraus und auch ist die Musik-CD nur in Maßen mit Schallplatten oder Musikkassetten vergleichbar, doch beinhaltet die digitale Speicherung so viel der Qualitäten der analogen Codierung in sich, dass durch eine erneute Transformation dieser Codierung ins Analoge und deren Wandlung in Schallwellen große Teile des Audio-Ereignisses hörbar, wenn auch zur Zeit noch nicht sichtbar gemacht werden können. An diesem Beispiel zeigt sich meines Erachtens sehr deutlich, dass bei einer Neucodierung in einer völlig neuen Sprache keineswegs die Qualitäten der Ursprungsquelle völlig verloren gehen (müssen), sondern dass wesentliche Elemente erhalten bleiben (können).

Das von Vertretern des radikalen Konstruktivismus immer wieder vorgetragene Argument, dass ein Gehirn keine Informationen über die Qualitäten der Umwelt erhalte, trifft m. E. also *so* nicht zu. Die Behauptung von der bedeutungslöschenden Transduktion des Umweltkontakts und die These vom Gehirn, das sich nur aus sich selbst heraus und mit eigenen Mitteln (= autopoetisch) ein Bild von ,Welt' erschaffe, also konstruiere, erscheinen nicht nur wegen der notwendigen Zusatzannahmen als wenig plausibel. Träfe es nämlich zu, dass die ,Nerven-Sprache' die Qualitäten eines Umweltreizes auslöschen würde, so wäre der Organismus auch nicht mehr dazu in der Lage, die *Identität* von Gegenständen zu erkennen, also Gegenstände als ähnlich oder gleich zu erkennen. Aber auch das

Gehirn muss wissen, ob der Außenkontakt mit einer Umwelt stattfindet, die es bereits kennt und auf die es bereits erfolgreich reagiert hat. Und deshalb ordnet das Gehirn Reizen nicht beliebige Reaktionen zu, sondern beantwortet spezifische Reize mit spezifischen Reaktionen.

Weil also das Gehirn notwendigerweise Dinge aus seiner Umwelt wieder erkennen können muss, müssen *relevante* Qualitäten aus dieser Umwelt, und damit auch die handlungsrelevanten Besonderheiten der einzelnen Objekte, der einzelnen Personen und auch der einzelnen Symbole bei der Übertragung an das Gehirn erhalten bleiben. Bei dem als Widerstand erfahrenen Kontakt mit der Welt-dort-draußen kommt es auch zu einem Kontakt mit einigen (vielleicht allen, vielleicht wenigen) Objektqualitäten. Niemand wird angeben können, welche das im Einzelnen sind, aber die Qualitäten, die ,*aufgenommen*' werden, werden aufgenommen, weil sie für den Akteur *handlungsrelevant* sind.

Damit wird nicht einer Widerspiegelungstheorie das Wort gesprochen, sondern lediglich einer Wissenssoziologie, die davon ausgeht, dass zumindest die handlungsrelevanten Aspekte der Umwelt von dem Gehirn hinsichtlich eben dieser handlungsrelevanten Aspekte identifiziert werden können. Wahrnehmung und Schlussfolgern sind nämlich gerade nicht allein Großhirnereignisse, die in der Sprache des Gehirns vor sich hinprozessieren, sondern sind gestaltet durch die conditio humana *und* die Kultur (und die daraus folgenden Probleme) der Menschen. *Außenreize sagen nur, wann und ob etwas getan werden kann, jedoch nie, was zu tun ist.* Insofern dient die Wissenschaft der Herstellung von Überzeugungen, deren Befolgung nach dem Diktum von Plessner weniger ,*Schmerzen*' verursachen. Wahrheit und Nützlichkeit fallen auf diese Weise nicht notwendigerweise zusammen, aber nichts spricht dagegen, dass sie es (im seltenen Einzelfall) können.

Somit wird hier, und dies ist sehr bedeutsam, nicht dem Induktionismus das Wort gesprochen, denn die Welt *zeigt* sich (nach dieser Einschätzung) dem Forscher gerade nicht, sondern die Gemeinschaft der Forscher nimmt von der Welt-dort-draußen nur das wahr, was vor dem Hintergrund der als relevant angesehenen Handlungsprobleme von Menschheit und Forschung als wichtig angesehen oder erachtet wird. Und die Gemeinschaft der Wissenschaftler ist eine Lebensform, die im Wesentlichen aus einer Gruppenhandlung besteht. In diese Lebensform sind einzelne Forscher oder Gruppen eingefügt, die strukturell durch die Koordination Einzelner bestimmt ist. Auch wenn der einzelne Forscher Bedeutung hat, wird sein Tun erst als Teil einer Gruppenhandlung verständlich, da es stets und wesentlich auf die Gruppe ausgerichtet ist.

Und diese Wissenschaft als besondere Lebensform fragt im pragmatischen Verständnis nicht danach, was die ,*Wirklichkeit*' wirklich ist, sondern sie schafft (arbeitsteilig organisiert) mit Hilfe von Beobachtung und logischen Transforma-

Die Metaphysik der Abduktion – Realismus oder Konstruktivismus 145

tionsprozessen in einem historischen Prozess der Weltbewältigung etwas, was sie ‚Wirklichkeit' nennt[5]. Die aus der Handlungspraxis der Menschheit resultierenden Relevanzen stecken die Grenzen der Welt und sie schaffen auf diese Weise eben diese Welt. Erklärtes Ziel der Wissenschaft ist es, sukzessive eine solche ‚Wirklichkeit' zu schaffen, die den Menschen nicht mehr für überraschende Probleme stellt. Abbildtheoretiker könnten hier sagen, Wissenschaft sei dann an ihr Ziel gelangt, wenn eines Tages das wissenschaftliche erzeugte Konstrukt von Welt im Wesentlichen mit der wirklichen Welt übereinstimmt. Aber da, wie Peirce und viele andere nicht müde werden zu betonen, die Welt im steten Fluss ist, wird die Wissenschaft diesen Grad der Übereinstimmung wohl nie erreichen können.

Die mühsam von der Gemeinschaft der Wissenschaftler erbauten Theorien enthüllen demnach keineswegs die ‚Welt', sie ziehen auch nicht immer weitere Schleier von einer bislang verborgenen Welt, sondern im Gegenteil: alle Theorien sind neue Kleider der Wirklichkeit, es sind stets nur Interpretationen von Forschern zu bestimmten Zwecken unter bestimmten Perspektiven und Problemstellungen. Die ‚Welt' ist deshalb nur sichtbar im Spiegel unserer Vorstellungen, unserer Sprache(n) und Theorien.

Fazit: arbeitsteilig organisiertes Forschungshandeln sucht also nach (neuer) Ordnung, jedoch zielt es nicht auf die Konstruktion einer *beliebigen* Ordnung, sondern auf die Findung einer Ordnung, die zu den überraschenden ‚Tatsachen' *passt,* oder genauer: die handlungspraktischen Probleme, die sich aus dem Überraschenden ergeben, löst.

Fluchtpunkt dieser selektierenden (auf neue Ordnung ausgerichteten) Aufmerksamkeit ist nicht eine größtmögliche Realitätsnähe oder eine möglichst hohe (Handlungs-)Rationalität. Fluchtpunkt ist vor allem der *Nutzen,* den die entwickelte ‚Theorie' für die interessierende Fragestellung beibringt. Einerseits bringt er Ordnung und die Mittel der sprachlichen Darstellung, andererseits sind diese neuen ‚Theorien' unverzichtbare Werkzeuge, wenn es darum geht, aus der hypothetisch verstandenen, weil geordneten Vergangenheit Hypothetisches über die Zukunft prognostizieren zu können, also wenn es darum geht, Antworten auf die Frage „What to do next?" zu produzieren. Neue Ordnungen sind deshalb immer auch an zukünftigem Handeln orientiert. Die (auch abduktiv) gefundene Ordnung ist also keine Widerspiegelung von Wirklichkeit – sie reduziert auch nicht die Wirklichkeit auf die wichtigsten Bestandteile.

---

5 Deshalb ist die, oder genauer: unsere Welt unhintergehbar symbolisch aufgebaut, eben weil sie symbolisch produziert und symbolisch vermittelt ist. Deshalb ist diese Welt ein kompliziertes, nicht gleichmäßig gewobenes Netz von Sinnbezügen, das sich in nichtsprachlichen und sprachlichen Zeichen zeigt, die allesamt der sprachlichen Interpretation, und somit auch der Hermeneutik zugänglich sind.

Die gewonnenen Ordnungen sind stattdessen *gedankliche Konstruktionen,* mit denen man gut oder weniger gut leben kann. Für manche Zwecke sind bestimmte Konstruktionen von Nutzen, für andere wieder andere. Die Suche nach Ordnung ist deshalb nie endgültig abgeschlossen und immer auf Widerruf vorgenommen. Solange die neue Ordnung bei der Bewältigung einer Aufgabe hilfreich ist, wird sie in Kraft belassen; ist die Hilfeleistung eingeschränkt, dann müssen Differenzierungen vorgenommen werden; erweist sie sich als nutzlos, wird sie verworfen. Insofern sind die (auch abduktiv) gefundenen Ordnungen weder (beliebige) Konstruktionen noch (valide) Rekonstruktionen, sondern vor allem eins: *brauchbare* (Re)Konstruktionen, von denen die Wissenschaftler (immer wieder, wenn auch nicht ständig) glauben[6], dass sie auch etwas über die Welt dort draußen sagen, also ,*wahr*' sind – Konstruktionen mithin, die manche, viele oder manchmal auch alle (Wissenschaftler) für Rekonstruktionen halten. Oder in den Worten von Peirce: „Es ist völlig richtig, daß wir niemals Kenntnis von den Dingen an sich erlangen können. Wir erfahren sie nur in unserer menschlichen Sichtweise. Und dies allein ist für uns das Universum" (Peirce an Lady Welby – 1911)[7].

---

6   Dieser Glaube muss in der Tat verankert sein. Ein wenn auch nur augenzwinkerndes Zugeständnis würde Zweifel wecken – sowohl beim Forscher als auch bei den Abnehmern von Forschung. Im wissenschaftlichen Alltag mag man sich vielleicht ein wenig leichter darüber verständigen können, dass alle Deutungen, also auch die eigenen, Konstruktionen sind und dass man sie nicht so ernst nehmen sollte, wie man sie nimmt, doch man muss die jeweiligen Akteurfiktionen ernst nehmen, will man weiterhandeln können. Schärfer: man darf sogar noch nicht einmal an ihnen ernsthaft zweifeln – entgegen besseren Wissens. Zweifelt man dennoch, ist zumindest das Handeln unterbrochen oder im schlimmsten Fall ist das ,*Weiterhandeln-wie-zuvor*' unmöglich geworden.

7   Zitiert nach Zeman 1994: 70.

Literaturverzeichnis

Abt-Zegelin, A. (2001): „… Kombiniere?! ….“ – Über den Zusammenhang von kriminalistischer Tätigkeit, wissenschaftlicher Arbeit und pflegerisch-medizinischem Vorgehen. In: Hochschulforum Pflege, 5. Jhrg., H. 1, S. 27–30.

Aliseda, A. (1997): Seeking Explanations: Abduction in Logic, Philosophy of Science and Artificial Intelligence. Amsterdam: Universiteit van Amsterdam.

Aliseda, A. (2005): The Logic of Abduction in the Light of Peirce's Pragmatism. In: Semiotica 153, S. 363–374.

Altenseuser, T. (2000): Abduktion: Die Bildung einer Hypothese. In: www.stangl-taller.at/ARBEITSBLAETTER/DENKENTWICKLUNG/LITERATUR/ Altenseueroo,html

Anderson, D. (1986): The Evolution of Peirce's Concept of Abduction. In: TCSPS 22, S. 145–164.

Apel, K. O. (1975 (1967)): Der Denkweg von Charles Sanders Peirce. Frankfurt am Main: Suhrkamp.

Ayim, M. (1974): Retroduction. The Rational Instinct. In: TCSPS 10, S. 34–43.

Bateson, G. (1983): Ökologie des Geistes. Frankfurt am Main: Suhrkamp.

Bauchspies, W. & J. Croissant & S. Restivo (2005): Science, Technology, and Society: A Sociological Perspective. Oxford: Blackwell.

Bauer, M. & Chr. Ernst (2010): Diagrammatik. Einführung in ein kultur- und medienwissenschaftliches Forschungsfeld. Bielefeld: transcript.

Beck, St. & J. Niewöhner & E. Sörensen (Hrsg.) (2012): Science and technology Studies. Bielefeld: transcript.

Beckmann, J. (1982): Pragmatismus. Studienbrief der Fernuniversität Hagen. Hagen.

Berger, P. & Th. Luckmann (1977): Die gesellschaftliche Konstruktion der Wirklichkeit. Frankfurt am Main: Fischer.

Berger, P. & Th. Luckmann (1991): The Social Construction of Reality: A Treatise in the Sociology of Knowledge. London: Penguin.

Bernstein, R. (1964): Peirce's Theory of Perception. In: E. C. Moore & R. S. Robin (Hrsg.): Studies in the Philosophy of Ch. S. Peirce. Second Series. Amherst: University of Massachusetts, S. 165–189.

Bernstein, R. (1975): Praxis und Handeln. Frankfurt am Main: Suhrkamp.

Bertilson, Th. (2009): Peirce's theory of inquiry and beyond. Frankfurt am Main: Lang.

Bidlo, O. (2011): Profiling. Im Fluss der Zeichen. Essen: Oldib.

Bloor, D. & B. Barnes & J. Henry (1996): Scientific knowledge: a sociological analysis. Chicago: University Press.

Bogen, St. (2005): Schattenriss und Sonnenuhr. Überlegungen zu einer kunsthistorischen Diagrammatik. In: Zeitschrift für Kunstgeschichte. 68. Jg., S. 153–176.

Bohnsack, R. (1999): Rekonstruktive Sozialforschung. Opladen: Budrich.

Bonfantini, M. & G. Proni (1985): Raten oder nicht raten? In: U. Eco & Th. Sebeok (Hrsg.): Der Zirkel oder im Zeichen der Drei. München: Fink, S. 180–202.

Bonfantini, M. (1988): Semiotik und Geschichte: eine Synthese jenseits des Marxismus. In: Zeitschrift für Semiotik, H. 10, S. 85–95.

Bonfantini, M. (2000): Die Abduktion in Geschichte und Gesellschaft. In: U. Wirth (Hrsg.): Die Welt als Zeichen und Hypothese. Frankfurt am Main: Suhrkamp, S. 235–248.

Brent, J. (1998): Charles Sanders Peirce. A Life. Bloomington: Indiana University Press.

Brock, J. (1981): The Origin and Structure of Peirce's Logic of Vagueness. In: A. Lange-Seidl (Hrsg.): Zeichenkonstitution. Regensburg: De Gruyter, S. 133–138.

Bucher, S. (2007): Das Diagramm in den Bildwissenschaften. Saarbrücken: Verlag Dr. Müller.

Burkholz, R. (2008): Problemlösende Argumentationsketten. Weilerswist: Velbrück.

Burks, A. W. (1946): Peirce's Theory of Abduction. In: Philosophy of Science, H. 13, S. 301–306.

Chauviré, Chr. (2005): Peirce, Popper, Abduction, and the Idea of a Logic of Discovery. In: Semiotica 153, S. 209–222.

Chomsky, N. (1973): Sprache und Geist. Frankfurt am Main: Suhrkamp.

Damasio, A. (2000): Ich fühle, also bin ich. Die Entschlüsselung des Bewusstseins. München: List.

Damasio, A. (2004 (1994)): Descartes' Irrtum. Fühlen, Denken und das menschliche Gehirn. München: dtv.

Dauben, J. W. (1995): Peirce and History of Science. In: K. L. Ketner. (Hrsg.): Peirce and Contemporary Thought. New York: Fordham University Press, S. 146–195.

Davidson, D. (1986): Wahrheit und Interpretation. Frankfurt am Main: Suhrkamp.

Dawkins, R. (1987): Der blinde Uhrmacher. München: dtv.

Dreyfus, H. L. & St. E. Dreyfus (1987): Künstliche Intelligenz – Von den Grenzen der Denkmaschine und dem Wert der Intuition. Reinbek: Rowohlt.

Eberle, Th. S. (2000): Lebensweltanalyse und Handlungstheorie. Konstanz: UVK.

Eberle, Th. S. (2011): Abduktion in phänomenologischer Perspektive. In: N. Schröer & O. Bidlo (Hrsg.): Die Entdeckung des Neuen. Wiesbaden: VS Verlag für Sozialwissenschaften, S. 21–44.

Eco, U. (1976): Zeichen – Einführung in einen Begriff und seine Geschichte. Frankfurt am Main: Suhrkamp.

Eco, U. (1981): Guessing: From Aristotle to Sherlock Holmes. Versus, 30, 3 19.

Eco, U. & Th. Sebeok (Hrsg.) (1985): Der Zirkel oder Im Zeichen der Drei. München: Fink.

Literaturverzeichnis

Eco, U. (1985): Horns, Hooves, Insteps. In: U. Eco & Th. Sebeok (Hrsg.) The sign of three, Bloomington: Indiana University Press, S. 198-220.

Eco, U. (1985): Hörner, Hufe, Sohlen. Einige Hypothesen zu drei Abduktionstypen. In: U. Eco & Th. Sebeok (Hrsg.): Der Zirkel oder im Zeichen der Drei. München: Fink, S. 288-320.

Eco, U. (1987a): Semiotik. Entwurf einer Theorie der Zeichen. München: Fink.

Eco, U. (1987b): Lector in fabula. München: dtv.

Emerson, R. W. (1989): Repräsentanten der Menschheit. Zürich: Diogenes.

Emrich, H. & U. Schneider & M. Zedler (2002): Welche Farbe hat der Montag? Synästhesie: Das Leben mit verknüpften Sinnen. Stuttgart:Hirzel.

Engel, Fr. & M. Queisner & T. Viola (Hrsg.) (2012): Das bildnerische Denken: Charles Sanders Peirce. Berlin: Akademie Verlag.

Ernst, Chr. & Cl. Globisch (2007): Diagrammatische Repräsentation von Wissen. In: sozialer sinn 8, S. 211-236.

Feyerabend, P. (1981): Wider den Methodenzwang. Frankfurt am Main: Suhrkamp.

Fisch, M. H. (1981): Introductory note. In: Th. Sebeok (Hrsg.): The Play of Musement. Bloomington: Indiana University Press, S. 17-21.

Flach, P. A. & A. C. Kakas (Hrsg.) (2000): Abduction and Induction. Dordrecht/Boston/London: Kluwer Academic Publishers.

Flick, U. (1995): Qualitative Forschung. Reinbek bei Hamburg: Rowohlt.

Flick, U. (2000): Konstruktion und Rekonstruktion. In: K. Kraimer (Hrsg.): Die Fallrekonstruktion. Frankfurt am Main: Suhrkamp, S. 179-200.

Foucault, M. (1988): Die Ordnung der Dinge. 7. Auflage. Frankfurt am Main: Suhrkamp.

Froschauer, U. & M. Lueger (2009): Interpretative Sozialforschung: Der Prozess. Wien: Facultas.

Frege, G. (1971): Schriften zur Logik und Sprachphilosophie. Hamburg: Meiner.

Frege, G. (1976): Logische Untersuchungen. Göttingen: Vandenhoeck & Ruprecht.

Gehlen, A. (1988): Man: His Nature and his Place in the World. New York: Columbia University Press.

Gildemeister, R. & R. Bohnsack & Chr. Lüders & J. Reichertz (Hrsg.) (2001): Rezension zu der Buchreihe Qualitative Sozialforschung. Praktiken, Methodologien, Anwendungsfelder. Opladen: Leske und Budrich. In: sozialer sinn, H.1, S. 205-222.

Ginzburg, C. (1983b): Spurensicherungen. Berlin: Wagenbach.

Gladwell, M. (2005): Blink! Die Macht des Moments. Frankfurt am Main.: Campus.

Göttlich, U. & R. Kurt (2012): Kreativität und Improvisation. Wiesbaden: VS Verlag.

Grathoff, R. (1989): Milieu und Lebenswelt. Frankfurt am Main: Suhrkamp.

Grunenberg, H. (2005). Rezension zu: Jo Reichertz (2003). Die Abduktion in der qualitativen Sozialforschung [19 Absätze]. Forum Qualitative Sozialforschung/ Forum: Qualitative Social Research, 6(2), Art. 17, http://nbn-resolving.de/urn:nbn:de:0114-fqs0502170.

Habermas, J. (1973): Erkenntnis und Interesse. Frankfurt am Main: Suhrkamp.

Hanson, N. R. (1965): Notes Toward a Logic of Disovery. In: R. J. Bernstein (Hrsg.): Perspectives on Peirce. New Haven, S. 42-65.

Harnard, S. (2001): Creativity: Method or Magic? 2001. In: www.cogsci.soton. ac.uk/~harnad/Papers/Harnad/harnad.creativity.html

Hausman, C. R. (1993): Charles S. Peirce's Evolutionary Philosophy. Cambridge: Cambridge University Press.

Hitzler, R. & J. Reichertz & N. Schröer (Hrsg.) (1999): Hermeneutische Wissenssoziologie. Konstanz: UVK.

Hitzler, R. & M. Pfadenhauer (2011): Epiphaniebasierte Medizin? In: N. Schröer & O. Bidlo (Hrsg.) (2011): Die Entdeckung des Neuen. Wiesbaden: VS Verlag, S. 171–184.

Hoffmann, M. (2005): Erkenntnisentwicklung: ein semiotisch-pragmatischer Ansatz. Frankfurt am Main: Klostermann.

Hookway, Ch. (1985): Peirce. London: Routledge & Kegan Paul.

Houser, N. (2005): The Scent of Truth. In: Semiotica 153, S. 455–466.

Houser, N. (2010): Introduction. In: Ch. S. Peirce & N. Houser (Hrsg.): The Writings of Charles S. Peirce. Bloomington: Indiana University Press, S. XXV–XCV.

Hüther, G. (1997): Biologie der Angst. Göttingen: Vandenhoeck & Ruprecht.

Ionesco, E. (2000): Rhinoceros. London: Penguin.

James, W. (2005): Pragmatismus und radikaler Empirismus. Frankfurt am Main: Suhrkamp.

Joas, H. (1996): Die Kreativität des Handelns. Frankfurt am Main: Suhrkamp.

Kapitan, T. (1994): Inwiefern sind abduktive Schlüsse kreativ? In: H. Pape (Hrsg.): Kreativität und Logik. Frankfurt am Main: Suhrkamp, S. 144–158.

Kappner, St. (2004): Intentionalität aus semiotischer Sicht. New York: De Gruyter.

Kelle, U. & S. Kluge (1999): Vom Einzelfall zum Typus. Opladen: Leske + Budrich.

Kelle, U. (1994): Empirisch Begründete Theoriebildung. Zur Logik und Methodologie interpretativer Sozialforschung. München/Weinheim: Deutscher Studien Verlag.

Kelle, U. (2002): Abduktion und Interpretation. Die Bedeutung einer „Logik der Entdeckung" für die hermeneutische Sozialforschung. In: H.-G. Ziebertz & St. Heil & A. Prokopf (Hrsg.): Abduktive Korrelation. Religionspädagogische Konzeption, Methodologie und Professionalität in interdisziplinärem Dialog. Münster: LitVerlag.

Kelle, U. (2003): Abduktion und Interpretation: die Bedeutung einer ‚Logik der Entdeckung' für die hermeneutische Sozialforschung. In: H.-G. Ziebertz & St. Heil & A. Prokopf (Hrsg.) (2003): Abduktive Korrelation. Münster: LitVerlag, S. 109–124.

Kelle, U. (2005): „Emergence" vs. „forcing" of empirical data? A crucial problem of „grounded theory" reconsidered. Forum Qualitative Sozialforschung/Forum: Qualitative Social Research, 6(2), Art. 27, http://nbn-resolving.de/urn:nbn:de:0114-fqs0502275 (zuletzt aufgerufen am 10. 12. 2012).

Kelle, U. (2007): Die Integration qualitativer und quantitativer Methoden in der empirischen Forschung. Wiesbaden: VS Verlag.

Keller, R. (2011): Zur Dringlichkeit von Überraschungen. In: N. Schröer & O. Bidlo (Hrsg.): Die Entdeckung des Neuen. Wiesbaden: VS Verlag, S. 55–68.

Keller, R. (2013): Doing Discourse Research. London: Sage.

Literaturverzeichnis

Kempski, J. v. (1952): Charles S. Peirce und der Pragmatismus. Stuttgart: Kohlhammer.

Kempski, J. v. (1992): Prinzipien der Wirklichkeit. Frankfurt am Main: Suhrkamp.

Kessler, N. (2010): Lupus oder Liebe? MS. In: www.medienobservationen.lmu.de (zuletzt aufgerufen am 10.12.2012).

Kessler, N. (2012): Dem Spurenlesen auf der Spur. Würzburg: Königshausen & Neumann.

Kettner, M. (1998): Zur Semiotik der Deutungsarbeit. Wie sich Freud mit Peirce gegen Grünbaum verteidigen läßt. In: Psyche, 52. Jhrg., H. 7, S. 618–647.

Kettner, M. (2000): Peirce, Grünbaum und Freud. In: U. Wirth (Hrsg.): Die Welt als Zeichen und Hypothese. Frankfurt am Main: Suhrkamp, S. 293–318.

Kloesel, Ch. W. (1994): Absoluter Zufall und kreative Aktivität bei Peirce. In: H. Pape (Hrsg.): Kreativität und Logik. Frankfurt am Main: Suhrkamp.

Knorr-Cetina, K. & M. Mulkay (Hrsg.) (1983): Science Observed: New Perspectives on the Social Study of Science, London: Sage Publications.

Knorr-Cetina, K. (1999): Epistemic Cultures. How the Sciences Make Knowledge. Cambridge: Harvard University Press.

Knorr Cetina, K. (2001): Die Fabrikation von Erkenntnis. Frankfurt am Main: Suhrkamp.

Koestler, A. (1966): Der göttliche Funke. Der schöpferische Akt in Kunst und Wissenschaft. Bern u.a.: Scherz.

Koller, H.-Chr. (2005): Rezension zu: Jo Reichertz (2003). Die Abduktion in der qualitativen Sozialforschung. In: ZBBS H. 1, S. 174–176.

Krämer, S. & W. Kogge & G. Grube (Hrsg.) (2007): Spur. Spurenlesen als Orientierungstechnik und Wissenskunst. Frankfurt am Main: Suhrkamp.

Kruijff, G.-J. (2005): Peirce's Late Theory of Abduction. In: Semiotica 153, S. 431–454.

Levin-Rozalis, M. (2000): Abduction: A Logical Criteria Programme and Project Evaluation. In: Evaluation, H. 6(4), S. 415–432.

Lidscheid, Th. (2012): Diagrammatik und Mediensymbolik. Duisburg: Universitätsverlag Rhein-Ruhr OHG.

Lighvani, F. (2007): Die Bedeutung von Charles Sanders Peirce für den amerikanischen Pragmatismus. Frankfurt am Main: Dr. Kovac.

Lindner, M. (2005): Warum wir kaufen was wir kaufen. In: Bild der Wissenschaft 9, S. 16–33.

Loer, Th. (2003): Rezension zu: Jo Reichertz (2003). Die Abduktion in der qualitativen Sozialforschung. In: sozialer sinn. H. 1, S. 181–193.

Lorenz, K. & F. M. Wuketits (Hrsg.) (1983): Die Evolution des Denkens. München: Piper.

Lueger, M. (2000): Grundlagen qualitativer Forschung. Wien: WUV-Universitätsverlag.

Magnani, L. (2005): An Abductive Theory of Scientific Reasoning. In: Semiotica 153, S. 261–286.

Mahrenholz, S. (2011): Kreativität: Eine philosophische Analyse. Oldenbourg: Akademieverlag.

Maturana, H. R. (1970): Biologie der Erkenntnis. Braunschweig: Goldmann.

Maturana, H. R. (1987): Kognition. In: S. J. Schmidt (Hrsg.): Der Diskurs des Radikalen Konstruktivismus. Frankfurt am Main: Suhrkamp, S. 89–118.

May, M. (1995): „Diagrammatisches Denken: Zur Deutung logischer Diagramme als Vorstellungsschemata bei Lakoff und Peirce", In: Zeitschrift für Semiotik. Band 17. H. 3-4, S. 285–305.

Mead, G. H. (1970): Scientific Method and Individual Thinker. In: J. Dewey et al.: Creative Intelligence. New York: Octagon Books.

Mead, G. H. (1973): Geist, Identität und Gesellschaft. Frankfurt am Main: Suhrkamp.

Mead, G. H. & H. Joas (Hrsg.) (1980): Gesammelte Aufsätze. Band I. Frankfurt am Main: Suhrkamp.

Menand, L. (2001): The Metaphysical Club. New York: Farrar, Straus and Giroux.

Merton, R. K. & E. Barber (2006): The Travels and Adventures of Serendipity: A Study in Sociological Semantics and the Sociology of Science. Princeton: University Press.

Misak, C. J. (1991): Truth and the End of Inquiry. A Peircean Account of Truth. Oxford: Clarendon Press.

Moser, H. (1995): Grundlagen der Praxisforschung. Freiburg: Lambertus.

Murphy, M. (1961): The Development of Peirce's Philosophy. Harvard: Harvard University Press.

Neuhaus, V. (1987): Old Shatterhand und Sherlock Holmes. In: H. L. Arnold (Hrsg.): Karl May. München: Ed. Text + Kritik, S. 146–157.

Neumann, G. (1988): Karl Mays ‚Winnetou‘ – ein Bildungsroman? In: http://kassandra.techfak.uni-bielefeld.de/kmg/seklit/jbkmg/1988/10.htm

Nowotny, H. (2005): Unersättliche Neugier. Berlin: Kadmos.

Nubiola, J. (2003). The Abduction of God. In: C. Pearson (Hrsg.): Progress in Peirce Studies: Religious Writings – Found 20.12.11 http://www.unav.es/users/AbductionOfGod.html

Nubiola, J. (2005): Abduction or the Logic of Surprise. In: Semiotica 153, S. 117–130

Oehler, K. (1993): Charles Sanders Peirce. München: Beck.

Oevermann, U. (1987): Über Abduktion. Tonbandmitschnitt seines Vortrages auf der Semiotik-Tagung in Essen vom 4. Oktober.

Oevermann, U. (1996): Konzeptualisierung von Anwendungsmöglichkeiten und praktischen Arbeitsfeldern der objektiven Hermeneutik. Manifest der objektiv hermeneutischen Sozialforschung. MS. Frankfurt am Main.

Ort, N. (2007): Reflexionslogische Semiotik. Weilerswist: Velbrück.

Ortmann, G. (2008): ‚Serendipity‘ und Abduktion. In: Revue für postmodernes Management. H. 2, S. 58–63.

Paavola, S. (2005): Peircean Abduction: Instinct or Inference. In: Semiotica 153, S. 131–154.

Pape, H. (1988): Semiotischer Idealismus. Peirce Überwindung der Metaphysik durch die semiotische Analyse kultureller Evolution. In: R. Claussen & R. Daube-Schackat (Hrsg.): Gedankenzeichen. Tübingen: Stauffenburg, S. 277–289.

Pape, H. (1989): Erfahrung und Wirklichkeit als Zeichenprozeß. Frankfurt am Main: Suhrkamp.

Literaturverzeichnis 153

Pape, H. (1990): Einleitung. In: Ch. S. Peirce. Semiotische Schriften Bd. 2, Frankfurt am Main: Suhrkamp, S. 7–82.

Pape, H. (Hrsg.) (1994a): Kreativität und Logik. Charles S. Peirce und das philosophische Problem des Neuen. Frankfurt am Main: Suhrkamp.

Pape, H. (1994b): Zur Einführung: Logische und metaphysische Aspekte einer Philosophie der Kreativität. In: H. Pape (Hrsg.): Kreativität und Logik. Charles S. Peirce und das philosophische Problem des Neuen. Frankfurt am Main: Suhrkamp, S. 9–62.

Pape, H. (1996): Abduction and the Topology of Human Cognition. In: http://www.rz.uni-frankfurt.de/~wirth/texte/pape.html

Pape, H. (2002): Der dramatische Reichtum der konkreten Welt. Weilerswist: Velbrück Wissenschaft.

Pape, H. (2004): Charles S. Peirce zur Einführung. Hamburg: Junius.

Pape, H. (2012): Was ist Peirce' bildnerisches Denken? In: Fr. Engel & M. Queisner & T. Viola (Hrsg.): Das bildnerische Denken: Charles Sanders Peirce. Berlin: Akademie Verlag, S. 65–94.

Parker, K. A. (1998): The continuity of Peirce's thought. New York: Vanderbilt University Press.

Pauen, M. & G. Roth (2008): Freiheit, Schuld und Verantwortung. Frankfurt am Main.: Suhrkamp.

Peirce, Ch. S. (1929): Guessing. The Hound and Horn. H. 2, S. 267–282.

Peirce, Ch. S. (1931–1935): The collected papers of Charles S. Peirce (8 Vol.). Cambridge: Harvard University Press.

Peirce, Ch. S. (1973): Lectures on Pragmatism. In: E. Walter (Hrsg.): Vorlesungen über Pragmatismus. Hamburg: Meiner.

Peirce, Ch. S. & K. O. Apel (Hrsg.) (1976 (1967/1970)): Schriften zum Pragmatismus und Pragmatizismus, . Frankfurt am Main: Suhrkamp.

Peirce, Ch. S.& C. Eisele (Hrsg.) (1976 ff). The New Elements of Mathematics by Charles S. Peirce . Vol. I–IV. Mouton: Humanities Press.

Peirce, Ch. S. & H. Fisch et al. (Hrsg.) (1982 ff): Writings of Charles S. Peirce – A Chronological Edition. Bloomington: Indiana University Press.

Peirce, Ch. S. & H. Pape (Hrsg.) (1983): Phänomen und Logik der Zeichen. Frankfurt am Main: Suhrkamp.

Peirce, Ch. S. & Ch. Kloesel & H. Pape (Hrsg.) (1986): Semiotische Schriften Bd. 1. Frankfurt am Main: Suhrkamp.

Peirce, Ch. S. (1988): Naturordnung und Zeichenprozeß. Aachen: Alano/Rader-Publ.

Peirce, Ch. S. & Ch. Kloesel & H. Pape (Hrsg.) (1990): Semiotische Schriften Bd. 2.. Frankfurt am Main: Suhrkamp.

Peirce, Ch. S. & N. Houser & Ch. Kloesel (Hrsg.) (1992a): The Essential Peirce. Selected Philosophical Writings. 2 Bde. Bloomington: Indiana University Press.

Peirce, Ch. S. & K. L. Ketner (Hrsg.) (1992b): Reasoning and the Logic of Things. . Cambridge: Harvard University Press.

Peirce, Ch. S. & Ch. Kloesel & H. Pape (Hrsg.) (1993): Semiotische Schriften Bd. 3. Frankfurt am Main: Suhrkamp.

Peirce, Ch. S. & H. Deuser (Hrsg.) (1995): Religionsphilosophische Schriften. Hamburg: Meiner.

Peirce, Ch. S. (2002): Das Denken und die Logik des Universums. Frankfurt am Main: Suhrkamp.

Peirce, Ch. S. (2009): The Logic of Interdisciplinarity. Sonderband der Deutsche Zeitschrift für Soziologie. Oldenbourg: Akademieverlag.

Piaget, J. (1975 (1937)): Der Aufbau der Wirklichkeit beim Kinde. Stuttgart: Klett.

Plessner, H. (1982): Mit anderen Augen. Stuttgart: Reclam.

Popper, K. (1973 (1934)): Logik der Forschung. Tübingen: Mohr.

Popper, K. (1974): Objektive Erkenntnis. Hamburg: Hoffmann und Campe.

Popper, K. (1987): Die erkenntnistheoretische Position der Evolutionären Erkenntnistheorie. In: R. Riedl & F. Wuketits (Hrsg.): Die evolutionäre Erkenntnistheorie. Berlin: Parey, S. 29–36.

Popper, K. (2002 (1934)): The Logic of Scientific Discovery. London/New York: Hutchinson.

Posner, R. (Hrsg.) (2009): Diagrammtische Zeichen. In: Zeitschrift für Semiotik 31, H. 3-4. Tübingen: Stauffenburg.

Raab, J. & H.-G. Soeffner (2005): Körperlichkeit in Interaktionsbeziehungen. In: M. Schroer (Hrsg.): Soziologie des Körpers. Frankfurt am Main: Suhrkamp, S. 166–188.

Reichenbach, H. (1983 (1938)): Erfahrung und Prognose. Braunschweig/Wiesbaden: Friedrich Vieweg & Sohn.

Reichertz, J. (1986): Probleme qualitativer Sozialforschung. Frankfurt am Main/New York: Campus.

Reichertz, J. (1988a): Verstehende Soziologie ohne Subjekt. In: KZfSS, H. 2, S. 207–221.

Reichertz, J. (1988b): „...als hätte jemand den Deckel vom Leben abgehoben." Gemeinsames zwischen Sam Spade und Charles Sanders Peirce. In: Kodikas/Code, H. 3/4, S. 345–359.

Reichertz, J. (1991a): Aufklärungsarbeit – Kriminalpolizisten und Feldforscher bei der Arbeit. Stuttgart: Enke.

Reichertz, J. (1991b): Folgern Sherlock Holmes oder Mr. Dupin abduktiv? In: Kodikas/Code, H. 4, S. 345–367.

Reichertz, J. (1993): Abduktives Schlußfolgern und Typen(re)konstruktion. In: D. Jung & St. Müller-Doohm (Hrsg.): „Wirklichkeit" im Deutungsprozeß. Frankfurt am Main: Suhrkamp, S. 258–282.

Reichertz, J. (1994): Polizeiliche Expertensysteme: Illusion oder Verheißung? In: R. Hitzler & A. Honer & Ch. Maeder (Hrsg.): Expertenwissen. Opladen: Westdeutscher Verlag, S. 193–213.

Reichertz, J. (1997): Plädoyer für das Ende einer Methodologiedebatte bis zur letzten Konsequenz. In: T. Sutter (Hrsg.): Beobachtung verstehen – Verstehen beobachten. OpladenWestdeutscher Verlag, S. 98–133.

Reichertz, J. (1998): Von Haaren und Nägeln. Zur impliziten Anthropologie von Ch. S. Peirce. In: Kodicas/Code 3/4, S. 287–304.

Reichertz, J. (1999): Gültige Entdeckung des Neuen? Zur Bedeutung der Abduktion in der qualitativen Sozialforschung. In: Österreichische Zeitschrift für Soziologie, H. 4, S. 47–64.

Literaturverzeichnis

Reichertz, J. (2003): Die Abduktion in der qualitativen Sozialforschung. Opladen: Leske + Budrich.

Reichertz, J. (2004): Abduction, Deduction and Induction in qualitative Research. In: U. Flick et al. (Hrsg.): Companion to Qualitative Research. London: Sage, S. 159–165.

Reichertz, J. (2006): Was bleibt vom göttlichen Funken? In: J. Reichertz & N. Zaboura (Hrsg.): Akteur Gehirn. Wiesbaden: VS Verlag, S. 189–207.

Reichertz, J. (2007a): Der marodierende Blick. In: sozialer sinn, H. 2, S. 267–286.

Reichertz, J. (2007b): Die Spur des Fahnders. Wie Polizisten Spuren finden. In: S. Krämer et al. (Hrsg.): Spur. Spurenlesen als Orientierungstechnik und Wissenskunst. Frankfurt am Main: Suhrkamp, S. 309–332.

Reichertz, J. (2010): Abduction: The Logic of Discovery of Grounded Theory. In: A. Bryant & K. Charmaz (Hrsg.): The Sage Handbook of Grounded Theory. London: Sage, S. 214–229.

Reichertz, J. (2013): Gemeinsam Interpretieren als Kommunikationsprozess oder: Der Alltag der Auslegung. Wiesbaden: VS Verlag. (in Vorbereitung).

Reichertz, J. & N. Zaboura (Hrsg.) (2006): Akteur Gehirn oder das vermeintliche Ende des handelnden Subjekts. Wiesbaden: VS Verlag.

Rescher, N. (1978): Peirce's Philosophie of Science. Notre Dame: University of Notre Dame Press.

Richter, A. (1995): Der Begriff der Abduktion bei Charles Sanders Peirce. Frankfurt am Main: Lang.

Riedl, R. (1987): Grenzen der Adaptierung. In: R. Riedl & F. Wuketitis (Hrsg.): Die evolutionäre Erkenntnistheorie. Berlin: Parey, S. 93–105.

Riedl, R. & F. Wuketits (Hrsg.) (1987): Die evolutionäre Erkenntnistheorie. Berlin: Parey.

Riemer, I. (1988a): Über ein semiotisches Problem in Peirce Theorie der Induktion. In: R. Claussen & R. Daube-Schackat (Hrsg.): Gedankenzeichen. Tübingen: Stauffenburg, S. 287–294.

Riemer, I. (1988b): Konzeption und Begründung der Induktion. Würzburg: Königshausen und Neumann.

Rohr, S. (1993): Über die Schönheit des Findens. Die Binnenstruktur menschlichen Verstehens nach Charles S. Peirce: Abduktionslogik und Kreativität. Stuttgart: M & P.

Roth, G. (1987): Erkenntnis und Realität. In: S. J. Schmidt (Hrsg.): Der Diskurs des radikalen Konstruktivismus. Frankfurt am Main: Suhrkamp, S. 229–255.

Roth, G. (1998): Das Gehirn und seine Wirklichkeit. Frankfurt am Main: Suhrkamp.

Russell, B. (1912): The Problems of Philosophy. London: Oxford University Press.

Russell, B. (1969 (1912)): Probleme der Philosophie. Frankfurt am Main: Suhrkamp.

Saint-Exupéry, A. d. (1956): Der kleine Prinz. Düsseldorf: Karl Rauch Verlag.

Sandbothe, M. (Hrsg.) (2000): Die Renaissance des Pragmatismus. Weilerswist: Velbrück Wissenschaft.

Satanella, L. (2005): Abduction: The Logic of Guessing. In: Semiotica 153, S. 175–198.

Scherer, B. M. (1984): Prolegomena zu einer einheitlichen Zeichentheorie. Tübingen: Stauffenburg.

Schlüter, St. (2000): Individuum und Gemeinschaft. Würzburg: Königshausen & Neumann.

Schmidt-Burkhardt, A. (2012): Die Kunst der Diagrammatik. Bielefeld: transcript (Flusser: 150 ff)

Schönrich, G. (1990): Zeichenhandeln. Frankfurt am Main: Suhrkamp.

Schröer, N. (Hrsg.) (1994): Interpretative Sozialforschung. Auf dem Weg zu einer hermeneutischen Wissenssoziologie. Opladen: Westdeutscher Verlag.

Schröer, N. & O. Bidlo (Hrsg.) (2011): Die Entdeckung des Neuen. Wiesbaden: VS-Verlag für Sozialwissenschaften.

Schröer, N. (2011): Not macht erfinderisch. Zur sozialen Praxis ‚instinktiver Abduktionen' in Qualitativer Sozialforschung. In: N. Schröer & O. Bidlo (Hrsg.) (2011): Die Entdeckung des Neuen. Wiesbaden: VS-Verlag für Sozialwissenschaften, S. 85–98.

Schulz, L. (2002): Regel und Fall. Über ein Modell kohärenter Verknüpfung. MS. Frankfurt am Main. In: http://www.rz.uni-frankfurt.de~wirth/texte/schulz.html

Schütz, A. (1972): Choice and the Social Science. In: L. Embree (Hrsg.): Life World and Consciousness. Evanston: Northwestern University Press, S. 565–590.

Schütz, A. (2004): Relevanz und Handeln 1. Konstanz: UVK.

Sebeok, Th. & J. Umiker-Sebeok (1982): „Du kennst meine Methode". Charles S. Peirce und Sherlock Holmes. Frankfurt am Main: Suhrkamp.

Sebeok, Th. & J. Umiker-Sebeok (1985): „Sie kennen ja meine Methode." Ein Vergleich von Ch. S. Peirce und Sherlock Holmes. In: U. Eco & Th. Sebeok (Hrsg.): Der Zirkel oder im Zeichen der Drei. München: Fink, S. 28–87.

Sebeok, Th. (1981): The Play of Musement. Bloomington: Indiana University Press.

Shin, S.-J. (2002): The Iconic Logic of Peirce's Graphs. Cambridge: MIT Press.

Singer, W. (2002): Der Beobachter im Gehirn. Frankfurt am Main: Suhrkamp.

Singer, W. (2003): Ein neues Menschenbild? Frankfurt am Main: Suhrkamp.

Soeffner, H. G. (1989): Auslegung des Alltags – Der Alltag der Auslegung. Frankfurt am Main: Suhrkamp.

Spitzer, M. (2002): Musik im Kopf. Hören, Musizieren, Verstehen und Erleben im neuronalen Netzwerk. Stuttgart: Schattauer.

Steinke, I. (1999): Kriterien qualitativer Forschung. Weinheim: Juventa.

Stjernfelt, Fr. (2000): Diagrams as Centerpiece of a Peircean Epistemology, Transactions of the Charles S. Peirce Society , vol. XXXVI, No 3.

Stjernfelt, Fr. (2007): Diagrammatology: An Investigation on the Borderlines of Phenomenology, Ontology, and Semiotics. New York: Springer.

Strauss, A. & J. Corbin (1996): Grounded Theory: Grundlagen qualitativer Sozialforschung. Weinheim: Beltz.

Strauss, A. & L. Schatzmann & R. Bucher & D. Ehrlich & M. Sabshin (1964): Phsychiatric Ideologies and Institutions. Glencoe: Transaction Publishers .

Strauss, A. (1988): Qualitative Analysis in Social Research: Grounded Theory Methodolgy. Studienbrief der Fernuniversität Hagen. Hagen: Fernuniversität.

Strauss, A. (1994): Grundlagen qualitativer Sozialforschung. München: Fink.

Literaturverzeichnis

Strübing, J. (2002a): Just do it? Zum Konzept der Herstellung und Sicherung von Qualität in grounded theory-basierten Forschungsarbeiten. In: KZfSS, H. 2, S. 318–342.

Strübing, J. (2002b): Die Ursprünge des symbolischen Interaktionismus im amerikanischen Pragmatismus. MS. Berlin: Campus.

Strübing, J. (2004). Grounded Theory. Wiesbaden: VS für Sozialwissenschaften.

Thagard, P. (1986): Charles Peirce, Sherlock Holmes and artifical intelligence. In: Semiotica, H. 3/4, S. 289–295.

Tolhurst, E. (2012): Grounded Theory Method: Sociology's Quest for Exclusive Items of Inquiry [44 paragraphs]. Forum Qualitative Sozialforschung/Forum: Qualitative Social Research,13(3), Art. 26, http://nbn-resolving.de/urn:nbn:de:0114-fqs1203261.

Tomasello, M. (2002): Die kulturelle Entwicklung des menschlichen Denkens. Frankfurt am Main: Suhrkamp.

Tomasello, M. (2008): Origins of Human Communication. Cambridge: MIT Press.

van der Lubbe, J. C. A. (2000): Semiotische Aspekte künstlicher Intelligenz. In: U. Wirth (Hrsg.): Die Welt als Zeichen und Hypothese. Frankfurt am Main: Suhrkamp, S. 235–247.

Vollmer, G. (1983): Mesokosmos und objektive Erkenntnis. In: K. Lorenz & F. Wuketits (Hrsg.): Die Evolution des Denkens. Zürich: Piper, S. 29–91.

Voltaire (1920). Die Romane und Erzählungen, Bd. 1. Potsdam: Kiepenheuer.

Vygotsky, L. (1978): Mind in Society: Development of Higher Psychological Processes. Cambridge: Harvard University Press.

Walther, E. (1989): Charles Sanders Peirce. Leben und Werk. Baden-Baden: Agis.

Wartenberg, G. (1971): Logischer Sozialismus – Die Transformation der Kantschen Transzendentalphilosophie durch Ch. S. Peirce. Frankfurt am Main: Suhrkamp.

Weber, M. (1973): Gesammelte Aufsätze zur Wissenschaftslehre. Tübingen: Mohr.

Weiss, P. (1965): Biography of Charles Sanders Peirce. In: R. Bernstein (Hrsg.): Perspectives on Peirce. New Haven/London: Yale University Press, S. 1–12.

Wille, F. (1989): Abduktive Erklärungsnetze. Zur Theorie theaterwissenschaftlicher Aufführungsanalyse. Frankfurt am Main: Lang.

Wille, F. (2000): Abduktive Erklärungsnetze. Überlegungen zu einer Semiotik des Theaters. In: U. Wirth (Hrsg.): Die Welt als Zeichen und Hypothese. Frankfurt am Main: Suhrkamp, S. 319–333.

Wilz, Sylvia Marlene (2009): „Alle Räder stehen still, wenn dein starker Arm es will". Oder: Wann und warum sind Organisationen ‚blockiert'? In: http://www.fern-uni-hagen.de/imperia/md/content/soziologie/lgwilz/orgblock_07_pdf.pdf [letzter Aufruf 10. Januar 2013].

Wirth, U. (1999): Diskursive Dummheit. Abduktion und Komik als Grenzphänomene des Verstehens. Heidelberg: Winter.

Wirth, U. (Hrsg.) (2000a): Die Welt als Zeichen und Hypothese. Frankfurt am Main: Suhrkamp.

Wirth, U. (2000b): Zwischen Zeichen und Hypothese: für eine abduktive Wende in der Sprachphilosophie. In: U. Wirth (Hrsg.): Welt als Zeichen und Hypothese. Frankfurt am Main: Suhrkamp, S. 133–157.

Wittgenstein, L. (1977a (1958)): Philosophische Untersuchungen. Frankfurt am Main: Suhrkamp.

Wittgenstein, L. (1977b (1969)): Über Gewißheit. Frankfurt am Main: Suhrkamp.

Young, F. (1952): Charles Sanders Peirce: 1839–1914. In: Ph. Wiener & F. Young (Hrsg.): Studies in the Philosophy of Charles Sanders Peirce. Cambridge: Harvard University Press, S. 271–276.

Zeman, J. J. (1994): Das kreative Objekt in Peirce' Semiotik. In: H. Pape (Hrsg.): Kreativität und Logik. Charles S. Peirce und das philosophische Problem des Neuen. Frankfurt am Main: Suhrkamp.

Ziebertz, H.-G. & St. Heil & A. Prokopf (Hrsg.) (2003): Abduktive Korrelation. Münster: LitVerlag.

Die anschauliche Einführung in die Soziologie

> von Armin Nassehi

Armin Nassehi
Soziologie
Zehn einführende Vorlesungen
2. Aufl. 2011. 209 S. Geb.
EUR 19,95
ISBN 978-3-531-17390-0

Der Inhalt:

Was ist Soziologie? Oder: Über die Schwierigkeit einer Einführung - Handlung, Kommunikation, Praxis - Lebenswelt, Sinn, Soziale Rolle, Habitus - Interaktion, Netzwerk - Organisation - Gesellschaft - Individuum, Individualität, Individualisierung - Kultur - Soziale Ungleichheit, Macht, Herrschaft - Wissen, Wissenschaft - Anhang: Anmerkungen und weiterführende Literatur

Dieses Buch soll anders sein. Es führt in den soziologischen Blick und in die wichtigsten soziologischen Grundbegriffe ein, ohne aber in lexikalischer Genauigkeit, definitorischer Schärfe und simulierter Neutralität soziologische Sätze in Stein zu meißeln. Eher von leichter Hand wird versucht, der Soziologie und der Erarbeitung ihres spezifischen Blicks über die Schulter zu schauen.

Das Buch erzählt eine Geschichte, die Geschichte von Herrn A, einem Banker, der in Liebesdingen und in seinem Beruf Einiges erlebt. An dieser Geschichte wird der soziologische Blick praktisch, gewissermaßen empirisch, eher kurzweilig eingeübt.

Das Buch richtet sich nicht nur an Studierende der Soziologie, sondern auch an all jene, die einen Blick in ein Labor soziologischen Denkens wagen wollen.

Erhältlich im Buchhandel oder beim Verlag.
Änderungen vorbehalten. Stand: Januar 2012.

Einfach bestellen:
SpringerDE-service@springer.com
tel +49(0)6221/345-4301
springer-vs.de